# "教育+5G"融合创新发展研究实践

## 李 伟 主 编

北京理工大学出版社
BEIJING INSTITUTE OF TECHNOLOGY PRESS

## 内容简介

为推进 5G 技术与教育融合创新发展，促进教育教学模式变革、教育生态重构和教育理念更新，推动教育数字化转型向深向实发展，一大批一线教育工作者围绕"5G+远程双师课堂""5G+VR/AR 沉浸式课堂""5G+AI 智慧课堂""5G+智慧体育"等应用场景开展了大量创新实践。本书是成都市高新区部分中小学一线教师在基于 5G 的教育教学方面的一些实践成果和论文集。全书分为五个部分：5G 丰富教学场景、5G 变革课堂教学模式、5G 支撑线上线下融合、5G 优化教育评价方式、5G 助力教师专业发展，展现了 5G 对教育教学的全方位的影响。本书积累了众多中小学一线教师的工作与实践经验，适合开展"5G+教育"相关研究和实践人员阅读。

**版权专有　侵权必究**

### 图书在版编目（CIP）数据

"教育+5G"融合创新发展研究实践 / 李伟主编. ‒‒ 北京：北京理工大学出版社，2023.10
　　ISBN 978-7-5763-3086-1

Ⅰ. ①教… Ⅱ. ①李… Ⅲ. ①中小学-网络教学-教学研究　Ⅳ. ①G434 ②G632.0

中国国家版本馆 CIP 数据核字（2023）第 213822 号

| | |
|---|---|
| **责任编辑**：李慧智 | **文案编辑**：李慧智 |
| **责任校对**：周瑞红 | **责任印制**：施胜娟 |

| | |
|---|---|
| 出版发行 / | 北京理工大学出版社有限责任公司 |
| 社　　址 / | 北京市丰台区四合庄路 6 号 |
| 邮　　编 / | 100070 |
| 电　　话 / | （010）68914026（教材售后服务热线） |
| | （010）68944437（课件资源服务热线） |
| 网　　址 / | http://www.bitpress.com.cn |

| | |
|---|---|
| 版 印 次 / | 2023 年 10 月第 1 版第 1 次印刷 |
| 印　　刷 / | 保定市中画美凯印刷有限公司 |
| 开　　本 / | 787 mm×1092 mm　1/16 |
| 印　　张 / | 15.25 |
| 字　　数 / | 345 千字 |
| 定　　价 / | 78.00 元 |

图书出现印装质量问题，请拨打售后服务热线，负责调换

# 序

教育是国家发展的基石和希望，而数字化技术的迅猛发展正在给教育带来前所未有的改变机遇。其中，5G 技术在教育应用方面具有广泛而深远的影响，为学生提供了更加自由、开放、多元的学习空间和方式，同时，也为教师专业成长和个性化教育探索提供了更加丰富的资源和支持。

本书汇集了成都市高新区部分学校教师在基于 5G 的教育教学改革方面的一些实践成果和论文，并将其总结归纳为五个方面：一是 5G 变革课堂教学模式，二是 5G 丰富课程教学场景，三是 5G 优化教学评价方式，四是 5G 助力教师专业发展，五是 5G 支撑线上线下融合。

第一，5G 技术对课堂教学模式的改变是显著的。传统课堂的教学往往通过讲解、演示、回答问题等方式进行，很少有机会进行互动和交流。而基于 5G 的教育教学改革为学生和教师提供了更加广阔的教育教学空间和渠道。学生可以通过 5G 网络自由地参与到课堂教学中来，远程互动、分享资源、参与讨论、互相学习等活动都变得更加便利。同时，教师也可以利用 5G 技术进行教学设计、课件制作、在线授课和评价等工作，提高课堂教学的实效性和生动性。

第二，优化教学场景也是基于 5G 的教育教学改革的一个重要方向。传统的教学场景通常局限于教室内，而基于 5G 技术的教育教学改革拓展了教学场景的范围，包括校园、社区、家庭和其他公共场所等。这些场所都可以成为学生学习的有效场所，在不同的场所中借助 5G 技术进行各种课堂教学活动，有助于促进学生的参与度和主动性。如作为学生开展体育锻炼的室外场所，5G 的介入为学生的运动检测和身体指标等数据的传输提供了支撑。

第三，基于 5G 的教育教学改革必然涉及评价方式的变革。传统的评价方式通常依赖于考试和作业，这种方式很难全面地反映出学生的能力、水平和特点。而基于 5G 技术的教育教学改革让评价方式也变得更加多元和综合，包括学生课堂表现、课堂笔记、出席率、学习总结、作业等多维度的评价。这种方式更加符合学生自我发展和个性化成长的需要，有助于培养学生的创新能力和专业技能。

第四，教师的专业成长是基于 5G 的教育教学改革中不可或缺的一个环节。教师作为教育教学改革的核心推动者，必须具备先进的教育理念、专业知识和技术支持，才能更好地为学生提供优质的教育服务。基于 5G 技术的教育教学改革提供了多样的教师发展机会和资源，包括在线课程培训、课程研究和知识分享等。这些机会不仅有助于提高教师专业水平，而且为教师提供了更加开放和灵活的工作方式，有助于激发教师的创新和探索精神。

第五，基于 5G 的"双师课堂"教学模式为实现教育优质均衡发展提供了支撑。5G 技术可以支撑线上线下"双师课堂"的应用,这种教学模式将传统的线下教学与现代的在线教育相融合,使得学生能够获得更加丰富和多元化的学习体验。5G技术可以提供更快的网络连接速度和更稳定的信号质量,使得学生能够在视频直播或者远程交互教学中,获得更加流畅的学习体验和更高质量的教学资源。5G技术也可以支持虚拟现实、增强现实和人工智能等新兴技术的应用。通过这些技术,学生可以获得更加生动、形象和互动式的学习体验,增强学习兴趣和参与度。同时,教师也可以利用这些技术来打造更加创新和多元化的教学内容和形式。5G技术还可以促进学校之间的互联互通和教育资源的共享。通过建立线上线下"双师课堂"平台,在不同地区和学校之间分享优质教育资源,打破地域限制,让更多的学生能够享受到优质的教育资源和服务。

  总之,基于5G的教育教学改革是一个复杂和长期的过程,需要教育部门、学校、教师和学生的共同努力和支持。本案例集介绍的课堂教学模式改变、教学场景优化、评价方式变革、教师专业成长和线上线下教学融合都是至关重要的方面,但这些工作仅仅是基于5G的教育教学改革中的一小部分。在未来的日子里,我们期待更多的探索和实践,开创出更加智慧和人性化的教育教学体系,为培养更多的高质量人才做出应有的贡献。

四川省教育科学研究院 郭斌

# 目　录

## 5G 丰富课程教学场景篇

5G 时代烹饪实训课线上教学的问题及对策——以中职学校为例 …………………… 3
5G+VR/AR 场景在教学中的应用初探——以财经素养教育《穿越货币小镇》为例 …… 8
"教育+5G"在小学教学活动中的策略探索 …………………………………………… 17
5G 教学应用场景及案例分析 …………………………………………………………… 21
5G+VR 赋能小学航天科普课程的创新实践——以校本科普课程"少年问天"为例 …… 26
5G 技术对小学语文教学的影响 ………………………………………………………… 32
VR 虚拟现实技术在中职计算机类实训教学中的应用研究 …………………………… 36
"教育+5G"与小学数学融合课堂的实践 ……………………………………………… 40
5G 背景下的小学科学教学——以教科版六年级科学教学为例 ……………………… 44

## 5G 变革课堂教学模式篇

小学课堂的"教育+5G"教学应用的实践与研究——以成都高新新华学校为例 …… 51
"教育+5G"背景下的教学系统构建及其影响 ………………………………………… 54
"教育+5G"初中语文课堂教学模式研究 ……………………………………………… 58
5G 背景下信息科技课程项目式教学探究 ……………………………………………… 63
5G 时代下科学课堂教学策略研究 ……………………………………………………… 68
5G 背景下 VR 技术在小学信息科技课堂的应用策略 ………………………………… 73
5G+VR 对小学科学教学的促进——以教科版五年级上册《时间在流逝》为例 …… 77
5G 技术在小学数学教学中的应用策略研究——以小学一年级为例 ………………… 81
5G+VR 技术支持下小学语文课堂情景化教学模式研究 ……………………………… 85
5G 背景下小学语文课高效教学模式探究 ……………………………………………… 91
"教育+5G"课堂教学模式探究 ………………………………………………………… 94
有的放矢　多向协作——"5G+"背景下小学体育课堂教学模式改革初探 ………… 100
5G 视域下的体育未来课堂——教学模式及应用分析 ………………………………… 104
5G 赋能课堂"沉浸式无界"新体验——中小学体育跨学科（学科融合）教学模式
　　构建探析 …………………………………………………………………………… 115

基于"5G+智慧体育"的新型教学模式研究——以信息技术与体育教学深度融合
实践为例 122
5G+O-PIRTAS 翻转课堂教学模式下小学智慧外语课堂教学模式研究 127
"教育+5G"时代下小学体育混合式教学模式实践探究 131
5G 时代智慧课堂教学模式的创新性 135
5G 双师课堂背景下英语"融合式"绘本教学模式的建构与实施 139
"5G 双师互动课堂"结构及特征剖析 145

## 5G 支撑线上线下融合篇

5G 视阈下的小学线上教学策略探究 153
"教育+5G"在科学在线教学中的应用研究 157
智慧课堂:5G 背景下在线教育实施策略 161
5G 时代"远程教学"的发展路径 167

## 5G 优化教育评价方式篇

5G 多模态智慧课堂在高中生物教学中的有效性探究 173
5G 时代下如何提升小学生的语文阅读素养 177
让 5G 技术为小学数学课堂教学赋能提质 181
5G+智慧教育提升小学体育教学质量研究 185
基于 5G+AI 课堂行为数据提升课堂有效性探索 191

## 5G 助力教师专业发展篇

"5G+"智能研修平台　助力教师专业成长 201
开发 5G+VR 课程资源　助力教育课题研究——以益州小学 5G+VR 财经素养教育
场景开发为例 208
5G 背景下教师发展的影响因素分析 213
"教育+5G"的发展与展望 217
以 5G 教育之智,为教师发展添翼——以四川省成都高新区实验小学教师的信息
化发展为例 221
双师共济,双学共创——5G 环境下"双师课堂"语文课例研究 225
基于 5G 环境下的"双师课堂"实践探索 232

# 5G丰富课程教学场景篇

**篇首语**

　　教育数字化离不开教学数字化，只有从教学的角度出发，探究技术与课堂教学深度融合的切入点和实践应用场景，才能达到技术赋能教育，数字化赋能教学方式变革的目标。在教学数字化背景下，教师要注意不能为了数字化而数字化，而是要将技术与教育、虚拟和现实有机结合，在尊重教育规律的前提下，正确把握5G技术与教育融合发展的路径和策略，顺应教育数字化的需要。

　　本部分所选案例主要围绕着5G条件下在课堂教学中利用虚拟现实技术和增强现实技术等场景的教学理论、教学实践应用案例以及存在的教育困境进行了初步的分析和研究，提出了在课程教学场景中5G技术主要体现在学习资源融合化、教学主体交互化和学习方式生态化三个方面，探讨了由非个性化教与学转向个性化教与学的实践策略以及介绍了各类学校设计的创新实践课程案例。九所学校的教师都基于自己的校情和学情对5G条件下技术与课堂教学融合的场景进行了思考和实践，丰富了课程教学场景，同时也发现当前的研究还存在着进步的空间，比如说，在智慧环境建设方面，目前5G基站的建设还不全面，虚拟现实技术和增强现实技术服务还不健全；在学习资源整合方面，目前资源种类较多但是成体系的、适用于虚拟现实和增强现实教学场景的优质课程资源较少；在教学主体交互方面，"教学+技术"的复合型教师严重不足；在学习效果评估方面，缺乏多元的评估方式，等等。

# 5G时代烹饪实训课线上教学的问题及对策
## ——以中职学校为例

谢懋　谭成军　杨宗霖

成都中和职业中学

**摘　要**：本文对5G技术背景下中职烹饪专业实施线上教学的现状和对策方法进行了研究，剖析了目前烹饪专业实训课线上教学、互动、教学效果、学生操作等问题与原因；基于问题和原因，提出可通过VR、AR等互联网教学技术提升教学效果，为中职学校烹饪专业的线上教学提供了有力的借鉴。

**关键词**：5G技术；中职学校；烹饪；实训课

## 引　言

近年来，受新冠疫情的影响，部分学生和教师均无法按时到校，这对学校的教学工作产生了较大的影响。为了不影响学生们的学习进度，各大学校纷纷探讨新的教学模式和方法，线上教学成为疫情期间最主要的教学模式和方法。中等职业学校烹饪教育正处于蓬勃发展时期，但线上教学手段和教学条件等方面均存在一定的缺陷，特别是实训课在线上教学时无法有效地实施，解决中职烹饪专业实训课线上教学的问题迫在眉睫[1]。

随着互联网技术不断发展，我国目前已经进入了5G时代。5G技术具有速度快、容量高等特点，将5G技术与教育相结合能够有效提升教育的效果，扩大教学课堂的知识容量。5G技术与传统教学模式相互融合，产生新的线上教学模式，适应时代新发展，是烹饪实训课堂教学未来的趋势[1]。因此，本文结合5G技术和中职烹饪专业实际教学探索，探讨开展烹饪实训课线上教学的方法，为各院校实施线上教学提供些许借鉴。

## 一、5G时代开展中职烹饪实训课线上教学的显著优势

### （一）改变教学模式，保证教学与时俱进

在互联网技术背景下，教师必须改变传统思想，不断更新知识，提升自我能力，丰富教学形式，能够保证自身具备培养新时代烹饪人才的能力，保证教学模式、资源等能够与时俱进[2]。烹饪专业的学生大多文化课基础偏差、不愿意学习，通过互联网技术，新的教学模式会增加学生学习的兴趣；同时，教师可通过发挥互联网技术的优势，在线上把烹饪的知识讲解得更透彻，使学生更能理解烹饪理论与实践的关联，为后续学习打下坚实的基础。教师

也可以通过互联网技术研究和学习烹饪的新知识、新技术，丰富自身的知识储备，更好地帮助学生学习和实践。

### （二）可避免突发情况发生

受新冠疫情的影响，全国大部分学校都陆续停课，2020年的高考甚至延迟了一个月举行，可见疫情的出现对正常的教学活动有着很大的影响，这就可能导致同样的省、市的教学进度不同，学生的成绩也会下滑。鉴于此，实现线上教学，可以避免类似情况出现，学生在家也可以跟着老师学习，不会影响教学进度。除了疫情，线上教学还可以避免其他突发情况的发生，如今年四川大范围限电而导致推迟开学；学生有急事到不了学校上课，也可以在线跟教室里的学生同步学习。

### （三）提高烹饪理论教学效果

虽然是实训课程，但每次实训课教师演示环节依旧有讲授烹饪制作的理论知识。目前，中等职业学校多数烹饪实训课（冷菜制作、热菜制作）的教学方法都还是教师在演示室口头讲述的形式，而且很少有学校会在烹饪演示室安装多媒体设备，这就导致能够讲述的知识很有限，无法用图片的形式给学生表达菜品的工艺流程、成菜形式、菜品特点等；采用线上教学就可以很好地解决这一问题，学生运用电子设备在线上课，通过互联网技术把教师的界面传送到学生的设备，学生可以看到老师设备的界面。这样教师就可以通过图片或者视频，详细地讲解每一个步骤和关键点，还可以将完整的成品图片直接播放给学生看，学生由此可以看到本节课学习的菜品色泽、形状等，可以达到直观教学的效果。

### （四）有利于学生课后复习

烹饪专业的实训课是一门较为复杂的课程，教师演示过后，学生有可能很快就会忘记，需要不断观看、反复练习才能够得到巩固和提升；依据国家相关规定，学生上课期间是不能带手机的，所以无法录视频进行保留，很多学生在下课后就会忘记课上教师操作的一些细节和重点，很难实现课后复习；目前，互联网5G技术的功能非常丰富，多数的线上教学方式都有录课功能，通过线上教学可以将上课的课程以视频的方式保存，课后发给班主任或者班级群，学生在课后有哪些知识点忘记了，可以通过观看视频回放来把握关键点。视频也可作为学生复习的材料，学生后期在家练习菜品制作时也可以观看视频再学习。

## 二、中职烹饪实训课线上教学现状及存在的问题

新冠疫情使全国的教育实施"停课不停教、听课不停学"，各种线上教育资源和平台覆盖了所有教育行业。疫情推动了互联网教学的大反转，线上教学方兴未艾地开展起来。线上教学指通过互联网、移动设备等传播媒体实施教学的方法。线上教学可以利用各种教学资源，通过互联网传播途径，跨越时间和空间的束缚进行教学[3]。根据对多所中等、高等职业学校的调查，目前，烹饪专业实训课的线上教学还停留在直播式教学，如腾讯会议、钉钉等App播放PPT进行教学，也有学校会通过直播菜品制作过程，让学生观看学习。

目前的教学形式虽能实现理论教学，但烹饪专业实训课有教师演示和学生操作环节，完

全依靠理论讲解学生无法领悟烹调工艺流程。而直播操作教学虽然解决了教师演示的问题，但仍没有解决学生操作的问题，而且烹饪操作时有很多细节，仅靠一人在家利用手机直播，可能无法使学生观看到重要环节。

### （一）教学效果的呈现

烹饪专业实训课的教学环节非常复杂，烹饪一道菜品需要有初加工、刀工、调味、烹调等工序，其中的主辅原料和调味品都需要量化，只是完全依靠理论讲解，学生没办法领悟细节，尤其是中西面点实训课，每一个菜品制作的手法都不一样，而且需要在学生面前演示才能达到效果。同时，教师也无法监督学生学习的情况，学生只用手机观看老师的讲解，但有没有学会，老师很难掌握情况；在作业方面也会出现弊端，多数烹饪专业课程的作业都是在线布置，很有可能出现学生直接在网上搜索答案的情况，直接影响了教学效果。

### （二）学生操作受限

烹饪专业上网课时，虽然教师可以利用直播功能完成烹饪演示，但学生在家的设备、原料和工具等都非常有限。家庭用的工具也达不到教学的效果，如家用炉灶的火候不足，多数教学菜品都没有办法用家庭版的炉灶完成；教学中使用的原料很特殊，每种原料都需要按照菜品特点来购买，学生想要做出合格的菜品就需要花很多时间来采购，这就直接影响学习的效率。

### （三）师生互动受限

线上教学平台虽然能多样化地服务于教学，可以记录学生学习任务的效果、时间等，但却不能监督学生的学习状态，学生学习的效果有一定的折扣，如学生签到结束后，做一些与学习无关的事等。由于老师直播教学，无法了解到学生的学习状态，互动也只能通过打字、点名、提问的方式，不能做到持续双向交流。

### （四）师生对网课平台的不熟悉

线上教学是近年新兴的教学方式，平台里有许多教学功能，但师生对此不了解，导致没有很好地体现出线上教学的特点；学生对平台的不熟悉会更明显，如教师在点名后，学生不知道如何回答，这种情况会影响教学的时间以及教学效率，师生不能即时互动。

### （五）网络问题

网络是线上教学的首要问题。当今社会，不同地区、时间的网络可能会出现各种问题，无论是教师还是学生的网络不好都会影响教学的效果，如可能出现学生看不到教师的教学界面、听不见老师的声音、进入不了教学平台等问题。

## 三、利用 5G 技术提升烹饪专业线上教学的措施

2012 年，中国教育部印发了关于《教育信息化十年发展规划（2011—2020）》的文件，其中提到要加快推进信息技术与教育深度融合以实现人才培养模式上的创新[4]。可见互联

网 5G 技术融入教育势在必行，经调查，成都某中职学校烹饪专业学生对 VR、AR 虚拟仿真教学的满意程度达到了 90% 以上（见表 1）。

表 1 某中职学校烹饪实训课线上教学满意度调查表

| 年 级 | 直播演示教学 | VR、AR 虚拟仿真教学 | 纯理论教学 | 其他方法 |
|---|---|---|---|---|
| 高一 | 62.57% | 93.74% | 13.37% | 23.27% |
| 高二 | 78.04% | 92.86% | 19.59% | 32.45% |
| 高三 | 63.45% | 96.78% | 8.35% | 14.86% |

### （一）5G 技术 VR 教学

VR 是利用互联网 5G 技术，打破传统烹饪实训课教学形式，进行虚拟仿真教学，学生佩戴 VR 设备进行学习，教师可借助 VR 技术，通过三维立体动画模拟厨房真实操作流程代替传统的烹饪实训教学过程，可实现超传统实物的实践[5]。教师引导学生进入学习场景后，通过教师虚拟演示、学生虚拟操作，学生可以更好地掌握实训中的要点，使学生更深刻地掌握烹饪操作细节。同时，还可以根据自身的烹饪技术水平调整学习进度，进行自主学习。

### （二）5G 技术 AR 教学

增强现实（Augmented Reality，简称 AR），是指通过摄影机影像的位置及角度精算，融入图像分析技术，使屏幕上的虚拟世界能够与现实世界的场景进行结合，并产生交互的技术[6]。教师在烹饪实训课中，可利用 AR 技术将实训室的环境叠加在虚拟画面中，不仅可以使学生与教师互动交流，而且能够将 3D 影像呈现在学生面前。此方法完美解决了线上教学与学生互动的问题，也可以让学生清晰地看到实操环节。

### （三）创建教学资源库，促进自主学习

为预防学生在家上课出现网络问题，学校教师还可以创建教学资源库，将实训作品提前用互联网或者 AR、VR 技术录制好，上课时直接用此视频在课堂讲解。录制时需要将重要环节放慢或拉近，保证学生能看得清晰。教师在上课时每一个环节都要暂停，讲述此环节重点。学生学习后在家操作，将做好的菜品上传至教学平台，教师对此评价并打分。此方法还可以用于课后复习，若学生网络不好或是有的环节没有记清楚，可以课后自行观看教学资源库进行学习。

## 结 语

综上所述，5G 技术背景下，线上教育模式必定是教育界的趋势。近年来，中职开设烹饪专业的学校越来越多，随着互联网的不断发展和教改工作的持续推进，中职烹饪教育线上教学势在必行[4]。本文以烹饪专业为例，对中职烹饪专业实训课的线上教学现状和对策进行了研究，提出可借助 5G 技术 VR、AR 进行线上教学，还可以提前创建教学资源库，以此

解决烹饪实训课线上教学所面对的问题,也为中职学校烹饪专业提供些许借鉴。VR、AR 技术虽可以解决教师演示和学生操作的问题,但每位学生必需的电子产品设备也需要一笔不小的费用,部分学生的家庭经济情况无法实现,如何购买 AR、VR 设备的问题还有待研究。

## 参考文献

[1] 金鑫,金成吉.5G 时代下我国体育网课教学的发展趋势[C]//.第十二届全国体育科学大会论文摘要汇编——墙报交流(学校体育分会).[出版者不详],2022:605-606.DOI:10.26914/c.cnkihy.2022.010515.

[2] 周文龙.信息化视域下中职烹饪教育教学的开展策略[J].中国食品,2022(1):46-48.

[3] 张佩,刘芳.我国护理学专业课程线上教学模式的现状分析[J].科技视界,2021(14):124-125.

[4] 王燕.中职学校烹饪教学数字化发展现状及对策[J].中国食品工业,2022(7):104-107.

[5] 许文广.虚拟仿真实训软件在烹饪专业实训教学中的应用研究[J].四川旅游学院学报,2020(1):98-100.

[6] 汤雨鑫,杨国凯,张尧.AR 技术在计算机教学中的应用研究[J].电子元器件与信息技术,2021,5(8):41-42.

# 5G+VR/AR 场景在教学中的应用初探
## ——以财经素养教育《穿越货币小镇》为例

李美松　田宣宣

成都高新区益州小学

**摘　要**：5G 技术助力教学、促进智慧教育是当前教学研究的重点和难点，也是催生新的教学生态系统的主要挑战。现阶段，5G+VR/AR 场景在教学中的应用尚处于理论探索期，缺少教育实践案例。因此，本文在 5G+VR/AR 场景教学理论的基础上，探讨了 5G+VR 场景教学的实践思路，通过实例重点阐明 5G+VR 场景教学实践案例的研究和开发过程，丰富了 5G+VR 课堂应用实践个例，推动其进一步向可视化、智能化、场景化方向发展，为面向 5G 的智慧教育建设提供一个新的视角。此外，通过分析 5G+VR 场景教学可能存在的教育困境，提出了可行性建议，以促进 5G+VR 教学实践案例开发者的科学策划和调控。

**关键词**：5G+VR/AR；智慧教育；穿越货币小镇；实践案例

## 引　言

伴随着数字化时代和信息技术的日益发展，5G 前沿技术也不断投入开发建设，并取得了飞速进展。2012 年，世界无线电会议提倡全球各国和组织加大 5G 技术开发建设的力度[1]。2018 年，《教育信息化 2.0 行动计划》发布，旨在推进数字教育资源普及，推动网络学习空间建设，提升教育信息化水平，加快数字校园建设，探索智慧教育新途径，提升师生信息素养[2]。中国移动在 2019 年发布《5G+智慧教育白皮书》，利用 5G 助力智慧教育，实现 5G 教育领域的智慧教学、智慧教研、智慧教管和智慧治理场景的落地[3]。2020 年，《政府工作报告》提出加强信息网络建设，大力开发建设 5G 应用，为社会发展提供智能升级、信息创新等服务的基础设施体系[4]。2022 年，"5G+智慧教育"典型案例发布，以 5G 为代表的信息通信技术加速为教育融合赋能，促进教育模式变革、教育生态重构和教育理念更新，有力支撑教育数字化转型发展，以 5G+超高清直播互动课堂、5G+虚拟仿真实验/训、5G+云考场等典型应用场景为代表性案例[5]。5G 的启动发展，丰富了 VR/AR 的体验，激发了 VR/AR 的巨大发展潜力，促进 VR/AR+教育成为智慧教育建设的关键环节和主要组成部分。

近年来，由于疫情的影响，各个学校的教育教学工作都面临着新的挑战，实践活动受到时空限制，学生无法正常参与学校课程，校外体验活动锐减，外出游学、国外访学、基地研学等活动均大幅减少。同时，在长期的教育实践中，价值观教育的路径与方法存在重理论说教轻实践感受、重被动接受轻主体建构、重表面形式轻内容生成、重课堂传授轻生活体验等问题，且由于目标不明、路径不清、方法不当及缺乏常态化教育等问题，学校的价值观教育开展质量普遍不高，亟须从路径、场域等多维度创新形式。成都高新区益州小学通过开展5G+VR/AR 智慧云教室相关场景试点方式，在实践中探寻 5G 技术在环境建设、资源应用、课程开发、学习模式等方面的影响与变革，以期打破校园的时空维度，将常规学习与个性体验学习、正式学习和非正式学习相融汇，促进了学生的跨时空学习，延展了校园教育教学空间。益州小学结合本校特色的财经素养教学内容，立足价值观教育，设计、开发了《穿越货币小镇》《职业体验教育》等五个 5G+VR/AR 财经素养体验场景校本课程资源，探索 5G+VR/AR 场景在学校教育教学中的应用，助力智慧教育发展。

## 一、5G+VR/AR 场景教学的应用思路及特征

### （一）5G 与 VR/AR 的概念

5G 是指第五代移动通信技术（5th Generation Mobile Communication Technology，简称 5G），以 4G 为基础，5G 逐渐发展起来，具有高速率、低延时、连接灵活等优势，是物联世界和智慧时代实现人、机、物互联的核心技术支撑[6]。在教育领域，5G 具有革新教育生态系统全要素的重要作用，通过链接其他技术，实现与教育的深度融合、深度优化。VR（虚拟现实）和 AR（增强现实）作为当前最受欢迎的计算机技术，具有可视性、沉浸性、交互性、场景化、形象化等特征，利用 VR/AR 智能设备，用户在虚拟世界中，可以直观感受、亲身经历，具有强烈的沉浸感[7]。VR/AR 的功能为沉浸式虚拟教学提供了强大的技术保障，学生在虚拟现实中，沉浸在真实生动的学习环境中。VR/AR 推动了教育领域的飞跃，是智慧教育发展的科学基础。在 5G 之前，VR/AR 的应用平台只是桌面式应用，5G 技术借助高速率特征实现了资源应用客户端模式向云端模式转变，促进了 VR/AR 的推广普及，使得虚拟环境更具有流畅性、真实性、实时性[8]。总而言之，5G+VR/AR 与教学深度融合，可以提供互联互动的智能化学习环境，提供个性精准的学习资源，实现教学方式和学习方式变革。

### （二）5G+VR/AR 场景教学的应用思路

5G 技术具有集成性、交互性、控制性三大特点，改善了教与学的效果，改变了教学模式，扩大了学生知识面，增加了课堂容量，优化了现阶段教育教学手段，丰富了教育教学场域。VR/AR 智能技术在 5G 技术场景中加以融合，使得真实世界与虚拟世界的知识得以无缝链接，教育教学与现代教育技术实现深度融合。5G+VR/AR 技术的支持使得学习资源融合化、教学主体交互化、学习方式生态化，各要素之间相辅相成，促进教学过程更加智慧。基于此，本文根据实践设计了 5G+VR/AR 场景教学空间构建的基本思路，如图 1 所示。

从总体设计思路来看，5G+VR/AR 场景教学空间构建由以下两层组成：

**1. 技术层**

研究以 5G 有线+无线网络为基础，利用其高宽带、低延时、泛连接的优势，借助 VR/AR 智能设备、教育终端和网络设备，其中包括移动式虚拟现实一体机（VR 头显）、无线控制手柄、增强现实设备、智能传感器设备、移动终端以及虚拟现实设备管理及存储机柜、高性能教师管理工作站、虚拟现实设备管理控制底柜等网络设备，建成 5G+VR 智慧云教室，

实现了教学沉浸化、场景化、形象化、实时化，助力智慧学习环境的构建，如图2所示。

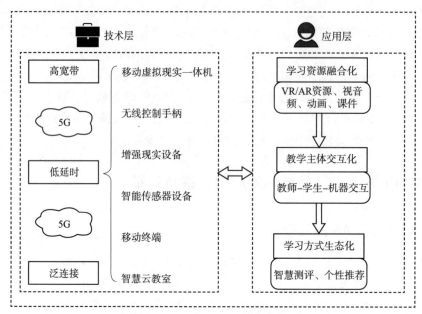

图1　5G+VR/AR场景教学空间构建思路

图2　5G+VR智慧云教室

**2. 应用层**

具体来说，5G+VR/AR场景教学空间应用层主要体现在学习资源融合化、教学主体交互化、学习方式生态化三个方面。

**学习资源融合化**

5G+VR/AR场景教学空间在设计初期就整合了多模态学习资源，使得学生可以从视觉、听觉、触觉等多感官获取知识。教学空间设计者通过收集和开发VR/AR课程资源、课件、音频、视频、动画、文本等资源，创设教育教学情境，促进学生的感知体验，激发学生学习兴趣。

**教学主体交互化**

5G+VR/AR场景教学空间应用实现了教师、学生、机器三大主体之间的交互，即人与人、人与机器、机器与机器之间的互联互通。学生借助机器设备与多模态学习资源或者学生、教师协同交互，实现多感官体验，实现知识传递和内化，从而促使学生完成知识建构，并达到培养实践能力、创新能力及价值观教育的目的[9]。

**学习方式生态化**

5G+VR/AR 场景教学空间创设了一种生态学习方式。移动终端设备为教学提供了便利，同时，这也使教师能够通过移动终端设备，对学生进行智慧测评和学习资源的个性推荐。学生的学习过程和学习结果是重要的评估数据，传统的教学手段不便于收集评估数据，在 5G+VR/AR 场景教学空间中，通过技术支持，可以为教师、学生和家长提供学生学习过程和结果的数据，并将数据收集整理，传送至终端设备，为学情分析提供基础数据，从而实现学习资源的个性推荐。此外，上传至终端的多模态数据可以更全方位展现学生的学习质量，达到对学习成果的智慧评估，提升教学质量。

## （三）5G+VR/AR 场景教学的基本特征

**1. 个性化**

5G+VR 技术创设的学习情境，让学生通过眼前动感的画面、优美的音乐、动态的文字以及图片、生动的解说，真实地走进学习的场域，且三维直观的教学内容，使知识可视化、形象化，极大地提升了教学内容的趣味性，激发学生的学习兴趣，实现了沉浸式学习。同时，通过个性化推荐学习资源，极大地提升学生的学习效果。

**2. 自主性**

虚拟场景的设计，本身具有很强的情境性，能实现场地的转化、学习任务的推进，能较好地带动学生自然而然地自主参与学习过程，体现学生学习的自主性。学生在自主学习的过程中，不是简单地记忆结论，而是对原始材料进行阅读、分析、运用，有助于收集处理信息能力的提高。

**3. 体验性**

利用 VR 技术创造出一个真实的教学环境，为教师教学的顺利实施提供形象的表达工具，将信息技术与学科课程的教与学融为一体，将技术作为一种工具渗透到教学中去，虚拟场景的呈现更能给学生身临其境之感，让学生不出校门就能走进博物馆、银行、超市等环境中，进行现实世界的种种体验，达到多场景智慧学习。

**4. 互动性**

5G+VR 教学场景的使用，实现了交互式学习，促进了学生亲身体验，提高了学习兴趣和热情，加强了互动性和参与性，深化了知识与实践的联系。通过技术解决了学生与场景中的学习任务的多元互动，实现了学习过程中的师生互动、生生互动、学生与场域互动、学生与虚拟人物的互动等。

# 二、5G+VR 场景教学实践案例：穿越货币小镇

基于 5G+VR 场景的功能与特征，我们自主开发了《穿越货币小镇》《职业体验之图书管理员》《职业体验之银行职员》等多门 5G+VR 财经素养教育特色课程资源。为探索 5G+VR 课例实施路径，我们整合 5G+VR 课程资源、AR 资源、多媒体资源、网络资源，结合学生学情，融合语文二年级下册《贝的故事》，我校的校本课程《钱币诞生记》《有趣的钱币》以及财经素养教育课本里的课程《穿越货币小镇》，设计了《穿越货币小镇》5G+VR/AR 财经素养多模态整合教学课例。

货币的发展经历了几千年的漫长时光,学生很难在现实生活中感知这种历史的变革,更无法在真实条件下体会不同年代的货币使用场景。在 5G 条件下,VR 可以让学生以切身体验的方式穿梭于几千年间,亲身见证货币的演变过程;还可以让学生与环境交互,形成直接经验,知识搭建体系。在教学过程中,AR 技术还可以让古代货币等珍贵的文物以立体的、全方位的形式呈现在学生眼前,丰富学生认知体验,让课堂更生动。VR/AR 技术的应用,打破了时间和空间的限制,让学生身临其境地体验到不同时代的风土人情和货币发展变化史。

《穿越货币小镇》5G+VR/AR 财经素养多模态课堂共分为四个部分,通过不同环境不同技术的运用,让学生在课堂中实现生生、师生、学生与环境等多模态的互动互联;将平面的知识立体化、实景化展示,让学生在乐、活的状态下对货币的历史和演变过程有更加深入直观的了解,增加了学生的主动性和体验感。

### (一) 多模态资源整合——多媒体情境导入

本环境通过多媒体技术为学生介绍新朋友——钱小小,是本节课的导入环境。教师通过多媒体播放视频,让学生认识本节课的学伴,也引入本节课的话题——钱是如何产生的呢?通过动画故事帮助学生初步感知货币的起源,进而板书——货币的发展历史。这样的形式让学生在观看过程中轻松愉悦地开启了课程,可以激发学生的课堂积极性和好奇心,让学生全身心地投入课堂,为后面多模态的沉浸式互动打下基础。

### (二) 多模态沉浸式互动——VR/AR 体验

教师导入后,引导学生通过 VR/AR 体验,深入探索感知货币的发展历史。本环境基于 VR/AR 技术,使用 PICO & MR 平台使虚拟建模和相关影像融合,通过 VR/AR 眼镜自由体验货币发展历史,以钱小小为第一视角,依次穿越到贝壳小镇(见图 3)、刀币小镇、交子小镇和现代。学生亲身参与四个拟真的场景体验并与场景互动,完成相应的闯关任务。在 VR 体验的同时,部分关键物品如贝币、刀币又通过 AR 建模全方位地供学生观察感知。贝壳小镇场景设计如图 4 所示。

**图 3 贝壳小镇体验场景**

在"场景—贝壳小镇"里,爸爸带着钱小小坐着时光穿梭机来到 3 500 多年前的贝壳小镇。贝壳小镇的市场,叫卖声不断,小小与玩具老板通过对话开启贝壳小镇的学习任务。

钱小小指着玩具小木马问老板:"老板,这个玩具怎么卖?"老板伸出五个指头。"哈哈,真便宜,我刚好有五元。"钱小小掏出五元,递给了老板。"你是哪家的小孩?别开玩笑了,这个木马要五个贝币。"老板从兜里掏出一个贝壳,告诉钱小小,"瞧,这就是贝币。"大街上,人们都在用贝币交易。

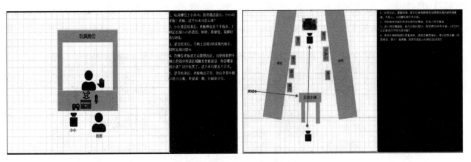

图 4 贝壳小镇场景设计

接着贝币就以 AR 的方式立体化、全方位地展示在学生眼前，除了图片还辅之以相应的文字介绍。学生可以观察到不同种类货币的细节，从而发现问题：是什么贝壳都可以作为贝币吗？

在这个环节，教师可以组织暂停 VR 体验，通过小组讨论等方式来引导学生解决关键问题。学生通过讨论、发现贝壳虽然可以当货币使用，但不是所有贝壳都具有这种作用。自然界中有许多不同种类的贝壳，不过可以当货币用的却是少数。

随后教师组织学生继续开启 VR 场景的体验。在"场景二刀币小镇"中，学生也是以时光穿梭（见图 5）的方式来到刀币小镇，通过购物体验发现货币的变化，并将刀币的模型用 AR 的方式进行了特写展示，帮助学生更全面地观察了解货币的外形及特点。刀币小镇场景设计如图 6 所示。

图 5 时空穿梭体验

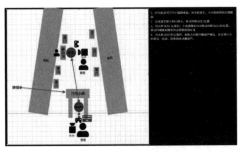
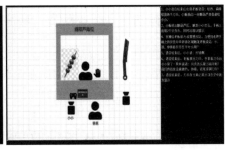

图 6 刀币小镇场景设计

在"场景三交子小镇"中增加了知识展示和问题互动界面，爸爸带着小小坐着时光穿梭机来到 1 000 年前的交子小镇。"爸爸，这个小镇的名字好奇怪。交子是什么？"小小疑惑地问。爸爸说："交子，其实就是纸币。"小小准备用五元人民币买两个包子，却被老板拒绝了:"我不认识这个,要买包子请拿交子。"小贩拿着交子给小小看。交子小镇体验场景如图 7 所示,交子小镇场景设计如图 8 所示。

图 7　交子小镇体验场景

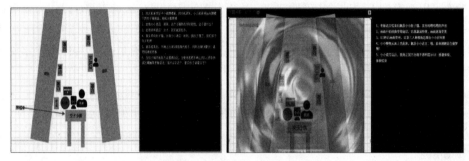

图 8　交子小镇场景设计

对话结束后将交子相关小知识进行展示,并请学生完成选择题目的作答,学生通过手触摸按钮完成选项实现与环境互动,并落实知识技能目标。

(三)多模态互动——师生讨论、生生探究、落实价值观引导

VR/AR 的体验让学生了解了货币演变历史,实现了知识与技能目标。本环节是上一环节的深化与提升,通过师生互动、生生探究,落实财经素养教育课程的价值观育人目标。完成基本的体验后,教师提问:哪些东西可以用钱买到?哪些用钱买不到?引导学生展开谈论,进而了解精神上的财富是无法用货币购买的。学生在小组讨论后充分发言表达,丰富情感体验。

(四)多模态评估——作业反馈:电子书包、一体机展评

本环节是本节课的延伸、总结环节。学习内容完成后,本环节充分发挥 5G 速度快、低延时的特点,利用智慧教育系统下发作业至学生电子书包,学生通过操作平板电脑完成课后练习并提交,教师对作业进行批改展评。

## 三、面向 5G+VR/AR 场景教学的实践反思及建议

(一)目前教育困境

成都高新区益州小学此次开发的 5G+VR/AR 场景教学案例运用了 VR/AR、教育终端和网络设备等技术,案例应用过程中实现了学习环境智慧化、学习资源融合化、教学主体交互

化和学习方式生态化，是一次落地实践，为 5G+VR/AR 场景教学案例建设提供了可供参考的经验。5G+VR/AR 场景教学案例开发是一个复杂的过程，需要全方位的技术支持和合作，目前，在智慧环境建设、学习资源整合、教学主体交互、学习效果评估等方面还存在不足，需进一步补充完善。

在智慧环境建设方面，技术运用需要加强优化和完善。5G+VR/AR 作为正在发展中的技术，数量和质量都需要改善。一方面，国家要加大 5G 基站的建设力度，提高 5G 网络覆盖率；另一方面，VR/AR 也面临着技术不足、服务不健全、使用不合理等问题，比如，VR 头显过重，学生长时间佩戴容易产生眩晕感，携带困难等。

在学习资源整合方面，市场上流通的资源众多，比较繁杂，优质资源需要多层筛选，稍不严谨，有可能影响教学效果，降低教学质量。而且当前多模态资源最适合应用于 5G+VR/AR 场景教学案例开发，充分调动学生感官，发挥技术与资源的最优效用，这类优质资源的数量更少，适合于 5G+VR/AR 场景教学的数量微乎其微。另外，资源共享是生态教学的重要体现，目前，资源共享和管理平台缺乏，相关的技术支持跟不上，资源共享和管理更显吃力。

在教学主体交互方面，实现学生、教师和机器之间的双向互动的重要前提是教师的技术学习，要达到教育技术现代化的发展要求[10]。新技术的出现使得教师群体出现两极分化，教龄高或者坚持传统教学的老师，难以运用新技术开展教学，年轻教师在初始阶段技术不够熟练，在实际操作过程中频频出现问题，反而使得教师群体过于疲惫。技术+教学等复合型教师严重不足，导致主体交互的实现存在困难。

## （二）后续研究建议

### 1. 运用多种智能技术，实现智慧环境的建设

在"教育+5G"时代，只有掌握并能够综合运用多种智能技术，才能建成智能教学新空间[11]。首先，应加强技术研究，充分挖掘不同技术的优势，实现协同并进、互联互通，为人机交互、机器与机器交互提供技术支撑；其次，应加强复合型教师人才的培养，提升其信息化能力，为课程建设提供人才支撑；另外，还要综合多种智能技术，扩宽技术使用路径，搭建智慧环境空间，使学习者完全沉浸在虚拟教学环境中，提升教学效果。

### 2. 整合优质资源，促进学习资源的融合

多模态资源可以调动学生多种感官，提升学习者的课堂沉浸度。应大力设计多模态课程资源，设计合理的学习支架，促进学生的自主学习和自我调控，使学生能够自我思考、合作交流。优质资源是建立健康、共享的学习资源平台的前提，应该加强优质资源的整理收集，将其应用到教学资源智能共享平台，实现资源的绿色使用。还应该加大对学习资源的管理和监督力度，从而保障学习资源的质量以及教学资源智能平台的有序运转。

### 3. 组建学习共同体，推动教学主体的交互

学习共同体的构建，能够实现教师、学生、机器的互动和协作，应该注重组建学习共同体。教师方面，应顺应时代发展，提高学习能力和技术管理能力，不断推进混合教学模式，合理安排教学计划，缓解教师群体在新的技术时代下的疲惫感。学生方面，应不断加强对学生的技术教育，提升其在线学习能力，让学生能够主动学习，沉浸式学习。此外，还可以借助虚拟技术，打造虚拟伙伴，实现人机互动学习，促进个性化学习。

**4. 探索多元评估方式，提高学习效果的评估**

多元、动态的评估方式，可以科学、精确、合理地评估学生的学习质量。多模态资源的利用，使得对于学习者的评估方式也更加多元，可以借助智能设备实时监测学生学习效果，并利用声音、图像、文字等多元方式展开学情分析，并生成精确的报告。在多元评价过程中，收集的数据还可以为智能设备的个性化推荐提供资源，从而实现根据学生的爱好进行科学、智慧推荐，实现智慧化、个性化学习。

## 参考文献

[1] 兰国帅,郭倩,等.5G+智能技术:构筑"智能+"时代的智能教育新生态系统[J].远程教育杂志,2019(3):3.

[2] 教育部.关于印发《教育信息化2.0行动计划》的通知[DB/OL].(2020-04-20)[2023-02-09].http://www.moe.gov.cn/srcsite/A16/s3342/201804/t20180425_334188.html.

[3] 中国移动《5G+智慧教育》白皮书[DB/OL].(2020-11-27)[2023-02-09].https://www.sohu.com/a/434807070_654086.

[4][8] 蔡苏,焦新月,等.5G环境下的多模态智慧课堂实践[J].现代远程教育研究,2021,33(5):103.

[5] 2022年度"5G+智慧教育"典型案例发布[DB/OL].(2022-11-17)[2023-02-09].https://edu.gmw.cn/2022-11/17/content_36167464.htm.

[6] 李林.5G+VR/AR技术驱动的图书馆虚拟阅读空间构建研究[J].图书馆学刊,2022,(1):69.

[7][10] 秦伟繁.5G+VR技术在高职英语口语沉浸式教学中的应用探索[J].襄阳职业技术许学院学报,2020,19(3):64.

[9] 王慧君,王海丽.多模态视域下翻转课堂教学模式研究[J].电化教育研究,2015(12):73.

[11] 齐军,赵虹艳.基于"教育+5G"的新型教学生态系统:构成、功能及构建策略[J].课程·教材·教法,2022,42(4):85.

# "教育+5G"在小学教学活动中的策略探索

张小迪　李明蔚

成都高新区尚阳小学

**摘　要**："教育+5G"是时代发展的必然趋势，且"教育+5G"是教学活动开展的重要背景。在5G教育背景下，可从以下几方面开展小学教学活动：在基于"教育+5G"的个体学习方面，首先，由"限制的"物理环境走向"开放的"网络环境，其中包含虚拟仿真实验系统的建立、课堂环境与虚拟场景的结合、课堂与真实场景的结合；其次，由"非个性化教学"转向"个性化教学"，在教师方面，可帮助教师智能化备课，精准制定教学策略；在学生方面，"教育+5G"能够精准教学，实现智能辅导。在基于"教育+5G"的小组合作学习方面，其一，"教育+5G"可以突破空间与时间，由局限的时间、地点转向开阔的5G时空；其二，"教育+5G"改变了评价方式，由单一线性评价转变为多元增值评价。

**关键词**：5G；"教育+5G"；教学活动策略

## 引　言

随着时代的进步，通信技术发展速度急速上升。而每一次通信技术的发展，也见证了时代的又一次进步。5G技术，因为高速度、低延时、泛在网、低功耗等特点[1]，被誉为通信技术的"宠儿"。不同于3G和4G，5G作为第五代移动通信技术在诞生之初，就有研究学者将其与教育联系起来。2018年，我国教育部印发《教育信息化2.0行动计划》（以下简称《教育信息化2.0》），其中提出到2022年基本实现"三全两高一大"的发展目标，积极推进"互联网+教育"，开展智慧教育，构建智慧学习支持环境。但是从目前来看，智慧学习环境仍未普及，它的构建还面临着许多障碍。疫情时期，各地均组织了大规模在线学习。在此期间反映出在线学习的优点，同时，也暴露出教育信息化基础设施建设中存在的不足，如实时高清互动的需求、资源共享的迫切性、流畅不卡顿的通信平台、实用的教与学工具等。5G技术能够破解这些难题。

5G的到来将给教育的教学环节、环境建设、应用场景、基础设施等方方面面带来改变，例如，提供更加优质的教育资源、提供智能互动的教学方式、个性化的分层培养模式和一体化的智能生态教育环境。因此，"教育+5G"是时代发展的必然趋势。

小学教育是培养儿童全面发展的黄金时期，教学活动是小学教育实施的主要载体，"教育+5G"是教学活动开展的重要背景。在5G教育背景下，开展小学教学活动有何优势？基于5G教育如何有效开展小学教学活动？解决以上问题，将对5G时代下的教育发展提供极大的帮助。

# 一、基于"教育+5G"的教学活动策略

## （一）"教育+5G"的个体学习

**1. 由"限制的"物理环境走向"开放的"网络环境**

传统的多媒体教室，缺乏对理论与实践一体化的技术支持设备，而且课堂环境不能与真实的场景相融合。2022年新课标颁布以来，教育教学走向"真实的、复杂的问题情境"，但显然现有设备无法给学生提供真实的问题情境，学生对于真实的问题场景看不见、进不去、摸不着且无法验证。"教育+5G"基于5G技术的带宽大、延时低、连接广的特性，能够在一定程度上解决这些难题。

一是虚拟仿真实验系统的建立。在以往的虚拟仿真实验系统中，推广速度慢，覆盖面小；部分学校计算机网络资源匮乏，且虚拟平台运行速度较慢。但是虚拟仿真实验具有安全性高、超时空、低成本的特点，非常适合小学科学、信息科技以及其他人文社科等学科。"教育+5G"能够克服虚拟仿真实验系统现有的困难，在其应用的广泛性、便利性、实时性、跟随性等方面将大大提高，有助于学生个性化学习目标的达成。

二是课堂环境与虚拟场景的结合。课堂环境与虚拟场景的结合，能够扩展以往没有的教学场景，进一步激发学生的学习兴趣，促进学生掌握相关的技能观念等。如在科学学科中，常常涉及地球与宇宙的内容。学生往往根据教师所提供的实验器材进行模拟实验。但有了"教育+5G"，学生面对的将不是单一的实验器材，而是置身于虚拟的场景中，在模拟实验的基础上有进一步宏观的、真实的感知。

三是课堂与真实场景的结合。小学课堂中缺乏对真实工作场景的学习，现阶段一般采取"研学"的形式到各种场所（如汽车实训基地、飞机基地、科普研学基地等）展开一系列活动，耗时耗力且成本较高。"教育+5G"可以轻松实现与真实场景的结合，构建二者对接的教育教学环境。目前，网络连接会出现卡顿、掉线、画质不清晰等问题，但是有了"教育+5G"，可将真实场景高清地展示在课堂上，还可以全面展示细节，解决学生"看不清楚"的问题。如在研学中通过在课堂上连接真实场景，采取穿戴设备向学生展示电子画板、数字影像、种子银行、虚拟动物园，让学生体验物种演化与更替等。

**2. 由"非个性化教学"转向"个性化教学"**

教学是教师的教和学生的学组成的双边互动活动，所以，学生的个性化教学应当从教师和学生两方面下手。目前的教育教学技术，无法支持教师较为全面地搜集学生学习情况的数据，一般了解学生学习情况通过作业批改、课堂表现与纸笔测验的方式，搜集过程时间长，耗费的精力大。基于5G技术的"教育+5G"能够输出学生学习的效果，教师基于数据能够及时改变教学策略，成为教师开展教育教学的得力助手。

（1）智能化备课，精准制定教学策略

在教师方面，有效开展教育教学的前提工作且最重要的工作是教师要做好细致全面的备课工作。现阶段教师开展备课工作，需要提前了解学情，这一般都是基于经验，并没有全面的数据及分析呈现给老师。尤其是针对无教学经验的新进教师来说，了解学情一般都只能从其他老教师处获取。"教育+5G"可以通过其技术，对当前学生的学习兴趣、学习风格、前

概念等进行深入分析与挖掘。教师可以在云上备课系统中以可视化数据掌握每位学生的学习情况，并有针对性地制定教学策略与方案。

(2) 精准教学，实现智能辅导

"教育+5G"能够实时采取学生数据，并且对数据进行深入挖掘与分析，以可视化图表的方式展现出来，教师能够根据学生的具体情况进行教学推送与辅导。另外，5G+还可启用智能辅导，通过云上系统向学生提供个性化辅导[2]。

个性化学习包含自适应预习、交互学习以及定向练习三方面。其中，自适应学习基于"教育+5G"，能从数据分析当中总结学生的学习特点，根据学生不同的学习需求，在资源化系统中提取相应的案例。这些案例让学生"身临其境"地进行学习。交互学习能够使学生在课堂教学中随时随地发表观点，班级其他成员可以在此观点的基础上进行讨论，教师在旁引导。定向练习是基于数据分析，发现学生学习有待提高的地方，针对该问题教师从资源库中定向推送练习，进一步强化知识结构的系统性。

### (二) "教育+5G"的小组合作学习

**1. 突破空间与时间：由局限的地点时间转向开阔的5G时空**

2022年新颁布的课程标准强调，要聚焦学生核心素养，加强学科知识，统筹设计出综合课程和跨学科课程；体现实践性，充分发挥实践育人的功能。实现新课标基本要求的一个重要抓手即小组合作。

小组合作可在课上，也可在课下。但是实践育人的综合课程并不能完全在课中实现，所以，课后时间的利用显得尤为重要。如何在课后进行小组合作呢？小组合作如何打破时间与空间的距离呢？5G+技术可以克服课后小组合作的难题。有了5G+，小组同学可打破限制的时空，成员可自由进入虚拟空间进行讨论、制作、分工完成相应部分[3]。作品的呈现也不再局限于成品，虚拟作品的呈现亦可作为成果展现。

**2. 改变评价方式：由单一线性评价转变为多元增值评价**

"教育+5G"实现评价主体、内容、方式等的全方位改变。目前，教学评价纯靠教师去搜集，并且大多靠纸笔测验，不能全方位、真实客观地对学生进行画像。但是"教育+5G"可以克服传统评价的缺点。

其一，"教育+5G"能够伴随学习和评价的全过程，能够全面、客观且内容多元、主体多样地进行评价。评价结果以图文形式进行呈现，使教师能够充分了解学生的个体差异及个性特点[4]。另外，在多元多样的评价下，评价信息可直接反馈给教师和学生，从而促使师生做出相应的改变，促进学生多元发展。

其二，基于"教育+5G"的智能评价更加合理、客观，去掉了教师评价、生生互评的主观因素，使评价结果更具参考性。同时，节约了师生大量的时间与精力，5G+带给教师的不仅是目前学生的学习情况，还能够给教师纵向分析该生长期的变化，判断该生在现阶段有没有进步，进步程度如何，学生的各项发展数据一应俱全。

## 结　语

"教育+5G"能够助力实现智慧教育创新发展，进一步加快教育信息化的建设。5G技术的到来,将引发教育领域的变革,包含教学环境、教学模式、教育资源等。5G 能够更好地为教育服务,届时 AR、VR 与真实场景、虚拟场景的结合,实时高清互动等将不在话下。同时,我们仍然看到,"教育+5G"应用的相关研究还较少,在一线教学中应当如何推行"教育+5G","教育+5G"模式、资源建设、智慧学习环境构建等问题有待专家学者进一步探索[5]。

## 参考文献

[1] 卢向群,孙禹.基于 5G 技术的教育信息化应用研究[J].中国工程科学,21(6):120-128.

[2] 王心彤,胡卫星,孙雅利,等.5G 典型教学应用场景及其分析[J].中国教育信息化,2021(18):4.

[3] 李晓乐."5G"时代智慧课堂教学模式的创新性研究[J].中国管理信息化,2020,23(4):2.

[4] 赵茜.5G 时代新型数字教育资源及应用策略[J].西南师范大学学报:自然科学版,2021,46(11):96-101.

[5] 庄榕霞.5G 时代教育面临的新机遇新挑战[J].国内高等教育教学研究动态,2021(3):1.

# 5G 教学应用场景及案例分析

龙普容

成都市泡桐树小学（天府校区）

**摘　要**：随着 5G 等技术的快速发展，其低消耗、高传输等特点也得到巨大的发挥，尤其体现在和教育教学的结合方面。现代教育无疑需要和 5G 进行更加有机的结合，从而更好地促进教育信息化和现代化的实现。本文在分析 5G 对教育发展意义的基础上，举例分析当下 5G 应用场景的典型案例，并提出了 5G 教学发展的特点。

**关键词**：5G；教学场景；智能设备

## 引　言

随着 5G 等技术的快速发展，教育信息化的水平也在不断提升。目前，教育信息化的目标主要是推动创新技术在教育方面的应用，从而推动教育系统的有效变革和发展。本文通过对 5G 中教学场景的应用进行分析，更好地探索 5G 在教育方面的潜力。5G 赋能教学场景主要侧重于 3D 课程、全息投影等场景化教学，创设带有具体情绪和形象的场景，能够使学生更好地了解和理解课程的内容，使学生能构建起知识体系。通过两者的相互融合，有效地解决教学实践中的诸多问题以及不足，从而实现教育信息化方面的重大变革和提升。通过 5G 教学，能够最大程度地实现个性化教育，促进教育公平，并且打通线下与线上之间教学的隔阂，当然，技术的发展在提高学习效率的同时，也对教师提出了更高的要求[1]。随着一系列智能新款产品的应运而生，学生在学习环境中对 5G 教育技术的应用也会更加广泛和深入。

## 一、5G 技术发展对教育的意义

### （一）教育信息化的前提和基础

技术发展是教育信息化得以发展的前提和关键，从目前的移动技术发展的情况来看，5G 是诸多现代技术的核心和前提。由于新冠疫情的影响，线上教学得以快速发展，这就使得教学模式和教学特色与之前线下教学产生了鲜明的对比。通过 5G 教育的发展，不仅能够促进线下与线上教学场景的全覆盖，而且也能有效地提升教育现代化水平的能力，从整体上使数据支撑基础设施、业务应用和用户数据等，形成全面的架构与体系。具体来说，主要体现在以下两个方面：首先是促进了教育技术基础设施的完善，不断进行高质量校园网络的构建，学校可以通过 5G 技术实现学生海量数据和信息的及时传输，同时，可以通过学校、家庭和学生进行信息的布局，学生通过平板、手机或电脑等设备就可以与教师和学校进行及时互联，实现教学课堂内外的全环节管理与应用[2]。其次，可以通过提供翔实的数据支撑，使 5G 教学教育的数据实现共建与共享，随时随地都会产生相关的数据信息，但是通常在线下授课时，这些数据很难得到有效利用，主要的因素在于很多数据属于非结构化数据，因此，需要对其进行 AI 技术的处理和分析。实际上，这些情况和问题在 5G 环境下都可以得到有效的解决和处理。

### （二）促进精准化教学的发展和应用

从以往的教学来看，学生学习能力的不同会造成教师教学效果的差异，而教师的教学需要符合多数学生的利益最大化需要，从这个方面说，教育需要更多有针对性和个性化的发展方向，这样才能使教学的效果更加有效。随着 5G 和其他技术的快速发展，教学课堂的建构也将重新进行规划，这对教师的组织能力和教学能力也提出了更高的要求。实际上这种技术的发展，改变了课堂教学中的活动主体，使课堂从以教师为主，转换为以学生为主，学生可以利用 5G 技术，学习与自身相契合的内容，并且可以对内容进行反复的学习和观看，而教师的备课也可以从以教学内容为核心转为以学生的学习进度为核心，这也是课堂教学积极探索的教学模式。从具体的教学环境来看，增加智能化和信息化的环境，能够更好地使远程直播和虚拟现实技术、增强现实技术逐步在校园内得到普及和加强，与学校现有的硬件和软件系统进行更加有效的整合。智能设备的移动化和可视化，能够进一步促进现代教学环境的发展，使学生获得更加有效的教学体验。

### （三）加强不同主体之间的联系与交流

以往对于学生的学习而言，家长与学校很难处于相同频道，而 5G 教育的发展，能够使校外教育、学校教育和在线教育之间形成相互有益的补充。未来教学的发展主要由三类内容组成，首先学校教育可以解决学生对于知识的理解和学习的问题，同时，可以运用线上化的教育对学生个性化的需求情况进行调节和处理，家庭和社会则可以提供学生进行兴趣爱好学习的基础。同时，实现课后复习和课前预习以及考试等数据的处理与融合，使学生的学习效果与学习过程得到全方位的测评，将学生在校的情况与学习成果及时地和家长进行沟通与交流。5G 技术的实际应用，不仅能够有效地促进教育公平，而且能够更好地调整地区之间由于教学资源不平衡所导致的分配问题。另外，教师和家长也能够及时地对学生的学习情况进行有效的反馈和沟通，并且进行有针对性的辅导和教学，通过这种方式能够促进在线教学的交互性，提高学生在线学习的效果。

## 二、5G 典型教学应用场景案例

### （一）5G 全息直播教学案例

2019 年 10 月，北京邮电大学首次将全息投影技术与 5G 进行结合，实现了校区之间的远程交流教学。在邮电大学的沙河校区，由真人进行讲授物理学简史，同时，通过 5G 超高速传播的特点运用全息投影技术进行实时传输，使远在 25 公里以外的西土城校区也能够同时观看到相同的课件内容，实现了全息投影的互动实时直播。在传输过程中，首先需要对传统的多媒体教室进行调整和改造，从而使全新影像和全息材料能够通过虚拟场景进行场景叠加，从而实现现场学生和老师远程之间的实时互动[3]。根据学生的听课体验进行调研，全程老师上课的全息影像非常流畅，在整体教学过程中几乎不存在卡顿的问题，不仅效果自然逼真，而且极大地促进了学生与老师之间的交流。

除了北京邮电大学之外，上海徐汇中学也将 5G 技术与全息投影相结合，同时结合 MR 技术创建了全息教室，通过该教室能够实现云南云阳中学和上海徐汇中学的双向异地同步教学。云阳中学的学生通过全息投影，能够与徐汇中学的老师进行沟通和学习，这种方式极大地缩小了地域差异，并且能够更好地促进教育公平的实现。上海徐汇中学在 2019 年举办了联合上海、北京、青岛和成都四座城市的全息物理名师公开课，通过将高中物理中的电磁学课程以全息投影的方式，使四座城市中的七所学校能够同步进行电磁学课程的学习，老师同时为几百名学生进行授课。同时，利用全息投影技术也能够使理论模型由抽象转而具体，使名师课程以最逼真和最直观的方式，在各地学生面前得到真实呈现。

实际上，3D 空间的场景化与教学应用最为贴切，它能够使学生进入真实的教学环境当中，同时，全息投影技术能够实现裸眼 3D，而以往对于全息投影的应用大多仅仅局限于艺术类展示，并且主要是离线状态下的影像展示。例如，在上海世博会中，利用全息投影技术对三星堆遗址文图进行了再现，而将全息投影技术与远程教学直播相结合是在 5G 网络下独有的应用，在以往是完全无法想象的。

### （二）5G 应用于 VR 场景教学案例

江苏移动与爱立信等公司联合成立了"5G 智能制造联合会"，并成立了创新实验室。实验的目的主要是研究 5G 技术在教育方面的应用，在苏州工业园区的星洲小学的学生们可以通过 5G+VR 技术进行地理学习，学生可以自行在沙箱里用沙子进行地形地貌的塑造，同时，通过 AR 技术和 3D 摄影渲染出该地的地形与地貌。在此基础上，将其上传到 VR 虚拟空间中，学生只需戴上 VR 眼镜，就可以置身于其创造的虚拟世界当中。在学生上自然课的时候，课堂内容为"日食现象和原理"，教师在专门设立的共享教室中进行授课，通过 5G 的技术手段，教室里的投屏上同时呈现出地球、月亮和太阳的太空区域，摄像机会将老师的声音画面拍摄下来并显示在投屏上，同时，将内容实时地传输到学生的 VR 眼镜中，学生通过佩戴眼镜以及触摸感应手柄，就能够看到老师在虚拟空间中授课的情形。同时，学生可以通过手柄对三个球体进行操作，最终也可以使三个球体连接成为直线，这也就是形成了日偏食、日全食和日环食等场景。学生通过与老师的交流互动以及 VR 体验，能够真实地感受到日食的形成原理以及形成过程。

实际上，从 5G 应用于 VR 场景教学的案例可以看出，5G 能够使 VR 形成更加流畅的数据传输，同时，也可以使 VR 远程教学获得更加良好流畅的教学体验，VR 技术可以让学生与 3D 模型进行一对一的交流与互动，能够使学生的课堂参与度得到有效提升，使学生在互动交流中得到思考[4]。5G 所形成的有针对性的个性化教学场景，能够为教学提供基础解决方案。

### （三）5G 应用于交互式电子白板的教学案例

通过 5G 能够使交互式电子白板拥有更加丰富的计算能力和内容资源，从目前传统的电子白板来看，大多仅仅只能具备本地化的应用，难以做到对内容的实时搜索和在线搜索，而通过应用 5G 的同时同频全双工技术,能够有效地提升对于学校网络资源的利用效率,从而赋予教室网络更高的资源搜索与检测能力,使交互式电子白板有更好的智能应答功能。通过运用交互式电子白板,在历史教学过程中,教师能够给学生呈现更加精准与丰富的史料,同时,也能够增强交互式电子白板的生成性和集成性的特征。以往的移动平板本身可以用于摄像和拍照,在 5G 的帮助下,移动平板可以将 AR 增强功能与摄影功能相结合,学生运用平板进行课堂互动,能够有效地对屏幕中的页面进行点触式互动,同时,也可以和摄像镜头中的 3D 立体模型进行体感互动,学生可以通过摄像头角度的调节,实现对历史建筑的全方位观察。通过 5G 的高传输速率还能够增强电子白板的交互性,更好地促进教学内容和教学资源的拓展。

## 三、5G 教学应用分析

### (一) 教学的精准化与个性化

随着 5G 网络系统平台的快速发展与应用,各类教学平台用以衡量和捕捉学习者学习进度和方式的技术也在不断成熟和发展。对于教育领域来说,提高教学的个性化和精准化始终是研究的重点和热点。目前,5G 状态下的学习信息采集兼具精准化和综合化的特点。在进行海量数据收集的基础上,可以进行实时的管理和分析,进而通过平台向教师和学习者进行反馈,这种方式使得信息推送更加符合学习者的真实情况,从而为学习者的个性化学习提供便利的条件[5]。这种精准化也体现在教学的体验中,通过网络支持学习者进行自主学习。学生能够结合自身的学习需求与兴趣,运用各类移动终端和网络平台进行学习,并且通过网站和社交媒体等与相关人群主动形成社交群体,通过群体之间的共享和沟通,实现信息的收集和流通。通过这种方式,不仅可以为学习者提供更加理想的学习空间,还能使学习者打破空间和时间的限制,使教学具有碎片化和灵活化的特征。

### (二) 教师需要强化 5G 教学应用能力

5G 在教育方面的应用使线上教学得以快速发展,远程同步课程和视频课程相对快捷,能够更好地促进城乡教育资源的共享,从而实现教育公平。当然,这种教育教学公平的实现,更多的需要教师通过物联网的应用程序来实现,这也导致教师的教学方式和以往线下教学有了较大的差异。教师如果运用以往的教学方式进行教学,那么不仅无法达到良好的教学效果,而且也难以使 5G 的新技术得到有效的应用。除了软件设备的变革之外,教育设备也面临着较大的变革,学生通过移动设备能够实现和教师教学的设备互联,这种学习互动性的增强与以往由教师主导的课堂有显著差异。这也提示教师要不断丰富自身的线上教学能力,更好地利用 5G 教学的新方式,从而促进学生学习和教学方式的变革。这期间不仅要充分发挥教师的创造性和积极性,同时也要由学校引导教师进行学习,学校可以为教师提供学习和应用的机会,使教师的教学水平和能力与新技术的发展齐头并进。未来可以看到的是 5G 作为颠覆性的网络通信技术,必然会对当前已有的师生关系、教学手段以及学习方式产生深刻的变革,从而引起教育教学生态的变化。

### (三)信息化教学理论模型的构建

对于信息化快速发展的时代而言,人们需要不断地进行学习,以获得新知识,而获取知识的能力相比于获取的知识,对个人发展而言更重要,同时也具有更加突出的价值。21世纪的教育更加注重批判性思维与创造力,同时,互联网的发展也使自我学习和终身学习的能力得以提升。5G发展带来的智慧教育,注重培养学生的发散思维和创造能力,同时,强调教师对于学习者的启发和推动,在教学方式上要求学生加强不同科目之间的联系,实现对课程的综合效益的发挥。信息化教学在引导学习者进行自我学习的同时,也传授学习者学习的方式与方法。实际上运用5G等信息技术进行课堂活动的模式会不断增加,比如,运用情景创设和自我探究等方式,能够实现课堂结构的调整。5G技术能够克服教学空间的限制,使得不在相同地域的师生可以顺利地进行网上沟通以及综合课程的教学。除此之外,也可以运用虚拟现实技术创新,引导学习者进行自我练习和探究,提高学习者自我创造的能力,使学习者获得多感官的体验,支持学习者和教师之间更多形式的互动,更好地实现数字化教学的发展。

## 结 语

在5G通信技术不断得以发展的前提和背景之下,各类新型的技术理念与概念被引入课堂当中。同时,全息投影、VR等场景化技术也被应用于教学中,为课堂教学提供了有力的手段和工具,这也是5G推动场景教学的重点与难点。本文主要从5G的技术发展和应用案例以及教学特点等方面进行了研究,以期能够更好地促进5G与教学场景结合。

### 参考文献

[1] 张校慧,武瑞."互联网+"形势下对大学生生活学习方式的影响研究[J].教育现代化,2020,7(42):80-83.

[2] 庄榕霞,杨俊锋,黄荣怀.5G时代教育面临的新机遇新挑战[J].中国电化教育,2020(12):1-8.

[3] 杨晓哲,任友群.虚拟现实与脑电联动系统的开发及其教育研究功能探索[J].远程教育杂志,2019(1):45-52.

[4] 杨馨宇,黄斌.混合现实(MR)在教育教学中的应用与展望[J].中国成人教育,2020(13):52-57.

[5] 孙素萍.5G+智能技术在教育领域的应用[J].中国新通信,2020,22(7):54-55.

# 5G+VR 赋能小学航天科普课程的创新实践
## ——以校本科普课程"少年问天"为例

高婷　龙禅

成都七中初中附属小学

**摘　要**：本研究结合航天科普课程的内容和特征，以 5G+VR 技术与教学之间的沉浸体验为联结点，尝试依托 5G+VR 技术探索航天科普创新教学实践，建构 5G+VR 实验教学模式，力求使 5G+VR 技术更好地服务于航天科普特色课程的教学，促进学生对航天知识的感悟，传承航天精神，培养创新能力。

**关键词**：5G+VR 技术；航天科普课程；创新精神

## 引　言

党的二十大报告明确指出："坚持创新在我国现代化建设全局中的核心地位，培育创新文化，弘扬科学家精神，涵养优良学风，营造创新氛围。"义务教育阶段是培养和发现早期创新人才的重要阶段，因而传承航天精神、激发探索创新的航天科普教育开始深入小学，当下的航空航天特色课程犹如雨后春笋，为青少年开启新太空时代。但常态下的教学手段和教学资源，由于受时空限制无法提供优质教学支撑，学生难以直观生动地学习航天航空知识。

随着 5G 技术的兴起和广泛运用，其高速度、泛在网、低功耗、低延时、万物万联及安全精确的技术特征[1]，为多样的教育教学活动提供了多元的渠道、丰富的形式[2]，是教育教学的新型基础保障，同时，也开拓了技术在教育中的应用场景和应用途径。借助 VR 技术在课堂上的应用，还可以优化知识应用框架，让学生通过 3D 效果更真实、更直观地学习航天航空知识，加速认知进程，突破重、难点，让学生从死记硬背变成真实情景的体验。但是，当前的航天校本课程还处于起步阶段，较为欠缺能够落地的设计，以及体现深度融合的 5G+VR 赋能小学航天科普课程的创新实践探索案例。

基于以上问题，本研究以我校校本科普课程"少年问天"为例，秉承"培育创新文化"的改革思路，针对培养和发现早期创新人才的目标，以 5G+VR 赋能小学航天科普课程为设计思路，形成了可实施的案例。

## 一、5G+VR 赋能小学航天科普课程的优势

### （一）帮助学生沉浸式学习

小学生具有对于新事物的好奇心较强、注意力集中时间较短、动手能力较弱、对事物的

认知及理解能力有限等特点。而借助虚拟现实技术可以加强课程的趣味性、帮助学生进行亲身模拟实验，正好能够弥补航天科普教育在小学阶段开展应用不足的问题。但目前，虚拟现实技术在小学教育领域应用极少，优质资源稀缺，有了5G+VR赋能课堂，则可以为学生提供情景化教学，让学生在VR中多视角观察，帮助他们沉浸式体验整个学习过程，真实地体验看不到、看不了的科学世界，从而提高科学认知能力，拓展思维能力，增强动手能力。

### （二）促进课程目标达成

在教育改革的新形势下，在人工智能、大数据、"互联网+"等技术飞速更新的新时代背景下，VR技术可以作为教学辅助手段应用于教学模式、教学活动设计、课程设计、教学评价、应用优势分析等领域。VR技术可以创设虚拟学习环境、建立虚拟实验系统、虚拟实物、虚拟训练等，而5G技术的全面覆盖，能够更好地提升分辨率和刷新率。通过将VR服务器进行分离，将学习资源库存至云端，并借助5G网络实现高速的数据上传以及进行资源下载，并将采样的数据链接至VR虚拟环境中，能及时准确地进行课堂评价，提升课堂效率，对课程目标达成效果起到极大的帮助作用。如高东锋等人提出虚拟现实技术在构建验证实验环境方面、创新实验环境方面具有独特优势，有利于实现培养学生创新精神、创新能力的持续目标。

### （三）助力学校特色彰显

我校秉承"发现探索，启智融创"的办学理念，积极进行课程变革，构建"启思创"的课堂样态（见图1）。在学校办学理念的引导下，孕育了"少年问天"系列课程，通过让学生了解航天航空知识，培养学生的探索兴趣，启发智力，培养创新精神。基于5G+VR技术的科普特色课程，依托学校特色，借助5G云端，不但能将学校特色课程普及推广给更多需要的学校和学生，还能实现课程资源和场馆资源推广共享，产生区域辐射效益。

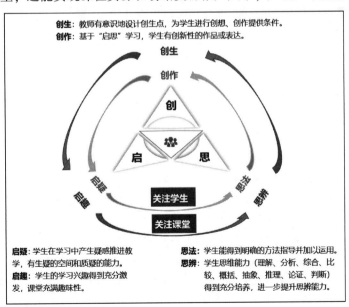

图1 "启思创"课堂标态

## 二、5G+VR 赋能小学航天科普课程设计

在 5G+VR 技术支持下,学习资源更加丰富多样,有助于打破内容和学法的现有形式[4]。我校配套的航天课程具备以下特点:①提高课程资源的整体性和连贯性。②有助于对抽象难懂的航天知识有直观的感受。③借助新技术、新视野更大程度地激发学生的学习兴趣。

### (一)5G+VR 赋能航天科普课程的目标设计

以我校航天科普课程为典型的案例,将卫星探测、月球探测、火星探测、火箭基本情况、空间站等航天元素全面融入课堂教学之中,以 5G+VR 以及数据画像等新一代技术作为依托,配合航天科普课程的实施。我校"少年问天"系列课程目标设定情况如表 1 所示;"少年问天"系列科普教材如图 2 所示。

表 1 "少年问天"系列课程目标设定情况

| "少年问天"系列课程 | 目标具体描述 |
| --- | --- |
| 问天之谜 | 1. 认识气象卫星监测预警对于方便工作安排和减少灾害损失的作用。<br>2. 掌握大多数行星均有卫星。<br>3. 了解火箭的作用,并且掌握其基本组成部分和每个部分的作用。<br>4. 通过对长征二号 F 的了解,掌握逃逸设施的作用,了解载人航天中安全性的重要意义和中国载人航天以人为本的宗旨 |
| 问天之源 | 1. 了解月球探测与火星探测取得的进步。<br>2. 了解我国古代先民通过天象观测为宇宙探索做出的突出贡献。<br>3. 引导学生了解典型的天象机理。<br>4. 学习什么是月相,并且了解月相的变化情况,制作并观察月相盒的变化,掌握月相变化的原因 |
| 问天之宙 | 1. 了解卫星的基本组成以及卫星平台的功能。<br>2. 了解不同轨道卫星发射的要求不同。<br>3. 了解国外月球探测的主要方法以及我国"嫦娥工程"取得的成就。<br>4. 学习中国探月车"玉兔号"的基本结构,并动手搭建一台月球车的模型 |
| 问天之基 | 1. 引导学生认识卫星的功能分类方法,并了解不同类别卫星的应用目的。<br>2. 掌握酒泉基地的核心优势,了解酒泉基地的典型任务以及发展方向。<br>3. 掌握太原基地的特点,了解太原基地的典型任务。<br>4. 掌握西昌基地的核心优势,了解西昌基地的典型任务以及发展方向。<br>5. 了解混合火箭的优势 |
| 问天之途 | 1. 了解载人火箭的历史,以及现役火箭的基本情况。<br>2. 掌握载人飞船的作用,了解载人飞船的发展史,清楚现役的载人飞船。<br>3. 掌握神舟飞船的结构组成以及每个部分的作用,并学会动手搭建制作神舟飞船的模型。<br>4. 掌握行星探测的目的,了解类地行星探测的典型任务 |

续表

| "少年问天"系列课程 | 目标具体描述 |
| --- | --- |
| 问天之际 | 1. 了解现役火箭特点以及科工火箭发展的方向。<br>2. 了解机动发射的需求和机动发射的类别以及方式。<br>3. 掌握空间实验的好处以及空间站的独特环境。<br>4. 了解太空碎片的来源以及消除太空碎片的方法 |

图 2 "少年问天" 系列科普教材

## （二）5G + VR 赋能航天课程的创新教学模式

**1. 积极开发"航天元素"学习资源**

要确保航天课程顺利地开展与实施，必须注重航天课程资源的开发与挖掘。因此，学校新建了 5G 网络覆盖的航天馆，内设卫星测控站、航天飞行器模型和航天飞行器残骸 VR 展示厅，集航天科普教育和航天科普实践场所为一体。此外，还可以积极利用卫星发射基地、空间站，充分依托 VR 搭建虚拟的仿真教学平台，让学生通过虚拟仿真平台在课堂上随时参观实践教学基地，充分发挥学校和社会协同育人的作用。

**2. "以学生为中心"的活动设计**

"以学生为中心"的活动设计能帮助学生将抽象难懂的航天知识内化，是实现航天课程目标的重要途径。所以，在航天课程活动实施过程中，既要以学生为中心，又要突出 5G+VR 技术的赋能作用，践行了"学科+创新"新路径。

例如，在介绍卫星的分类及卫星的用途这一章节时，教师在讲授新知识前可以借助 VR 设备进行模拟操作演示。学生结合逼真的场景交互感受卫星的用途，随后引出按用途对卫星进行分类可以分为科学卫星、应用卫星和技术实验卫星。学生在老师的带领下，借助设备进行仿真模拟卫星运控以及卫星数据的采集，将平面化的图片、影像引入立体化的虚拟世界，让学生亲临"现场"体验现实学习中难以体验到的场景，也可以接触到不同时空的事物。

学生不但能体验到卫星遥测站工作人员的工作日常，还真切地感受到与卫星的近距离"接触"，从而深刻地体会到卫星的用途。同时卫星测控站的运行，能直接将卫星信号接入学校，让孩子们从太空中看地球。学生在学校就能体验到航天一线工作人员的日常，近距离感受航天科技魅力，培养学生对航天航空知识的兴趣。

至此，基于启思创的课堂样态在 5G+VR 技术的支持下自然而然地完成，特色实验场馆的应用也发挥了充分的作用。在这样一节航天科普课程中，学生不仅接受了平时看起来很遥远的知识领域，更理解了本质性的原理，帮助其进行创新表达，如为他人讲解卫星的作用，写下参与模拟体验的独特感受。这让学生油然生出一种对航天事业的向往和对探索奥秘的渴望，从而埋下航天航空的创新种子。航天实验室卫星运控画面如图 3 所示。航天实验室卫星运控系统介绍如表 2 所示。

图 3　航天实验室卫星运控画面

表 2　航天实验室卫星运控系统介绍

| | |
|---|---|
| 具体功能 | 具有二维/三维地球显示能力，二维/三维可切换 |
| | 具有卫星三维轨道显示功能，可以加载、计算和更新卫星轨道，能够显示卫星对地波束 |
| | 具有卫星地面站基本信息管理功能，包括地面站名称、ID、经纬度、高度、所属单位等 |
| | 具有卫星三维模型显示功能 |
| | 具有显示地面测控站功能，卫星过境时显示星地通信连线（交互） |
| | 具有显示地面测控站跟踪卫星圈次功能（交互） |
| | 具有卫星过境分析功能，设置时间范围、目标拾取经纬度信息、载荷类型、卫星类型，可查询已录入系统的卫星对该点目标的过顶信息，包括过顶时刻、轨道圈号、侧摆角、分辨率、太阳高度角（交互） |
| | 具有演示场景快进、暂停、快退、实时显示功能 |

## 结　语

基于 5G+VR 搭建的校本航天科普课程，涵盖了航天科学技术与应用主要相关领域，从小学生的视角切入，以"设问+释疑+思考"为基本呈现方式。将"引导发现与示范讲解、课堂学习与问答互动、原理介绍与实验探究、课后延时活动与校外拓展、动手操作与评比竞赛"相结合，实现"教学目标、内容导入、讲解演示、知识学习、课后反思"五位一体，解决了低龄学生科普教育存在的"分散化、硬融入、难持续"等问题。多元化的教学模式更贴近学生实际，具有适用性及针对性强、方便科普实践、易于推广等优势。

面对日新月异的发展变化，5G+VR 技术带来的冲击势不可挡，作为一线教育工作者，必须做好接受挑战甚至颠覆教育方式的准备。也许当下我们的理解和想象能力还不足以充分把握新技术带来的变革，因此，更应该积极地深入学习和实践探索技术对教育本身、对课堂模式、对教学样态带来的变革。在以学生为中心的前提下，5G、VR 等新兴技术的创新应用必将在教育领域普及推广,也将对教育变革带来巨大的助推力量。

## 参考文献

[1] 徐婷,刘丹.5G时代沉浸式VR虚拟融合教学创新研究[J].当代动画,2022(3):108-111.

[2] 刘晶.中国移动生态论坛:5G+VR打造元宇宙生态基础[N].中国电子报,2022-12-06(007).

[3] 肖婷,贾廷秀.5G+VR技术下高校网络思想政治教育创新路径研究[J].重庆电力高等专科学校学报,2022,27(3):61-64.

[4] 朱华西,田菁华,肖卓朋.5G时代下VR技术在虚拟场景中应用研究[J].通信与信息技术,2022(3):11-13.

# 5G 技术对小学语文教学的影响

何菊

成都七中初中附属小学

**摘　要**："教育+5G"时代的到来，给全国中小学教育带来了新的发展，也产生了新的挑战。文章基于国内外相关研究背景，整理了 5G 移动通信技术的内涵和特性，梳理了中国信息化教育发展的困境，分析了 5G 时代新技术对小学语文教学的影响。

**关键词**：5G；现代技术；影响；语文教学

## 引　言

从我国开始经历新冠疫情以后，几乎全国的高等院校、中小学就都开始上网课了。互联网上各类网校、网课，以及手机 App 纷纷面向小学生开放免费资源，让小学生在家就能够学到知识。这一非常时期不得已的决策和尝试，让我们不得不感叹第五次教育革命已悄然而至，并正以迅猛之势，卷起了学校教育的颠覆式变革。作为一直工作在小学语文教育一线的笔者来说，这既是难得的学习机会，又是对自己教育职业的一种新挑战。对此，笔者有了一些关于 5G 技术对小学语文教育产生重大影响的思考：5G 时代背景下，我们该如何认识、学习、研究和实践 5G 技术带给我们小学语文课堂的改变呢[1]？下面我将在厘清什么是 5G 技术的前提下，在了解中国教育信息化发展的困境同时，分析 5G 技术对课堂教学方式、师生互动、学习方式、知识传送方式带来的改变。

## 一、5G 技术的定义

随着 5G 互联网技术的发展，大数据、云计算、人工智能的逐步应用，学校教育逐步从传统教育向现代信息技术教育变革，开启了教育信息化时代。信息化教育在全面关注"教、人、物、育"的基础上，借助物联网、互联网、大数据、云计算、人工智能等新信息技术打造智能化、泛在化的新型教育模式，使学生实现精细化、个性化、沉浸式学习。第五代通信网络（5G）通过提供人人通信、人机通信和机器之间通信的多种方式，支持移动因特网和物联网的多种应用场景。同时，5G 网络技术通过提供多样化业务能力以适应不同应用场景的灵活性、多样化的业务需求，比如，宽带、超低延时、海量连接、高可靠性等[2]。借助 5G 网络，超宽带、超低延时、超高可靠性、海量连接的特性，现代信息化教育将在教学效果、教学智能、教学创新和教学网络覆盖等方面得到极大的提升，实现沉浸式学习体验、丰富灵活的教学方法、高速快捷的用户组网与接入。

## 二、教育信息化技术发展之困

2020年年初开始，新冠疫情在世界多个国家相继暴发，因其高传染性、高隐蔽性、长潜伏期导致人们的日常生活受到了较大的影响。在教育领域，疫情的大面积蔓延及持续导致很多国家陆续从"停课"转变到"网课"，"停课不停学"成为学校、学生以及家长的共同期望，这对全球教育发展的创新和信息化建设提出了新的挑战。从全球来看，当前新一轮科技革命、产业革命正在蓄力薄发，新型科技正在引领全社会生产新业态，互联网、人工智能等新技术的发展正不断重塑教育形态。

2019年年初，国务院提出：直至2035年要重视重大科技创新发展对教育教学形态的重塑，重视人民群众对高质量、公平性、个性化教育的迫切需求。2020年3月16日，工信部和发改委联合发文明确将"5G+智慧教育"作为5G创新应用工程。尽管国家给予的教育信息化政策日益明朗，但是在实践"优质均衡的教育愿景"过程中，我们仍面临着诸多挑战。一方面，我国拥有全球最多的在校生人数，同时我国地域广，加上经济发展不平衡，导致了教学资源差异的普遍存在，优质教育资源相对匮乏；另一方面，随着职业寿命的增加、科技的快速更新换代，实现个性化、随时随地的终身学习模式是保持国家竞争力及国民综合素质提升的必要使命，而实现这个使命依赖于技术发展和教育场景的高度有机结合。

## 三、5G技术对小学语文教育的深远影响

### （一）5G技术助力教学方式变革

随着5G时代的到来，我们除了拥有更快的网速外，还拥有了人工智能、信息爆炸、万物互联等构建出的新的社会生态，这种影响必将会引起学校教育的变革。新时代各行各业对人才的需求和以往也会有极大的不同，为此，学校的教育教学如果顺应了时代的潮流，便能更好地适应时代，教师能有更大的舞台，为新时代培养更多的新型人才。5G背景下，教师可借助5G虚拟现实和增强现实对教育教学方式进行创新变革，并最大限度地通过这种方法、模式提升教学内容的影响力。

2022版新课标提出的"语文核心素养"主要包括四方面：文化自信、语言运用、思维能力和审美创造。审美创造指学生通过对语言文字的感受、理解、欣赏、评价来获得丰富的审美经验，具有初步感受美、创造美和发现美的能力。在进行语文古诗教学时，常常将感受古诗的意境之美，提升学生对自然之美和艺术美的鉴赏能力作为目标。如在教学语文古诗《山居秋暝》的诗文"空山新雨后，天气晚来秋"时，我们不仅要求学生基本理解其大意，有画面感，还需要体会诗词的意境之美。那么，这时候老师一般会采用想象画面的方法引导学生用更加优美的语言说出诗中的画面，这样的方式有效果但并不是很好。有了5G技术的助力，教师可利用VR或者AR技术把诗中的意境以及诗人所处的环境，通过虚实相交的方式沉浸式呈现在学生的眼前，学生可在虚拟世界中学习，这样不仅能让学生身临其境地感受诗词的古典艺术之美，还能提高学生们的学习积极性、主动性。2022年新课程标准要求，应充分发挥现代信息技术的助力作用，以此拓展语文学习空间，提升语文学习的能力，而

"教育+5G"的发展也将不可避免地给传统教学方法带来巨大冲击。

### （二）5G 技术助力课堂互动方式变革

传统教学是在固定的物理空间中师生面对面开展的一种教学活动，在新课改的影响下，课堂教学的结构形态已经发生了较大变化，那种教师一味输出式的讲授式教学方法已经逐渐退出历史舞台，取而代之的是师生面对面的平等互动式教学。这种平等互动式教学虽然代表着课堂教学结构形态的进步，但这种改变并没有从根本上实现突破。因为，师生间的交流互动依然在固定的物理空间中。5G 技术的介入不仅将互动的空间引入虚拟时空，更重要的是区块链、大数据、云计算、VR、AR 等智能技术在 5G 技术场景中得以融合，使除传统网络环境中的师生、生生互动外，环境与环境、资源与资源之间也以 AI 智能的方式进行交互与学习，形成一个虚实结合的多主体协作互动空间[3]。例如，在讲述课文《圆明园》相关内容时，教师可以借助强大的 5G 技术，在教室多媒体中观看圆明园讲解员对园内建筑、地图、历史等内容的远程讲解，学生再适时地向讲解员提出自己的疑问，同时通过对圆明园遗址的观看形成一种人与物的互动，从而更深入地了解中国伟大的历史文明。还可以用这样的远程交流互动方式，引导学生要铭记历史、艰苦奋斗、踔厉奋发。

在传统教学中，学业任务一直是师生间的互动形式，在 5G 通信技术的助力下，师生之间的学业任务互动将会有极大的改变。5G 信息化平台可实现课堂作业电子化，图形化学习也会因为有电子技术的辅助而更加清晰准确。同时，教师可通过信息平台的数据分析情况，有效掌握各个学生对于所学知识点的掌握程度，便于教师在教学活动中优化教学组织形式和教学内容。

### （三）5G 技术助力教学知识传送方式变革

传统教学中，教师的教学过程一般是将教材中的知识在固定空间里面向全体学生进行直线灌输式传递的过程，直到将教材中最后一个知识点讲完，才算全部完成了教学任务。近些年来，教育信息技术的不断发展对直线式知识传递带来了一定的改变，但由于技术本身的缺陷，在实际操作过程中容易产生延迟、卡壳、低清晰度等现象，使师生在使用过程中产生了较多不舒适的体验，这使得直线灌输式知识传递依然在教学过程中占据着主导地位。"教育+5G"的发展将为改变这种直线灌输式知识传递提供了新的可能，其依据自身所具有的快获取、"多连接、超强可靠等特点，能够强有效地克服速度慢、连接少、有延时、耗能高的技术使用壁垒。可想而知，当 5G 网络实现全覆盖以及 5G 终端逐步普及之后，知识将是可编辑、可连接、可共享、可视化的，那时候，人们将开始并乐于接受新的经过精准需求分析的个性化知识推送的呈现方式[3]。例如，在学习课文《朱德的扁担》时，当学生处在 5G 技术之下，能够将自己所知的有关朱德同志的信息进行现场编辑后，再和同学的学习终端进行连接以此共享知识，最终，教师再利用 5G 技术按照用户需求精准分析之后投入给各个学生，课堂知识的传送将不再是教师直线灌输式的全面讲授，而是以经过精准分析投送的方式来提高学生的学习兴趣，更有利于实现因材施教。

### （四）5G 技术助力学习方式变革

5G 技术在一定程度上给予了学生在学习平台方面的选择权与自主权。首先，5G 技术为学生提供了多种智能学习平台，能根据自己的喜好对设备和平台进行选择或者是组合式使用。其次，5G技术使学生能够自由调配学习资源，有效支撑了个性化学习[3]。5G技术以更高的速度、更清晰的画质、更低的延迟率和海量的学习资源来满足学生的个性化学习需求。最后，5G技术为学习者突破了时空束缚，学生可以在任意地点、任何时间虚实交替的场景中自主学习，能够高效安排学生学习知识的时间，从而有利于优化知识结构，提高知识掌握能力，由此实现学生个人的良好发展。

# 结 语

总之，5G技术的不断发展在给教学带来种种改变的同时，我们也要明确教育的本质是培养人。著名教育家杜威曾说过："培养一个完整的人需要让其具备以下三点：第一，具有自主生存的能力；第二，要有健全的人格；第三，学会学习，尤其是终身学习的能力[4]。"在变革的过程中，技术作为外部力量发挥了重要的推动作用，但教育方式的改变并不会改变教育的本质属性。教学变革的方向与路径还是要由人来掌控和调适，只有这样，我们才能对未来教学的变革有独立的思考和预测，才能应对技术快速发展所带来的更大挑战。

## 参考文献

［1］王燕.5G背景下小学语文网课教育的研究与实践［J］.潍坊工程职业学院报,2020(5):107-108.

［2］王胜远,王运武."教育+5G":内涵、关键特征与传播模型［J］.重庆高教研究,2020,9(2):35-47.

［3］齐军,赵虹艳.基于"5G背景下学校教育教学模式创新探究［J］.教育实践与研究,2022(9):16-18.

［4］杜威.杜威教育论著选［M］.赵祥麟,王承绪,编译.上海:华东师范大学出版社,1981:52.

# VR虚拟现实技术在中职计算机类实训教学中的应用研究

邓媛媛

中和职业中学

**摘　要**：计算机课程已成为中职学校的主要发展专业，计算机类实训的教学质量直接决定着计算机课程教学的最终质量。VR虚拟现实技术在当前呈现出强劲的发展趋势，其独特的沉浸式体验吸引了人们的注意力。它为中职学校的计算机教育和教学注入了新鲜血液，打破了简单解释理论的传统流程，帮助学生更好地理解计算机课程的基本教学内容，有效激发和调动学生的积极性，提高中职学校计算机教育的价值。

**关键词**：VR虚拟现实技术；中职；计算机；实训教学

## 引　言

实训是专业技能实践训练的简称，以项目实战为主，侧重于学生的实践技能。计算机类实训的教育目标不仅包括教授学生必要的理论知识，还包括遵守市场导向原则，为市场提供合适的专业人才。当学生在学校学习知识和技能时，一方面他们应该提高自己的技能和专业素养；另一方面，他们应该依靠实用的教育课程来培养深厚的专业素养。因此，实训是中职教育的重要组成部分。VR虚拟现实技术体现了一种强交互、高感知和沉浸感的新体验，为中职学校的计算机类实训教学带来了新的视角。VR虚拟现实技术基本上克服了学校基础设施的局限性，改变了中职教育计算机教学模式。它让专业学生沉浸在一个非常真实的虚拟学习环境中，为学生的学习开辟了一个新的视角，提高了教学的质量。

## 一、VR虚拟现实技术

### （一）高自由度互动

VR虚拟现实技术使人们能够在整个三维空间中自由探索和观察，从而让用户感受到沉浸式体验。用户进入虚拟现实空间之后，可以任意进行打开一扇门、开关电视及移动沙发等操作[1]。

### （二）实时三维渲染

VR虚拟现实技术通过执行计算机模拟程序，以35~60赫兹的图形频率实时执行三维渲染。此技术的两个渲染画面的间隔最多不超过0.15秒。

## （三）完全三维立体空间场景

VR 虚拟现实技术可以在三维空间场景中自由穿梭，不受约束，画面可以每秒刷新 60 次。

## 二、VR 虚拟现实技术在中职计算机类实训教学中的应用

### （一）搭建基于虚拟仪器的虚拟实验室

计算机具有非常强的实践性，并且硬件和设备更新速度很快，职业学校原有的工具和设备配置往往更新不及时，旧计算机的运行已不能满足专业计算机教学的实际需要。因此，我们需要引入先进的 VR 虚拟现实技术，创建基于虚拟设备的虚拟实验室，并将虚拟现实技术与实验设备、实验信息资源、实验对象等相结合，成为现实中的实验室，让学生参与到虚拟环境中，体会到身历其境的感觉，开展自主学习和自主感受，显著减少实验时间，更好地反映计算机培训和学习的真实和直观结果，并支持课程的推进[2]。

基于虚拟设备的虚拟实验室包括以下几个部分：①全景视频区。这一部分是采用 VR 视频全景显示模式。学生可以在桌面上自由控制 VR 软件，观看和学习 360°全景视频，并打开学习的新视角。②虚拟现实的交互领域。学生可以使用计算机控制软件和计算机键盘软件模拟虚拟桌面现实软件，实现对计算机训练知识的感知和学习。通过手动操作，学生可以学习所有不懂的知识点，提高学生知识点的存储空间。③VR 体验区。通过虚拟现实技术和头部成像设备，学生能够亲身体验到逼真的虚拟现实，打破"虚拟"和"真实"之间的界限，获得对知识的理解[3]。所以，专业课与计算机实训相结合可以达到意想不到的结果。例如，学生在专业学习期间，利用虚拟实验室进行现场实验和模拟操作，而无须创建真实的网络。如果学生是电子商务专业，利用虚拟实验室模拟电子商务课程中的实验，让学生融入虚拟商业环境，获得实时体验，了解虚拟交易。在计算机操作系统安装实验中，如果在计算机上安装了一个新的操作系统，势必会影响到原有的操作系统。在虚拟实验室的虚拟计算机中，可以根据本章测试虚拟操作系统。虚拟机 CPU、内存、硬盘、CD 驱动器、Windows、Linux 和其他实际操作系统以及各种应用程序都可以安装在虚拟机的处理器、内存、磁盘和 CD-ROM 上。因此，VR 虚拟现实技术被引入中等职业学校的计算机培训和教学中，可以更好地更新虚拟环境下的教学内容，节约中职教育设备成本，支持中职计算机教育的发展和进步。基于 VR 虚拟现实开展实训如图 1 所示。

**图 1　基于 VR 虚拟现实开展实训**

## （二）激发学生的创新思维

在中职学校的计算机类实训教学中，应用VR虚拟现实技术可以充分激发学生的创新思维[5]。因为，它具有很强的"沉浸感"和难以想象的刺激属性，它可以为学生创造强大的虚拟环境和真实体验，培养学生的创新思维和研究意识，激发学生的学习兴趣。例如，在计算机类组装实训课程中，学生可以单击、拖动或用按钮来控制计算机组件，并将其放置在方便的位置进行安装。在组装操作过程中，可以动态直观地看到虚拟技术的实验效果，对学生有一定的视觉影响；VR虚拟现实技术可以让学生同时清晰地听到盘盒自动收缩产生的声音，并帮助学生从听觉的角度感受真实的效果。VR虚拟现实技术用于教学和培训，使学生能够沉浸在感官体验中。经过多次练习后，学生可以对自己的假设进行虚拟验证，以激发学生的创新思维，并提高对计算机类实训教学的兴趣。

## （三）创新中职计算机类实训教学

在中职计算机的理论知识中也可以利用VR虚拟现实技术，因为，理论内容是相对分散和抽象的，尤其是在数据编码方面[4]。由于数据编码的知识过于理论化，并且学生的基础和学习能力比较薄弱，所以，学生普遍存在难以把握这部分知识点的情况，只能通过死记硬背的方式进行学习，对于这部分知识的理解还处于"表面"，其基础知识或其实用知识不能全面吸收。因此，在数据编码教学中引入虚拟现实技术可以帮助学生通过直观的实时学习更好地组织重要知识点。事实上，得益于虚拟技术，这些学生可以巩固和学习知识点，了解计算机理论中知识点之间的关系，并轻松理解从计算机理论课程中获得的知识。

而将VR虚拟现实技术应用在计算机类实训课的教学中，能够有效解决部分学校计算机基础设施薄弱的问题[6]。在VR虚拟现实技术的支持下，学生在虚拟机房环境中可以开展自我模拟操作。如果操作过程中出现代码或设计错误时，学生可以使用纠错和回滚操作模板，减少培训资源的过度浪费，有效提高学生职业培训和教学的效率。此外，教师还可以使用虚拟现实技术设计实训课程，使用VR虚拟现实建模语言创建交互式虚拟环境，将数据转换为不同的编程语言，并创建适合信息的输出端口；设计以教学为导向的新课件，提高教学过程的视觉效果；培养学生对课堂学习的兴趣，推动中职学校计算机类实训课程的教学发展，提高教学水平。

# 结　语

综上所述，由于VR技术的沉浸感、概念化和交互性等特点，其在教学中使用可以降低实训教学的成本，并充分调动学生视觉、听觉、触觉，甚至是味觉和感官的体验。激活整个身体的感官，将学生带入实际场景下，充分提高学生的学习技能和兴趣，提高课程的安全性和多样性。所以，在中职学校计算机类实训教学中应用VR虚拟现实技术，可以提供无限的模拟机会，并为具有相关社会需求的专业人员和技术人员的培训提供了坚实的基础。同时，在中等职业教育中，虚拟现实技术突破了传统的教学实践。在现代计算机平台的基础上，将虚拟学习环境与实践相结合，实施创新的教学模式和教学实践课程。

## 参考文献

[1] 雷珏.VR虚拟现实技术在中职计算机类实训教学中的应用分析[J].电脑知识与技术,2020,16(13):227-228.

[2] 熊英.VR虚拟现实技术在高校计算机类实训教学中的应用研究[J].求知导刊,2018(34):89-89.

[3] 钟强,邓敦杰.VR技术在中职校园宣传和实训课程教学中的应用[J].无线互联科技,2021,18(20):92-93.

[4] 廖云,严媛,代晓丽.VR技术在中职制药类专业实训中的应用初探[J].现代职业教育,2020(26):114-116.

[5] 黄广萍.VR技术在中职计算机教学中的应用[J].现代职业教育,2021(13):216-217.

[6] 王敏,杜少光.基于VR的计算机技术基础课程思政教学探索[J].计算机教育,2021(10):60-63.

# "教育+5G"与小学数学融合课堂的实践

袁松涛

成都高新区锦晖小学

**摘　要**：本文立足于新课程改革和素质教育的核心内容，依据小学数学课程标准和小学生生理和心理特点，对5G教育技术的功能、常规应用形式进行了介绍，具体阐述了5G教育技术在小学数学教学中的具体应用策略。针对当前小学数学教学中长期存在的教学抽象化、生本资源开发不足、信息资源获取范围狭小等问题，提出强化学生课堂学习兴趣、完善学生自主学习开展条件以及优化教师教学工作效率等建议。

**关键词**：小学数学；5G教育技术；应用策略

## 引　言

所谓5G技术，即第五代移动通信技术，是具有高速率、低时延和大连接特点的新一代宽带移动通信技术[2]。小学数学是典型的基础性科目，有着鲜明的知识容量大、概念内容比重大以及考查范围大的特征。小学数学教师应当认识并尊重这一事实，在课程教学工作当中强化对5G教育技术的研究和运用力度，依托其所具有的信息高效获取、快速传输、多元展示等优势来促进学生对学习内容的理解和吸收，进一步完善学生的课程学习感受。

## 一、依托5G教育技术的有效应用彰显小学数学课堂的趣味性

### （一）依托知识信息具象展示强化课堂吸引力

小学数学在整个小学阶段的诸多课程中是具有最高理解"门槛"的科目，学生们在学习的过程当中很容易感到"如坠五里雾中"。针对这一客观存在的问题，小学数学教师可以依托于5G教育技术在资讯获取、展示方面的功能，通过更符合小学生认知能力和信息趣味的模式来具体呈现目标知识资讯，最大限度地减少学生在理解过程中需要消耗的智力、精力成本。同时，借助于这些载体、素材之中所存在的趣味性元素来强化课堂对学生的主观吸引力，最终，共同提升教学工作的执行效率、质量。

比如，在进行"圆"这一部分的教学工作时，教师可以利用5G教育技术来构建一个"共享课堂"，借助于互联网中的素材，通过"流视频"的方式来具体展示出"圆"这种几何图形的形象，并可在其中加入一些卡通成分来活化关于"圆"的性质、数学公式和相应属性计算方法的内容教学，帮助学生更深入理解、记忆，从而掌握圆的各方面知识。

通过这样的教学形式，学生们对数学知识的认知路径会变得更加通畅，对于知识资讯的

内容和应用形式也能形成相对深刻、精准的记忆,同时,还可以在很大程度上促成学生数学学习能动性的激活和强化,可谓是"一举三得"[1]。

## (二)依托教学场景有机构建强化课堂吸引力

作为一门基础性科目,小学数学知识在生活中的应用可以说是"随处可见",有着非常突出的实践应用价值;此外,绝大多数小学生的价值判断体系都是非常感性的,普遍认为一门科目的学习价值完全取决于其中的知识能否在生活中被经常用到。基于这两方面的事实,小学数学教师在课程教学工作中,理当利用 5G 教育技术来为学生创设出更具代入感、感染力和演示效果的"场景课堂",以融合了学生们熟悉的生活元素以及课内知识成分的生活场景作为开展教育引导的载体,带领学生在这些情景之中实现对学习内容的透彻理解和有机应用。

例如,在开展《圆柱与圆锥》这一部分的教学指导时,教师可以利用 5G 教育技术的多维资源可视化功能以及 VR 成像技术,在课堂当中还原有利于知识理解的生活情景,演示出生活里涉及"圆柱"和"圆锥"这两种几何体的场景,如油漆工人在涂抹马路两侧的圆柱体立墩,商家在售卖圆锥体形象的新款雪糕,公园里的老大爷在抽打圆锥体样子的陀螺等。而后,教师便可依托于 5G 技术的"远程交互"功能来展示更多体现圆柱、圆锥知识简单计算活动的实景画面,进一步展现本课教学内容的真实性、实用性。

依托于这样的教学方式,学生们的数学学习行为将获得强有力的场景支撑,学生的思维和认知逻辑构建过程也会具有更强的代入感[3],并在更高维度上获得来自自己日常生活的经验赋能,从而降低理解知识、技能的"门槛"。

## 二、依托 5G 教育技术的有效应用彰显小学数学课堂的生本性

### (一)借助材料思考活动完善学生的自主学习成果

"数学是属于生活的科学",这句话一来佐证了笔者在前文中对数学"生活存在感"的认识,二来也为教师在生活科学课堂建设过程中所采取的一系列措施提供了对应的思路。具体而言,小学数学教师在利用 5G 教育技术设计课堂活动的过程中,应当立足于学生的生活视角,挑选更多彰显课程知识、技能项目及其具体运用路径的要素,结合 5G 教育技术的数据融合功能以及 AI 技术来生成对标于成果运用的有机素材,带领学生结合课程的重点部分来根据素材中所传递出的问题、任务去进行探究、尝试,借此来实现学生课程学习维度的实质性提高。

比如,在教学"统计图"知识的综合复习时,教师可以运用 5G 教育技术的 AI 数据融合功能,根据网络素材和课内数据资料来整合出体现"信息搜集""资讯表述"和"数据计算"等项目的应用题,如统计不同月份气温的变化情况、统计不同月份家庭用电的度数、统计不同种类农作物产量在当地农业总产量中的比重等,引导学生根据这些案例素材来总结出不同类型的统计图所具有的信息展示特点和常见用途。

如此一来,学生的数学学习将摆脱传统的"模仿"窘境,转而提升到利用自身积累起的学习经验和形成的个性化意识进行多元学习和灵活探索的维度,这对于他们学习成绩的提升无疑有着很大的帮助。

## （二）借助交互课堂构建完善学生的自主学习成果

正所谓"独乐乐不如众乐乐"，真正意义上的学习应当是个体之间的思维、知识、灵感的交流，起到"他山之石，可以攻玉"的良效。小学数学教师在依托 5G 教育技术构建现代课堂时，可以着重展现出该技术的 AI 互动功能，利用 VR 设备和虚拟交互技术来实现一些虚拟角色的设计和还原，使学生在与这些角色的逼真互动当中自然而然地理解、消化目标知识、技法[4]。除此之外，小学数学教师还能够利用 5G 教育技术的"老本行"——远程通信来引导学生和社会当中更为专业的数学研究机构、人员做"'云'对话"，让交互课堂的教学效果变得更为丰硕。

例如，为了让学生更好地掌握圆的周长计算方法，教师可通过 5G 教育技术来还原出身处不同场景、具有不同身份的虚拟人物，鼓励学生围绕类似于"测量月球绕地轨道长度""计算体育馆内田径场的周长"以及"计算'环城'自行车赛赛程"等类型的任务和虚拟人物做交流；之后，教师还可和一些数学研究机构进行远程交互连线，通过这场类似于"慕课"的活动邀请专家结合"圆周率到底有没有尽头"等问题来为学生们答疑解惑。

通过这种活动，教师一方面拓展了学生的知识视野和学习眼界，另一方面也让学生可以在更为真实的情景下实现对知识信息的有机消化和能动运用，这对于激发学生的数学潜能都是非常有利的。

## 三、依托 5G 教育技术的有效应用优化小学数学教师的工作效率

### （一）借助 5G 教育技术优化学情档案建设工作

只有"对症下药"才有可能"药到病除"，任何工作必须要对工作对象做到"知己知彼"，否则必然难以取得理想的成果。据此，小学数学教师可以依托于 5G 教育技术在数据处理和多功能展示方面的显著优势，把学生在现代课堂学习、练习活动中所生成的数据收集起来并加以汇总，借助"大数据"处理软件生成对标于学生个体的综合学情信息档案，以此为依据来判断、掌握每个学生当前的数学学习状态、发展趋势和长短板分布，从而让自己后续的教学工作体现出更高的精度。

比如，教师可以在组织学生通过 5G 外接设备进行在线互动学习活动时，利用相关设备、软件的后台存储系统来记录、生成、分析各个学生在不同环节中所表现出的诸如作答时间、信息遗漏分布点等信息，并就学生在整体练习中体现出的正确率、做题时间、失分区间等形成更为精准的认知，最后用电子信息图的形式将这些内容整理成相应的报告材料。

借助这样的科技"东风"，小学数学教师能够更加方便地了解学生的情况、"摸清"学生的基础，从而让后续的教学设计和执行得以实现"有的放矢"的目标，为靶向教学的执行提供了帮助。

### （二）借助 5G 教育技术提高检测组题的速度、精度

检测是教学活动的重要组成环节，同时也是教师及时、准确获取学生学习成果和认知质量信息的绝佳手段，有着很大的研究、优化价值。在这一项工作的执行过程中，小学数学教

师同样可以享受到来自 5G 教育技术的"红利",利用"大数据"智能筛选和海量的互联网资源,对契合于现阶段教学主题、方向的考查资料进行快速收录和整理,同时,根据率先形成的学情"云"档案来从不同考查方向、层级和模式的角度出发完成"智能组题",让每个学生都能得到最优化的学习成果检验。

例如,对于"乘法"专题的考查,教师可以依托于 5G 教育技术来完成流动信息宏的设计,根据不同学生的综合情况来调节信息宏中的各项参数,对基础相对薄弱的学生要提高试卷中整数和小数乘法的题目比重,而对整体能力较强的学生则要增加分数乘法和混合多元乘法的数量,并借助 AI 技术来做进一步的成品雕琢。

借助这样的方法,教师无疑能够在更高层面上规避开考查活动中"老大难"的成本问题,也可以进一步确保学生在检测中得到学习成果的精准巩固和有力吸收,使检测工作发挥出更强的引导效力。

# 结　语

科技的发展离不开教育的助动,教育的建设也需要得到来自科技的反哺。小学数学教师要重视现代课堂的建设工作,不断优化 5G 教育技术在日常教学工作中的应用,采取多元举措有效带领学生以更加直接、具象、灵活的方式学习数学知识、掌握数学技能,实现数学课程的生活化和应用化改造,同时培养起学生积极、长久的数学认知和运用热情,从而为他们日后进一步的数学学习和课程核心素养的能动提升注入强劲的能量。

## 参考文献

[1] 祝智庭,彭红超.技术赋能智慧教育之实践路径[J].中国教育学刊,2020(10):22.

[2] 郭素雅.5G 在教育信息化中的应用方案与实践探索[J].中国现代教育装备,2020(20):10.

[3] 蒋志辉,何向阳,余剑波."5G+智慧教育"视域下的教师支持服务模式构建与行动路径研究[J].远程教育杂志,2020(1):19.

[4] 张屹,王珏,张莉,等.STEM 课程中 DBL 教学培养小学生计算思维的研究[J].电化教育研究,2020,41(5):81-88.

# 5G 背景下的小学科学教学
## ——以教科版六年级科学教学为例

周婷

成都教科院附属学校北区

**摘　要**：在 5G 背景下，"互联网+教育"得到了迅速发展，这也给小学科学教学带来新的机遇与挑战。结合 5G 技术与小学科学教学融合的背景，本文以教科版六年级科学教学为例，与大家探讨从线上教学平台搭建、混合教学推行等多个方面的小学科学教学策略及技巧。

**关键词**：5G；小学科学；互联网+教育

## 引　言

2019 年，我国宣布 5G 正式商用，5G 时代正式开始。到目前为止，中国已建成全球规模最大的 5G 网络。5G 的大带宽、低时延、大连接将为我们的生活带来最直接的改变，智能生活离我们越来越近。5G 技术在社会生活中进行了方方面面的应用与推广，给人们的生活提供了便利的同时也为教育带来了新的机遇与挑战。随着多媒体技术的不断发展与更新，传统的板书讲授优势不再显著，而伴随着互联网的高速发展，线上教学模式得到了广泛的运用，但以前线上教学因为网络信号传输速率、延时等因素的影响，教学效果达不到理想的状态。5G 网络相对于 4G 网络的体验速度提高了 10～100 倍，具有更强的稳定性。在接入方式、编码等方面都有了很大的提升，这让小学科学教学开启了新的模式，引起科学教育领域的新变革。

自 2020 年新冠疫情发生以来，在线下教学条件不足的情况下，线上教学真正普及到了每个学校当中。在 5G 技术支持下开展小学科学教学，老师们可以随时保持与学生之间的联系，对学生所反应的问题进行及时解答，同时在线上教学中，同学们可以看到老师上课的高清画面，共享丰富的教学资源，使课堂打破时空限制，从而形成全新的 5G 智慧科学课堂。

## 一、5G 背景下小学科学教学策略

### （一）搭建线上教学平台

在 5G 技术的支持下，老师、同学、教室、图书馆等地方可以随时实现实时连接，让教学资源以最快的速度进行共享，以此来提高课堂教学的效率。利用 5G 技术教学平台的搭建，可以上传教学资源如高清视频、高清图片等，直播过程中网络流畅，不会出现视频停滞、卡顿等现象，给教师、学生一种良好的体验感受。在线上教学过程中，教师可以利用比较方便的形式，如 QQ 空间、班级小管家、微信群等进行相应教学资源的共享。

2022 年 9 月，成都因为疫情处于静默状态，在 5G 网络的支持下，教师运用各种教学平台，如腾讯会议、企业微信、钉钉等开展线上教学。当时，六年级学生正在学习《微小世界》这一单元，"微小世界"对学生来说是一个神奇的未知世界。它的神奇之处，就在于让学生看到了很多日常生活中未曾关注或不易观察到的微小物体。这个陌生的微小世界能引起学生强烈的好奇心和求知欲。因此，在介绍放大镜和显微镜的结构及其正确使用方法、水中微小生物的种类及形态时，教师可以将相应视频在课前上传到共享空间，让学有余力的同学提前预习，为线上教学做好铺垫。再比如，《地球的运动》这一单元，该单元属于地球与宇宙科学领域的学习内容，旨在帮助学生理解新课程标准中"在太阳系中，地球、月球和其他星球有规律地运动着"的大概念[1]。然而六年级的学生，受空间想象力等多种因素的影响，学习这部分内容时存在一定的难度，这就需要我们提前为学生提供一些较为有效的学习资源。利用 5G 技术，可以将地球模型、地球昼夜交替以及四季变换的动画提前上传到共享空间，让学生预先对知识有一个大致的了解，在课堂上再通过教师的引导，让学生进行深度学习，加深对该部分内容的理解与运用。

同时，在线上教学中教师可以在 5G 网络支持下，开展线上学生辩论会、线上投票等多种教学方式，真正让新课标中的内容落实到每一节课堂中，将课堂还给学生，让学生成为课堂的主人，让学生在教师的引导下努力探索、积极思考，从而形成相应的科学观念、科学思维能力，实现全面发展。

### （二）推行混合教学模式

线上教学在 5G 网络支持下，展现出了相当大的优势。但线上教学也有很多缺陷，比如，教师和学生因为时空限制，不能面对面交流，教师不能了解学生的真实问题，同时对学生学习情况不能及时进行了解与把控；六年级学生自我约束能力较低，对线上学习需要的平板、手机等工具的正确使用没有自制力，学生以学习为借口长时间上网，损伤视力，最后导致亲子关系紧张、家庭矛盾激化。针对以上现象，为保证科学教学得以高效开展，教师可以推行混合教学模式，将线上与线下教学结合在一起，体现科学教学的多样性，确保学生能够获得丰富的学习感受。

比如，在六年级上册《能量》这一单元的《调查家中使用的能量》中，主要是让学生以家中使用能量的情况为研究对象，以能量形式、能量转换、能量消耗为切入点，引导学生通过课前调查、课中分析、统计等手段，进一步了解能量，意识到能量消耗量之大，从而形成节能意识，提出有效的节能方法，逐步养成节能习惯。为了达成目标，教师可以提前在线上组织开展调研活动，通过布置一系列任务引导学生进行学习。学生有疑问，教师可以组织线上讨论交流，同时，回答学生学习过程中的困惑。电量是能量的一种，学生在调查家庭用电量的过程中，遇到疑问，也会请教家长，家长也积极参与进来，这可以增强亲子沟通，减少家庭矛盾。最后，在 5G 技术的支持下，学生可以流畅、高效地分享调研成果，总体而言，采用混合教学模式，教师可以加强对学生学习状态和进度的把控，继而使科学教学效果得到保证。

## （三）营造信息学习氛围

科学是人类在研究现象、发现自然规律的基础上形成的知识系统，以及获得这些知识系统的认识过程和在此过程中所利用的方法。《义务教育科学课程标准（2022年版）》在课程理念部分提出，要立足学生核心素养的发展，以科学思维能力、科学探究和实践能力、科学态度与社会责任感的培养为重点，促进学习能力、创新能力的发展，形成清晰和完备的科学课程目标。

在5G技术日渐发展成熟的背景下，网络峰值数据速率能够达到10 Gbit/s以上，延迟不超1 ms，这为引入VR技术创造了条件。VR是Virtual Reality的缩写，翻译为虚拟现实，虚拟现实技术是一种能够创建和体验虚拟世界的计算机仿真技术，它利用计算机生成一种交互式的三维动态视景，其实体行为的仿真系统能够使用户沉浸到该环境中。虚拟VR技术在欧美一些国家较早应用于教育教学领域，成果显著。这种全新的互动教学模式在5G网络技术的加持下，使VR体验得到更大优化。它可以创造出更具沉浸感的虚拟环境，获取三维立体感知，且不受时空束缚。VR技术在现实世界和学生感官之间创建一个"隔离区"，以减少外部因素的干扰，使学生高度沉浸在与认知学习内容的模拟交互中。

比如，在《宇宙》这个单元，主要是学习具体的天体运动和天文现象，如月相、日食、月食、星座等。教师可以通过组织学生进行资料收集、讨论等方式进行学习，从而丰富、修正、完善学生原有的关于宇宙的认识，体验科学研究的严谨、客观和乐趣，培养学生对探究宇宙的兴趣。六年级学生虽然有一定的基础认知，但抽象思维较弱，对月相、日食、月食的成因理解起来有一定的难度。通常教师会通过模拟实验建立相应的模型，或者运用视频、图片等资源来辅助教学。在5G技术的支持下，VR技术可以给学生提供沉浸感更强的虚拟环境，让学生在学习的过程中可以充分感受月相、日食、月食的成因。在学习《太阳系》《在星空中》《探索宇宙》这几节时，运用VR技术可以将逼真的传感技术、多媒体和学生视觉等相结合，产生亲临现场的感官体验，让学生身临其境体验太阳系的神奇、各大星座的美丽以及宇宙的浩瀚无边。这些技术可以为科学教学提供更好的学习体验，从而营造浓厚的学习氛围。

## 二、教学建议

5G技术以更强的稳定性，让教师从教学手段、教学资源、信息传输载体等方面都有所突破与创新。但在具体教学过程中，要根据具体的学情、班级情况、学习内容等进行实施。比如，有些班级学生对新知识接收能力较快，空间想象力较好，在学习《宇宙》这个单元时，就可以适当减少VR技术的使用，以此来保证教学进度。再比如，在线上教学时，有些班级学生出现学习状态不佳、学习效果较差的情况，这时就要适当增加线下学习的时间，或者增加线上签到、提问的次数。科学技术是一把双刃剑，在5G技术的支持下，教师既要顺应时代发展，更新观念、调整思路，又要引导学生正确看待，形成正确的价值观与人生观，让5G技术真正做到为教学服务，而不仅仅只是浮于表面，落不到实处。

## 结　语

5G 技术的高速发展，将会给基础教学带来巨大的变革与创新。探索"互联网 + 教育"发展途径，还应加强 5G 技术应用分析，为小学科学教学模式、方式转变提供思路[2]。结合 5G 技术特点，可以通过搭建在线平台和开展混合教学充分发挥线上与线下教学优势，并通过引入先进技术营造信息交互氛围，促使学生学习效率和科学教学效率得到提高。5G 技术既是时代的进步，也是势在必行的发展趋势。在 5G 技术支持下的新形态教学方式将会成为一种主要的教学方式与类型，给教育领域带来更多的变革并发挥重要作用。

### 参考文献

[1] 吕军梅.5G 背景下学校教育教学模式创新探究[J].教育实践与研究,2022(3):16-18.
[2] 徐婷,刘丹.5G 时代沉浸式 VR 虚拟融合教学创新研究[J].动画教育,2022(3):108-111.

# 5G变革课堂教学模式篇

**篇首语**

　　随着5G技术的不断完善，其低延时、高速率、大连接的特点能够积极赋能课堂，改善局域网条件下课堂教学的诸多问题。技术的突破会影响课堂教学模式的变革，会诞生更多、更好的课堂教学模式。

　　低延时，5G技术能够提供更快的通信速度和更低的传输延时，能够极大地满足课堂教学中对于实时性的要求，拓宽了各种技术、软件、App在课堂之中的应用。例如，在5G技术支持下应用AR/MR资源教学，会明显降低学生在与资源交互时的延时感，而延时的感觉会不断提醒他们是在和虚拟的内容进行交互，从而降低AR/MR技术本身具备的沉浸感的体验。利用5G技术，学生能够更加沉浸地体验AR/MR技术带来的真实互动。

　　高速率，5G技术支持下的网络，其峰值理论传输速度可达10 Gbps，比4G网络的传输速度快10倍以上，对于教师在课堂内外的资源搜集、整合有明显的突破。教师在5G技术支持下的课堂教学中，有足够的条件进行临场应变，像在本地操作一样，展示互联网上各类教学资源。

　　大连接，支持更多的设备连接，用另外一种方式改善了以往课堂中局域网连接大量设备效果不好的问题，使得平板教学、虚拟现实等教育装备能够流畅、稳定地接入课堂教学。

　　在这样的预期下，教育教学的时空有了更大的扩展性，为更高效、自主的课堂教学模式诞生提供了有力的支持与保障。

# 小学课堂的"教育+5G"教学应用的实践与研究

## ——以成都高新新华学校为例

董飞艳

成都高新新华学校

**摘　要**：在信息技术高速发展的今天，教育行业也在不断进行着革新，越来越多新锐的教育模式，为传统的教育行业带来了源源不断的发展动力。5G 技术在科技变革的浪潮中应运而生，它兼具高速率、低延时和大连接的特点，在强大功能支撑下，5G 技术被应用在各个场景中，同时也给教育教学提供了便利。中小学课堂搭载 5G 技术开展教育教学工作，在教学设备上拥有更多的选择性，为教学提供了更多的可能性，开拓了教育教学阵地。在此背景下，5G+远程双师课堂、5G+AR 沉浸式课堂在成都高新新华学校如火如荼地开展。

**关键词**：5G 技术；双师课堂；AR

## 一、5G+远程双师课堂

基于 5G 技术开展的远程双师课堂，支持高清互动、声画同步、智能录屏等功能。随着 5G 时代的到来，双师互动课堂将会成为未来知识宣导、平衡教育资源的一个重要教学形式。成都高新新华学校（以下简称"我校"）与成都高新实验小学开展的双师课堂，在语文、数学、英语等各个学科间开展。双师课堂主要有三种教学模式，即"一主一辅""一分为二""齐头并进"。授课过程中，两位教师针对不同的教学环节，灵活切换教学模式，并采用学生喜闻乐见的形式进行课堂教学，大幅提升了课堂学习效率[1]。

### （一）有利于两校学生深度交流

在新型教育模式下，两校学生起初的好奇心很重，在一定程度上激发了学生学习的兴趣，常态化的应用双师课堂后，学生将注意力更多地放在了课程内容上；两校的学生存在一定的差异性，在对课堂内容解读上也会有相应的差异，深度交流的过程会大幅提升学生的沟通能力，进行脑力碰撞的同时也能锻炼学生的表达能力。通过线上交流，调动了课堂的气氛，同时，学生会接受到更多元的课堂信息，增加学生的课堂参与感，让学生更享受课堂。

### （二）有利于两校教师开展校与校联合教研

两个学校的教师可以对同一课内容开展教研活动，在备课环节，老师们就可以积极商讨，精心设计教学环节，根据不同学生的情况来设计教学活动，增加校与校之间老师的交流，互相成长，共同进步。上课期间，双师课堂的老师可以互相辅助，承担起课堂引导的作用，让学生充分发挥主人公的精神。课后，两校教师可以根据课堂反馈情况开展教学反思，探讨课堂存在问题的地方，有针对性地调整课堂教学，为进一步提升教学效果做准备，通过高频率的积极交流，实现共同成长，共同推进学校和区域教育高质量发展。

### （三）有利于拓展教育阵地

以往学生学习课本知识大部分都局限在自己的校园内，开展双师课堂后，我校学生和成都高新实验小学紧密联系在一起，对方学校也是我们的学习阵地之一，共享对方的部分师资。后续如果能有更多优秀的学校加入，那我们的学习阵地必将更宽广。同时，双师课堂搭载5G技术与专业设备，可以将精彩的课堂录制下来，便于形成优质的微课资源，方便学生观看和学习。双师课堂教学模式，既有利于促进更多场景化、体验式教学项目的线上实现，也有利于扩大在线教育资源的共享，拓展教育阵地，增强教育的普惠性与公平性。

## 二、5G+AR 沉浸式课堂

AR作为虚拟现实技术在发展过程中衍生出来的一种"实中有虚"的技术，以较少的场景建模和实时渲染工作量对真实世界进行"增强"[2]。它利用多媒体、三维建模、智能交互等多种技术手段，将计算机生成的文字、图像、三维模型、音乐、视频等虚拟信息模拟仿真后，应用到真实世界中，两种信息互为补充，从而实现对真实世界的"增强"。

### （一）有利于提供多样的学习内容

目前，我校的科学课程使用了"AR小学科学"App，此款软件有与1~6年级科学教材配套的课件、教案和实验资料，同时，还能自己根据需要制作AR课件，适当调整教学内容。除了这些以外，它也兼有部分其他学科内容，如数学的"坐标系"、语文的"赵州桥""生物细胞"等相关课程内容。使用5G+AR软件能帮助老师在课堂上展示动物的形态、骨骼以及化石；能让学生快速认识不同叶子的形状、植物的生长过程；能让学生观察有趣的实验，了解到天体运动的规律以及它们运动带来的变化；能让学生近距离观察中国发射的火箭、卫星等，加深对中国航天航空领域的了解。日常生活中学生不常见的化石、天体运动、太阳系、火箭卫星等都可以通过5G+AR技术展示给学生。以往的教学课堂，教师传递知识的形式比较单一，缺乏立体、真实的教学辅助工具，在讲动物相关内容时，更多呈现的只是图片和少量视频资源，利用AR技术可以让学生看到立体的、真实的动物，还辅以动物完整骨骼、化石，让学生对其有更加深入的了解。在讲太阳系时，AR能提供完整的对比图以及八大行星的运行轨道，让学生对其大小关系一目了然，通过运行轨道，学生也能直接对八大行星距离太阳的远近排序。AR能将数字化的教学资源整合到现实场景中，以图文注解、模拟动画和交互实验等形式，对难以呈现的教学场景、抽象的学习内容进行"增强"，从而使其具体化、可视化、动态化[3]。

### （二）有利于提升课堂参与度

小学生的心理状态和行为特点是新鲜的事物更能激发他们的兴趣，据此，教师可以利用5G+AR教学学具，吸引学生的关注，抓住这个机遇，提高学生的课堂参与度。学生会想近距离观察和上手操作，想去探索新事物，从而更愿意与老师互动，学生与老师积极的互动，有助于加深学生的记忆，更好地掌握知识。借助适宜的新兴工具，学生在好奇→探索→互动→学习这个良好的循环过程中，学习效果事半功倍。学生自主带动的良好课堂氛围会调动包括教师在内的课堂参与者的积极性，学生主动探索知识和接收学习信息的能力会大幅增强。

### （三）有助于教学方式多样化

基于 AR 的沉浸式虚拟仿真教学方法需要把课堂内容与真实环境及虚拟环境相结合，将老师上课所需的内容及相关素材存储于系统中并且进行信息传递，不仅需要充分激发学生的积极性，也要发挥老师的指导作用[4]。因此，教师要做到因材施教，选取适当的教学方式开展学习活动。以虚拟现实技术为教学工具，将传统的应试教育理念逐渐引向素质教育、快乐教育和技能教育的层面[5]。

### （四）有利于促进优质资源均衡化

经济越发达的地方，教学条件和师资力量越充足，学生接受到的教学理念也更先进，与偏远落后的乡村对比明显。5G 技术支持下的 AR 沉浸式虚拟仿真教学系统的应用将有效解决这一大难题，实现全国同步教学。名师录制一次讲解课程，可重复使用，可投放到任意一个情景沉浸式教学空间。这样既节约了教育成本，又提高了老师讲课的效率，同时，这也是一种帮助偏远地区或教育不发达地区的同学享受更好教育的好方式，促进优质教育均衡化。同时，这也为社交媒体宣传、教育领域交流提供一个展示的平台。

"教育+5G"形式在我校课堂中的运用，不仅让我校的教师和学生能接收到更多优质的教学资源，同时也能让师生把更多的注意力投入课堂，提升课堂的参与度，进而提高教学效果。目前，我校的"教育+5G"还存在设备较少，使用学科较局限，参与率不够高等问题，未来会有更多学科老师加入，期待更多的学校加入双师课堂、AR 沉浸式课堂，共享优质教育资源。

### 参考文献

[1] 沈国强.美育融合:小学音乐双师课堂教学实践——以"漫'画'音乐"为例[J].课程教学研究,2022(6):74-78.

[2] 陈思静,赵瑞斌.中学立体几何 AR 学习资源的设计与开发[J].江苏教育,2022(52):52-55.

[3] 钱小龙,宋子昀,蔡琦.在元宇宙中开展沉浸式学习:基于 5G+AR 的沉浸式学习特征、范式与实践[J].教育评论,2022(6):3-16.

[4] 杨东升,肖军,闫士杰,陈东岳,潘峰.强专业化课程沉浸式虚拟教学方法研究[J].高教学刊,2022(17):88-91.

[5] 李波,郎洪笃,赵浩如.建设 AR/VR 课堂 开展沉浸体验课程[J].基础教育参考,2022(1):60-62.

# "教育+5G"背景下的教学系统构建及其影响

黄新月

成都高新新源学校

**摘 要**：5G、大数据、云计算等新技术的发展，使得教育领域呈现出新的发展态势。我国教育体系改革也重点强调了5G技术在智慧课堂、教育管理、学生评价等方面的应用和推广。基于此，本文阐述了基于"教育+5G"背景下的新型教学生态系统的构建路径，通过规划现有网络布局、建设学科资源库、组建资源建设小组等方式，赋能教学新样态，积极推动创新人才培养的新模式。

**关键词**：5G；教育；教学系统

## 引 言

2019年2月，中共中央、国务院印发了《中国教育现代化2035》[1]，其中明确提到了要加快信息化时代教育变革。建设智能化校园，统筹建设一体化智能化教学、管理与服务平台。利用现代技术加快推动人才培养模式改革，实现规模化教育与个性化培养的有机结合。2022年3月，教育部、工业和信息化部、中央网络安全和信息化委员会办公室等十部联合印发《5G应用"扬帆"行动计划（2021—2023年）》，提出5G+智慧教育，强调要加大5G在智慧课堂、全息教学、校园安防、教育管理、学生综合评价等场景的推广，提升教学、管理、科研、服务等各环节的信息化能力。

作为新一轮技术产业变革的引领性技术，5G技术和4G相比拥有高容量、传输速度快、信号稳定等优势。随着5G技术的逐渐成熟，能够更好地通过现代教育技术支持教育教学模式的转变，紧跟时代教育的需求，推动教育教学方式的变革。

传统的教学是在一个线性的、封闭的、统一的模式下进行的。学生必须和老师在同一个空间，被动地接受知识。同时受到技术操作的限制，教师对学生的评价大多数是通过纸质的期中、期末测评得到一个总结性的评价，缺乏评价的过程性、针对性、多元化等特点。基于"5G技术"支持下的课堂，可以让学生和教师打破时间、空间的限制，催生线上教学、"互联网+"学习、"双师教学"、VR/AR等多样态的教育教学模式。近几年，线上教学的需求迅速增长，对5G技术、人工智能、互联网、物联网等的依赖越来越高。5G技术的发展，将赋能教学新样态，促使我们思考教育新理念，探索人才培养新模式。

## 一、"教育+5G"背景下的教学系统的构建策略

教学系统指的是师生共同参与，旨在实现教学目标的活动体系。其中的构成要素主要包

括教学人员、教学信息、教学材料、多种教学设备等[2]。"教育+5G"背景下的教学系统也应该包含传统教育系统的各种组成要素，但同时，它又有更丰富的内涵。具体内容如图1所示。

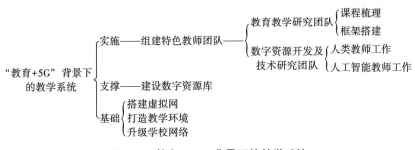

图1 "教育+5G"背景下的教学系统

## （一）规划现有网络布局，打造教学环境

要实现"教育+5G"教学模式，首先要对学校的教育网络进行重新规划和升级。一方面，学校要对现有的网络带宽进行升级，使之匹配"教育+5G"背景下的网络需求。目前，区域内大部分学校还是布局的4G网络，它的上传速度在20 Mbps左右，仅能满足师生员工对于容量中等或者容量较小的数据传输要求。5G网络的用户体验速度达到1 Gbps，时延低至1 ms，能够较好地解决4G网络下，由于数据容量过大，导致视频清晰度、流畅度不够，出现画面模糊、声像卡顿、掉线等现象。所以，及时升级现有网络到5G的带宽，能够保证"互联网+"模式下的课堂高效、顺利地开展。另一方面，学校要布局搭建虚拟网络教学环境，通过腾讯会议、钉钉、企业微信等平台，构建虚拟教学环境，实现真实教学场所和虚拟教学环境的互补，使教学场所不再成为开展教育教学活动的限制。

## （二）建设学科数字资源库，共享教学资源

丰富的教学资源是学校开展"教育+5G"的支撑条件。比如，电子教材、电子教参、网络题库、图片视频资料、名师课等都可以作为数字教学资源进行收集整理。利用局域网络，实现校内资源、区域内资源的共建共享。基于"教育+5G"背景下的数字资源库，还可以收集在资源库以外的大数据资源。以前由于存储容量的原因，可能被排除在数字资源库之外，升级扩容了数字资源库以后，高清视频、虚拟仿真体验可以顺利地进入教学资源通道，同时由于传输速度的提升，在资源使用过程中师生也会有更好的体验。还有一部分数字资源由于使用频率的原因，也游离在教学资源通道以外，在5G技术的支持下，能够以更快的速度搜到此类资源，从而丰富数字资源库。有了丰富的教学资源的加持，更能满足"教育+5G"的课堂活动需求，为高质量的课堂奠基。

## （三）组建资源建设小组，推动特色教学

任何教学资源的收集、整理，网络教学环境的使用，都离不开教师的参与。为了更好地统筹学科数字资源，用好学科数字资源，熟练使用"教育+5G"背景下的现代信息技术，提

高人类教师的工作效率,需要践行"以人为本"的主张。比如,首先对教师的兴趣进行调查,对人工智能、大数据、5G 等现代教育技术感兴趣的老师,可以成立"数字资源开发及技术运用"教师团队,进行现代教育技术的深入研究。对教学实施、教学评价、教学行为等方面感兴趣的老师可以成立"教育教学研究"团队。不同团队的教师在各自的专业领域内进行深入研究,同时,加强不同团队之间的协作交流,共享研究成果,最终达到所有老师共同发展的目的,推动教育教学的特色发展。同时,还可以通过课程梳理,以 5G 技术为支持,让人工智能教师通过数据收集、数据分析,为学生提供更有针对性的教学。人类教师就可以承担更多"育人"职责,重构"和谐"师生关系,提高学生的精神建设和道德修养。

## 二、"教育+5G"对学校教学的影响

"教育+5G"背景下的教学系统的运行,是对传统教学强有力的补充,对学校教学模式产生了积极影响[3]。5G 网络结合人工智能、互联网+、物联网等软硬件的支持,使教学过程更流畅,师生的教学体验更愉悦。

### (一)教学手段多样化

传统的教学模式主要以教师讲授,学生被动接受为主[4]。教学内容也更多地依托文字、图片等单一方式,受技术的限制,使得课堂呈现比较单调,不利于激发学生的学习兴趣。5G 技术支持下的课堂,可以更多样、更广泛地呈现学科内容,利用图片、声像等方式让课堂更丰富。

首先,"教育+5G"背景下的软、硬件的使用,对学生来说本就有一种新奇感,再加上课堂中有了更多的图、文、声、像的吸引,有更及时的知识更新,有更多的人、机交互的过程,这种教学手段的变革,能够有效地提高学生的学习积极性和主动性。

其次,5G 背景下教师可以借助 VR 和 AR 对教学方式进行创新变革,并最大限度地通过这种方法、模式提升教学内容的影响力[5]。比如,小学六年级学生在学"圆柱的体积"一课的过程中,虽然他们具有一定的抽象能力,但大部分学生还是很难通过极限思想去理解、内化圆柱体积的推导过程。借助 5G+VR/AR 技术,在学生面前呈现圆柱不断被切分、重组的过程,使学生真实感知这种极限思想,从而深度理解圆柱体积的推导过程,做到"知其然更知其所以然",而不是生硬地记住公式,再套用公式去解题。再如,部分物理、化学的实验,受材料、场地、危险系数等方面的影响,无法在课堂上进行真实的实验,可以利用 5G+VR/AR 技术,让学生观察、了解实验的全过程,既保证了实验的安全性,又创造了课堂氛围感。

### (二)学习方式多元化

"教育+5G"的教学模式让学生的学习方式有了更多的选择。学生可以不受时间、空间的限制,根据自身的需求开展学习。学生可以根据自己的兴趣特点、性格特征等,组建不同时空、不同类别的学习团体。在兴趣驱动下,学生自主组建的学习团体能够充分体现学生的个性选择和学习自主性,有利于帮助学生树立"终身学习"的意识。

同时,基于大数据、人工智能、互联网背景下的教学系统,能够根据学生的需求,个性化地定制推送学习资料,让学生的学习过程更有针对性。

## （三）教育资源均衡化

区域内大力推进教育优质资源均衡化发展。受限于学校定位、学生层次、环境影响等多方面因素，各所学校的发展存在一定的不平衡的现状[6]。以前受限于网络带宽的影响，视频播放不清晰、远程教学不流畅、资源传输不快捷等情况时常发生，让"翻转课堂""名师课堂""双师课堂"等线上教学方式效果不佳，不能有效地推广。有了5G技术支持下的网络教学环境的搭建，能够在一定程度上缓解优质教育资源发展不平衡的现状。通过"教育+5G"的教学模式，能够让有限的名师资源覆盖面更广，以打造更加公平、均衡的教育教学生态。

## （四）评价方式实证化

传统的教学评价过分依赖纸笔记录，不便于资料的收集和保存。同时，部分学校缺乏对学生的过程性评价资料，更多的是通过期中考试、期末考试分数来评价学生一个学期的表现，缺少过程评价的实证性。基于"教育+5G"的评价，是一种基于数据的评价方式，通过对学生学习过程的数据收集，比如，课堂活跃程度、参与综合实践活动次数、作业完成情况、问题发现和自主解决次数、考试分数等方面的数据收集，最后形成一个综合性的评价量表。不仅能看到学生的学习结果，还能看到学生的学习过程，哪一阶段的学习是有进步的，哪一阶段的学习是有波动的，哪些方面的表现是突出的，哪些方面的表现是需要再加强的。通过过程追踪记录，就能够倒推导出学生产生此类学习结果的原因是什么，从而精准地制定改进措施。基于大数据背景下的教学评价能够让学生评价有据可依，有据可查。

# 结　语

5G技术的发展，势必会带来教育教学方式的变革，引发教育教学新局面。作为新时代下的教师，应该以更积极的方式应对时代变革带来的机遇与挑战。努力探索5G技术支持下的教学理念的建构、教学资源和场景的设计、教学模式的应用、教学方法的优化。不断地思考和学习，以提高教师自身素质修养和能力水平。积极践行科技与教育双向赋能使命，迎接未来教育发展，推动创新教育的开启和创新人才的培养。

## 参考文献

[1] 黄信.互联网+时代ACE英语写作教学模式研究[J].四川民族学院学报,2019,28(2):7.

[2] 付鹏.一种教学控制系统[P].CN111311992A,2020.

[3] 齐军,赵虹艳.基于"教育+5G"的新型教学生态系统:构成、功能及构建策略[J].课程·教材·教法,2022,42(4):80-87.

[4] 姜建华.基于项目的学习在中职《网页制作》课程中的应用研究[D].新乡:河南师范大学,2016.

[5] 温洋洋.探究5G网络在在线教育领域的应用及影响[J].数码世界,2019(9):24.

[6] 刘夏清,王爱芹."新媒体"在高校创新共青团工作中的应用探讨[J].中国科教创新导刊,2012(8):1.

# "教育+5G" 初中语文课堂教学模式研究

陈晓川

成都高新新华学校

**摘 要**：信息高速发展背景下，5G技术迎来了发展机遇，伴随着"互联网+教育"在当下教育中的运用，初中语文教学也将发生前所未有的改变。5G技术与初中语文教学课堂相结合，现代信息网络课堂在教学中展现出诸多优势，同时也出现了许多问题。本文主要从线上教学平台搭建再到活动教育推行等多角度对创新语文课堂教学模式进行了深层研究，着重讲解了"教育+5G"在语文课堂运用中的问题，并对新时代课堂问题提出了专项研究方案，致力于使"教育+5G"模式在初中语文课堂更具现代化。

**关键词**：初中；语文；5G

## 一、"教育+5G"的优势

### （一）优化直播课堂

随着"教育+5G"时代的到来，5G技术在教育课堂上的应用，使其优势在直播课堂中展现了出来。结合"教育+5G"在直播课堂中的运用，可以发现5G技术具有毫秒级超低时延，这使得直播课程中教师与学生间的延时问题得到有效解决。另外，"教育+5G"直播课堂中可以满足超高清视频画面展现，这使直播课堂内容得到流畅展示，极大地满足了师生的沉浸体验感。

### （二）智慧化语文课

"教育+5G"在语文课堂中的投入运用，不仅可以从教学资源出发，还可以通过5G技术在语文课堂中加入协助学生理解的内容，当遇到难以理解的内容场景时，5G教育课堂甚至可以实现教学画面的直观展示。利用智慧化课堂构建可以更容易地解决学生学习过程中的问题，积极借助教学智能化情景，实现现代语文课堂智能化构建[1]。

### （三）实现混合教学

"教育+5G"时代到来之后，教育者们意识到传统教学形式下面对面进行的教学形式已经不能满足信息时代教育形式的发展。而"教育+5G"技术在现代教育课堂中的应用，已经基本可以实现对未来学校的畅想。在5G网络技术的不断发展中，现代教学课堂实现了将网络技术与传统教学形式相融合的教学形式，在现代教学课堂中，学生可以利用计算机、平板、智能手机等设备，实现线上课堂与线下课堂混合学习，不仅可以提升学生建构知识的能力，还可以增强学生自主解决问题的能力。混合教学课堂开展可以使线上、线下两种优势在教学中进行融合，使课堂教育更为高效[2]。

### （四）高速下载课件

5G 技术最为显著的特点就是网络速率快，在现代语文课堂教学中，教师为了使教学资源更加丰富，往往会下载多种教学资源进行运用；而传统的教学形式存在课件资源下载缓慢，严重影响使用的情况。但"教育+5G"时代的到来可以真正实现课件资源高速下载，既可以有效节省资源运用时间，还可以从根源上实现高效课堂创建[3]。

### （五）构建高效课堂

通过"教育+5G"可以从多方面实现教学课堂的创新，其中最显著的特点就是在构建高效课堂教育形式中可以实现互动教学、智能考试、综合评价、智慧校园、区域教育管理等多方面的课堂创新。在教学资源延伸过程中，"教育+5G"技术融合可以完全覆盖"教、考、评、校、管"等多个教学环节，通过多种形式的课堂运用可以真正实现高效课堂的有效创建[4]。

## 二、初中语文课堂面临的问题

### （一）学生注意力难以持续集中

在传统教育形式研究中发现，处在初中阶段的学生往往在学习上难以集中自己的注意力，对待语文课堂学习不够认真，甚至还有同学认为语文课堂学习枯燥乏味，与生活之间的联系较少，所以，语文课堂展示的内容在学习过程中并不重要。另外，在语文教学课堂中教师往往采用教材阅读、基础知识讲解、课后思考问题探究这种固定方式展开语文教学，这种教学形式毫无新意，不能满足新时代学生心理需求，无法及时抓住学生眼球，所以，现实语文课堂教育中学生注意力难以持续集中的问题极大地限制了语文教学课堂质量，限制了学生发展。

### （二）学生缺乏语文学习的兴趣

对初中语文课堂开展情况进行分析时还发现，学生对待语文知识的兴趣不高。许多同学将语文日常课堂内容学习当作一项课堂任务，只是在按照教师设置的环节任务进行学习，自身学习兴趣不足。出现此现象的一个原因就是教师的教学课堂设置较为古板，教学内容设置环节不够新颖，致使学生严重缺乏对语文知识学习的兴趣[5]。

### （三）依赖课本课堂拓展性不足

初中阶段的语文课堂教育环节中，教师在进行语文课堂教学时，通常会将教材内容作为课堂教学任务，展开语文教学课堂知识讲解，加上教师知识拓展意识的缺乏，使得学生在语文课堂学习中掌握的知识较为片面，教师只会着重将课堂的重点内容进行重点讲解，但对于语文知识的扩展内容会有所忽略，这也造成了传统语文课堂中，学生对课堂知识掌握缺乏拓展性。

### (四)学生缺乏自主学习的意识

基于传统语文教学课堂的设立,教师在教学中会将语文知识设置成不同的任务展开教学,但在教学活动开展过程中,教师缺乏正确的引导形式,对于不同基础的同学不能及时根据学生情况将课堂问题进行调整,这就把学生限制在已经安排好的课堂中,使得学生在语文课堂学习中严重缺乏自主学习意识。

### (五)信息化应用方式较为单一

在初中阶段语文教学形式中,教师对信息技术的运用理解不深刻,教师在教育课堂中可能会利用到多媒体技术对语文教学课堂进行展现,但其信息化运用方式基本只能应用到课程资源呈现中,授课活动中的信息技术应用被大多数教师所忽略,使得信息化应用方式在初中语文教学课堂开展中较为单一[6]。

## 三、"教育+5G"下初中语文课堂的构建策略

### (一)微课教学,集中学生的注意力

"教育+5G"可以通过微课教学的形式,集中学生注意力,使学生被教学内容所吸引,真正理解语文课堂教学中的魅力,使"教育+5G"模式的优势得到有效展现。

在《背影》一课教学中,为了进一步提升学生对课文的学习效果,教师在教学过程中可以利用现代微课技术,通过情境创设将学生带入语文课堂知识的学习中。首先,教师在课堂开始之前可以查找相关的影视资料,或者蕴含课堂主旨的图片,利用微课技术给同学们展示出来。教师可以将教学重点引入教材故事阐述中,在课堂导入环节之后,教师要引导学生对教材内容进行阅读,虽然这可能会降低学生参与度,但是阅读对于语文知识学习具有举足轻重的作用。利用微课教学活动开展下的教材内容阅读可以充分将画面与教材描述进行对应,比如,朱自清《背影》一文中对父亲为自己送行的描写:"他蹒跚了一会,终于决定还是自己送我去。我再三劝他不必去;他只说:'不要紧,他们去不好。'"这句话的语言描写虽然只是普通的叙事,但加上微课教学形式下的画面展示,就可以将父亲心中饱含着的爱展现出来。在阅读过程中,教师要注重引导学生对基础知识的学习,当然更重要的还是对文章内容进行理解,像以上这一情节内容的展示在教学中还有许多。为了使学生在微课教学形式下集中注意力,真正理解作者所要传达的情感,教师在教学中可以不定时向学生提出课堂问题,比如:当作者看着父亲消失在车站中的身影,作者的心情如何?在文章中又是怎样展现出来的?加上这些不定时问题设立,一定可以使学生在微课运用下的教学中,增强对语文教学内容的理解。

### (二)语文游戏,激发学生学习兴趣

在传统语文课堂教学环节中,教师的语文课堂教学内容较为死板,这使学生的语文学习兴趣不高。在"教育+5G"教育形式下,教师要注重语文课堂游戏的运用。在教学过程中,教师首先要对教学内容产生初步认识,然后充分结合学生感兴趣的内容开展趣味化课堂教学,只有这样才能提升学生对语文课堂学习兴趣。

在《中国石拱桥》一课教学中，在教学开始前教师可以通过资料搜集对石拱桥的形状、组成、发展历程以及作用等几个方面的教材内容进行理解。同时，教师可以积极游戏化教学形式，比如，在"石拱桥"结构分析中，引导学生对桥拱、桥身、桥面等几部分结构进行知识比拼，使学生在教学情境分析下完成游戏，通过对石拱桥结构的分析，教师在语文课堂中也要注重引导学生总结石拱桥的结构美与对称美的展现。利用此种形式进行学习，有助于学生增强语文知识的探究兴趣。

### （三）群文阅读，收纳资源高效拓展

"教育+5G"教育实施以来，教师也注意到了语文课堂知识扩展性不高的问题。利用群文阅读形式与5G技术融合，可以有效推进教学资源的拓展，使现代语文教学课堂内容更加丰富。

在群文阅读形式下对《生于忧患，死于安乐》教学内容进行学习的过程中，可以在教学阅读完成之后询问学生对人生的感悟，通对内容的阐述来得出结论：一个人想要有所作为必须在生活上、思想上、行为上经历种种磨难，只有这样才能获得成功。在群文阅读形式下，教师要将生命中的感悟作为本次阅读任务的议题，结合议题的确立，教师要同学生一起对教材内容进行分析，并积极表述自己的观点。另外，除《生于忧患，死于安乐》的学习之外，教师还要将本单元《富贵不能淫》《愚公移山》以及其他积累的文学内容，结合统一议题完成对资源主旨的分享，在群文阅读教学形式下，通过教学资源扩展，完成对阅读内容的整体了解，这不仅有助于学习内容的分析，也有助于语文教学资源的拓展，使"教育+5G"在语文教学中发挥更积极的作用。其次，经过群文阅读综合内容的学习还有助于总结阅读技巧，完成主旨内容的统一总结提炼。此种形式有助于学生在有限的时间内完成文章资源的统一学习，对于优化语文课堂教学的发展，具有重要意义。

### （四）翻转课堂，培养学生自主意识

在传统教学形式中，往往为教师站在教学主导的位置上对教材内容进行讲解，这种形式对于学生自主意识的培养具有限制作用。学生在学习过程中会选择放弃自身思维跟随教师已经安排好的内容进行学习，此种形式非常不利于学生创造力的培养，因此在新型信息课堂教学中，要及时将此种教学形式进行翻转，教师退出教学主导地位，将学习的自主权真正还给学生，这不仅有助于学生自主意识的提升，还有助于开发学生思维。

在《乡愁》这一课教学中，教师首先要摆脱带领学生进行学习的教学模式，教师要发挥自身引导作用，如教师可以先提出问题：文中作者是怎样表达乡愁的？同学们可以简单阐述一下，说说自己的理解。通过问题设立，学生会主动投身到教材内容的阅读中，通过课堂问题探讨，或者文章的多次阅读将问题进行交流，教师可以认真聆听，当发现学生理解产生问题或者出现思路的偏差时，教师可以引导学生对问题思路进行路径纠正，这种形式不仅可以让学生加深印象，还可以提升学生课堂学习的成就感。基于教学资源下翻转课堂的实行，教师也要适当给学生站在讲台上进行表达的机会，比如，在本次教学中通过对"乡愁"这一思想的分析，教师可以将课堂问题向外扩展，说说自己对家乡的思念或者适当夸赞一下自己的家乡。此问题的设立可以充分提升学生对已学知识的运用，加上问题的开放性，有助于激发学生的学习热情，冲破学生被限制的思想，提升学生的自主意识。

## （五）智慧课堂，丰富课堂教学策略

"教育+5G"形式下最显著的变化就是课堂形式的多样化。在传统的教学模式下，教师在课堂中运用最多的内容就是多媒体对课件的展示，其实"教育+5G"蕴含着多元化教学课堂模式的运用，它拓展了现代化教学模式，对于教学策略的丰富具有积极作用。

在《济南的冬天》一课教学中，教师可以充分利用网络信息资源对冬天的场景进行展现，通过语文课堂的智慧化呈现，教师在教学过程中要注重从教学资源、文章表达手法、描绘场景展现等多方面对本课内容进行呈现。在智慧化课堂中要充分将对比、比喻、拟人等重要表达手法进行类别分析，通过对课文中描绘的场景分析老舍先生对济南的冬天特有的情怀，还可以让学生利用网络资源查找分享老舍先生的其他文章内容，不断丰富教学内容，实现教学资源多样化运用。

综上，"教育+5G"形式在初中语文教学课堂中的运用，不仅有助于及时解决现代教学中的不足，也有助于提升现代化教学课堂的创新应用，这对于学生语文思维的开发，语文素养的提升都有带动作用。所以，在以后的教学中也要积极将"教育+5G"在课堂中推行，积极发挥创新教学课堂优势，推动语文课堂发展。

## 参考文献

[1] 张旺盛.信息化背景下初中语文课堂教学模式研究[J].试题与研究,2022(32):73-75.

[2] 文国宏.初中语文阅读信息化教学模式探讨[J].学周刊,2022(23):90-92.

[3] 顾晓梅.信息化背景下初中语文在线教学模式探究[J].学周刊,2022(22):19-21.

[4] 柯长波.初中语文综合性学习信息化课堂构建路径探讨[J].成才之路,2022(19):53-56.

[5] 王列平.信息化条件下初中语文阅读教学模式研究[J].中国新通信,2022,24(13):191-193.

[6] 于连泳.5G背景下的语文教学[J].黑河教育,2021(3):14-15.

# 5G背景下信息科技课程项目式教学探究

冯袁英

成都高新区锦晖小学金融城分校

**摘 要**：教育信息化日益普及，学生对学习内容的个性化、便捷化、多样化需求也日益凸显，而5G技术以其大带宽、超高可靠、超低时延、大规模物联等特征[1]，在教育领域具有广阔的应用前景，能够优化学习环境，提升学习体验。立足《信息科技课程标准》的具体要求，以川教版五年级下册《奇妙的三维设计》单元作为探究内容，思考探究在5G背景下以项目化学习的方式开展课堂教学，发展学生的核心素养，培养学生发现问题、解决问题的能力，提升学生的实践创新能力。

**关键词**：5G；信息科技；项目式教学

## 一、研究背景

### （一）信息科技课标

《义务教育信息科技课程标准（2022年版）》从培养信息科技课程核心素养出发，倡导在教学方式上，以真实问题或项目驱动，引导学生经历原理运用过程、计算思维过程和数字化工具应用过程，建构知识，提升问题解决能力。注重创设真实情境，引入多元化数字资源，提高学生的学习参与度。支持学生在数字化学习环境下进行自我规划、自我管理和自我评价，鼓励"做中学""用中学""创中学"，凸显学生的主体性[2]。

### （二）5G技术

5G即第五代移动通信技术，是具有高速率、低时延和大连接特点的新一代宽带移动通信技术，5G通信设施是实现人机物互联的网络基础设施。5G有着更高的传输速率、更低的网络延时和更低的功率消耗等优势，正推动着人们的生活、工作和学习方式发生巨大变革[3]。

### （三）项目式教学

项目式教学又称PBL，通过创建鲜活有趣的项目，为学生营造感兴趣的情境体验，吸引学生积极参与，动手实践，致力情境问题的解决处置。项目式学习设计围绕"以学生为中心"开展，一般来讲项目式学习主要有创设情境、分析问题与制订计划、实施计划、展示评价、优化几个主要环节构成。

因此围绕"以学生为中心"，构建5G学习环境，在教学中引入数字资源、利用数字化工具，更有利于开展项目式学习，更好地实现信息科技课程中培养学生的信息素养、计算思维、创新精神、问题解决力、动手实践能力等目标。

## 二、5G 背景下如何开展项目式教学——以《奇妙的三维设计》为例

### （一）《奇妙的三维设计》单元项目式学习内容

三维设计以二维设计为基础，运用三维技术实现更形象、更立体的目标设计。用 3D 打印机打印，充分发挥三维设计具有超强创造性和实践性的典型特征，向学生直观展示空间图形组成，培养学生动手制作空间图形的操作能力。

《神奇的三维设计》单元的内容有：认识三维设计、体验三维设计、三维设计圆我航天梦、美化模型。通过"火箭模型"项目的制作，学习、体验三维设计基本过程，让学生体会项目成功带来的成就感，感受三维设计的奥妙，助力我们的"航天梦"。

### （二）《奇妙的三维设计》单元学习项目流程

在充分认识到项目式学习具有的深刻教育理念前提下，掌握教学开展的具体必备环节，重新整合单元内容，完成学科知识的整理与构建，重新设计新的教学环节，合理调整教学次序，以本单元为大项目开展并逐步推进。具体重构整合前后单元内容组织与流程见图 1、图 2、图 3。

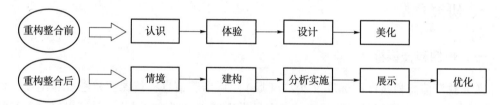

**图 1　单元重构整合前后流程对比图**

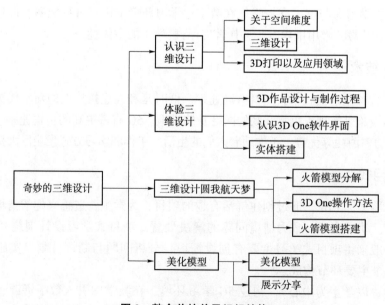

**图 2　整合前的单元组织结构**

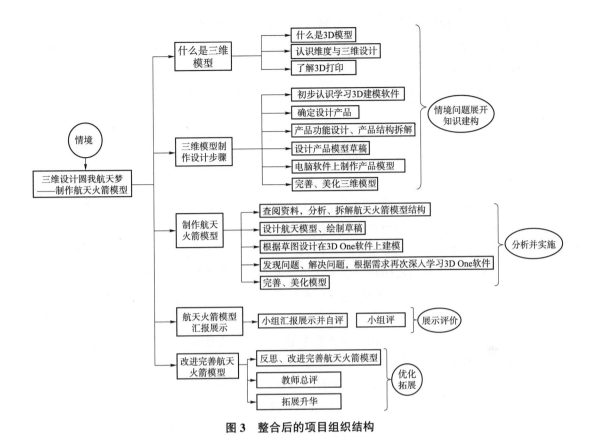

**图 3　整合后的项目组织结构**

**1. 项目创设：创设情境、聚焦问题**

教师播放航天火箭运载人造卫星发射成功的视频。航天火箭承载着我们的梦想、全国人民的航天希望，同学们也都有着航天的梦想。制造火箭之前是有许多准备工作的，其中一项就是在电脑上建模，学校征集航天火箭模型，请同学们作为设计师，发挥自己的特长，学习使用 3D One 建模软件为祖国设计 3D 航天火箭模型，为祖国的航天事业献上绵薄之力。然后抛出问题：该怎么去设计制作出一个 3D 航天火箭模型？紧接着全班根据自己的兴趣和意愿，在教师的引导和调控下分成 12 个小组，开始进入项目式学习，在进行项目式学习的同时将整个项目的学习过程记录下来。

**2. 知识建构：情境问题展开、收集资料、知识建构**

教师提供支架，将提前准备好的相关学习框架以及资料存放到网络云盘。利用 5G 网络以及网络云盘，学生可以快速且顺畅地浏览、获取资料。学生以小组为单位，以"设计制作出一个 3D 航天火箭模型"为中心展开自主分析、探究，结合教师提供的框架，利用 5G 网络进行关键信息的搜索、筛选、提取，也可以筛选学习教师提供的资料，去了解三维设计相关知识、初步掌握 3D One 软件的操作、明确三维模型制作步骤等，建构知识体系。

**3. 项目分析与实施：制定方案、实施制作**

这是项目中最为重要的环节，教师引导学生自主探索，鼓励学生勇于尝试，为学生提供探究支架，助力学生深入研讨，探求操作性极强且合理的解决问题的有效手段。

本环节在 5G 网络以及教学平台的支持下，学生主要学习完成如下内容：

（1）收集并学习航天火箭相关资料，如火箭外观、火箭结构、美术设计等，并对航天火箭模型结构进行分析、拆解。

（2）确定设计理念，绘制草稿，初步设计航天模型。草稿包含整体结构图与拆解后的结构图等。

（3）结合教师提供的 3D One 微课资料，围绕航天火箭模型的设计展开创新思维探讨，在建模软件的强大辅助功能下，大家集思广益，归纳梳理几组切实可行的建模设计方案，小组成员展开热烈讨论。

（4）对不同组成部件的标准尺寸进行合理推算，充分运用数学知识，完善建模数据和各种记录标注；利用 3D One 软件完成实体的组建和建模。

在该环节内，小组成员充分发挥各自特长，立足自身具备的风格完成合理分工和相互合作。教师认真指导学生利用建构知识制定科学合理的设计规划与整体方案，着手设计和制作航天火箭模型。在方案中，要清晰界定各小组成员的各自分工以及相互协作所需担负的义务和操作任务，利用交流的机会将有难度的问题或综合性难度较大的问题提出来，大家交流互动，在沟通协作环境下充分发挥团队的堡垒作用，用智慧攻克项目难题。

实践中，教师在 5G 技术的支持下认真对学生自主协作开展巡查、督察，督促各小组长切实负起责任，掌握本组自主协作的中心任务和难点、堵点，在学生遇到难题无法开展下一步操作时，教师要及时为学生做好动作演示和示范，适当引导，谨防学生思路发生偏差错误，杜绝学生掉队，确保学生按时完成学习任务。同时，教师要及时跟进，认真监督与指导检查，如果发现实施当中存在问题必须及时予以纠正，以免出现不可弥补的错误。检查过程中要督促学生对小组和个人任务及时掌控，提高学生的自我激励、自我监督意识，杜绝学习中的死角、盲点，确保学生应知应会，提高学生的知识实践操作技能。

**4. 项目展示：作品展示、评价、交流与总结**

在利用 5G 技术搭建的教学平台进行展示、交流、评价，紧紧抓住学生思维进度开展针对性讨论，围绕项目式学习评价表的具体细节，就小组内详细分工与合作以及设计理念与作品的完整度与美观度展开合理评价，对项目学习进行过程性评价。学生过程性评价主要体现在模型设计的步骤、在设计制作途中遇到的困难和解决方法等。各小组自行组织材料完成自评，其他小组成员针对小组汇报内容予以评价，提出修改建议。为避免对学生思路造成影响，教师不发表任何评判，待修正完善结束后教师再进行必要点评。

**5. 项目优化：优化改善、教师总评、拓展升华**

根据在 5G 教学平台上查看到的小组评价表与建议内容，各小组开展全面反思，修改完善作品，比如，其他小组在第五组的作品评价表上给出了设计上美观度还可提升的建议，在展示汇报完后，第五组根据自身反思与其他小组对作品模型的外观评价建议再次进行了设计，进行修改完善。在学生优化改善后，教师进行必要的点评。最后在教师的引导下，将本节课的内容与相关学科知识串联起来，将学生掌握的知识与实践技能、职业发展融合起来，从课堂学习引入终身学习，积极深入拓展学生的思想、思维，引导学生增强主动学习自觉性，养成主动预习的好习惯。

## 三、总结反思

《奇妙的三维设计》单元项目通过与实际生活相结合去创设情境、提出问题,引导学生以问题为中心开展活动,让学生们在做中学、学中做。在5G技术的支持下,能够让学生的学习更加的有效。在5G技术的支持下,学生进行学科知识的建构与融合,学生在网上或者教师提供的学习资料里筛选、提取自己所需的知识,自主学习建构新知并将多学科知识进行融合;学生进行团队协作、自主探究与实践,综合运用科学、技术、工程及数学领域的知识技能在信息科技实践中发现问题、解决问题;学生充分发挥自己的创意及想象设计作品,体现出创新创造能力。

### 参考文献

[1] 卢向群,孙禹. 基于5G技术的教育信息化应用研究[J]. 中国工程科学,2019,21(06):120-128.

[2] 熊璋. 重核心素养 育数字人才——义务教育信息科技课程标准解读[N]. 中国教育报,2022-05-11(4).

[3] 王心彤,胡卫星,孙雅利等. 5G典型教学应用场景及其分析[J]. 中国教育信息化,2021(18):88-91.

# 5G时代下科学课堂教学策略研究

张鸽　周娟

锦晖小学金融城分校

**摘　要**：随着新时代信息化技术的迅猛发展，5G技术已经融入了社会的方方面面，在教师的教学工作中也能够利用5G技术改进教学策略、提高教学效率。在新课标的引导下，将5G技术与小学科学相融合，结合学生兴趣和喜好，在科学教学中创设多样化、兴趣化的活动，提高学生对科学课学习的兴趣。5G技术与科学的有机整合是科学理论知识和信息科学实际应用的综合，能够为科学课教学提供符合学生科学学习特点的渠道和手段，利用5G技术进行科学教学相比于传统教学在导入、实验教学、重难点突破和拓展环节都有很大优势，这就要求教师合理应用5G技术，结合科学学科特点进行有机整合，从而构建丰富、创新的小学科学课堂。

**关键词**：小学；5G技术；科学；整合策略

# 引　言

当下，信息现代化教学越来越被重视，要求教师利用多媒体设备、信息技术手段和方法开展教学，从而使课堂教学更加生动形象。小学科学课通过实验教学、方法探究等培养学生的科学思维和学习兴趣。相比于单一学科教学，5G技术融合的教学模式的主要意义在于发挥不同学科的教学特征，引导学生从更加宏观的知识视角对不同学科之间的世界观联系进行认知和理解[1]。基于此，本文对5G技术与小学科学课的整合策略进行研究，以期为建设高质量的科学课教学环境、促进学生科学素养的提升提供参考。

## 一、5G技术在小学科学教学中的优势

当今社会5G技术和互联网的应用发展迅猛，各种新型的信息化教学设备也已经运用到了小学课堂教学中，作为教师也面临着新的机遇与挑战。信息化教学设备在课堂教学中发挥着举足轻重的作用，信息技术能够优化传统的教学模式，激发教师在教学方面的创造力并强化学生的直接感知和体验。不仅如此，信息技术科学教学与传统科学教学相比还有更多的优势。

### （一）导入环节

恰当的导入环节是科学教学过程的重点之一，导入应当起到激趣、设疑的作用，但传统

的科学教学中教师通过简单的语言或者真实道具进行导入，对教师的语言描述能力、学生的想象力以及实物资源要求较高[2]。而教师利用5G技术通过多媒体图片、音频和视频资源导入，更能吸引学生的注意力，更易激起学生的学习兴趣。

## （二）实验教学环节

一般科学实验教学往往采用"师演示—学生看—动手做"的教学模式[3]，传统教学中教师在讲台或教室中间进行实验演示教学，学生只有单一视角观看，且班级人数较多时无法满足所有学生的学习需求。而5G技术支撑下，教师利用多媒体设备进行实时录像投屏，能够借助电子白板等显示器全方面、多方位地展示实验细节，帮助学生掌握要点。

## （三）重难点突破环节

小学科学课中的教学难点指的是那些难以理解，但是非常重要的知识点，创新的重难点突破方式能够培养学生的创新意识，提高他们的观察能力和动手能力[4]。重难点的突破有多种方式，一些培养科学思维的重难点需要学生分小组探究并汇报结论，但传统科学教学中学生汇报时其他学生注意力不集中，课堂组织较难，重难点难突破。利用5G技术组织课堂，将学生的实验结果展示到教室的电子白板或其他设备上，可以提高学生的专注度，增强生生互动，助力突破重难点。另外，一些知识性的重难点需要学生进行理解记忆，传统教学中机械的记忆方式由于缺乏趣味性很难让学生进行理解记忆，但借助5G技术创设游戏或挑战环节能够极大激发学生学习热情，同时，在少部分学生进行游戏时其他学生均可全程观看、共同参与。

## （四）拓展延伸环节

小学科学强调激发学生学习科学的内在动力，促进学生自主学习，为小学生未来的发展提供积极有效的帮助[5]。传统科学教学局限于教材提供的阅读材料或配套的教学图卡，时效性不够强，单一的阅读方式也不易吸引学生的注意力。利用各种5G技术手段可以广泛挖掘科学课程资源，并通过多媒体设备展示图片、播放视频等方式提高学生对科学知识的探究兴趣。传统科学教学与信息技术科学教学应用对比如表1所示。

表1 传统科学教学与信息技术科学教学应用对比

| 教学环节 | 传统科学教学 | 信息技术科学教学 |
| --- | --- | --- |
| 导入 | 教师通过简单的语言或者真实道具进行导入，对教师的语言描述能力、学生的想象力以及实物资源要求较高 | 通过多媒体图片、音频和视频资源导入，更能吸引学生的注意力，更易激起学生学习兴趣 |
| 实验教学 | 教师在讲台或教室中间进行实验演示教学，学生只有单一视角观看，且班级人数较多时无法满足所有学生的学习需求 | 利用多媒体设备进行实时录像投屏，能够借助电子白板等显示器全方面、多方位地展示实验细节，帮助学生掌握要点 |

续表

| 教学环节 | 传统科学教学 | 信息技术科学教学 |
| --- | --- | --- |
| 重难点突破 | 在学生汇报环节其他学生注意力不集中，课堂组织较难，重难点难突破。机械的记忆方式很难让学生进行理解记忆，并且缺乏趣味性 | 创设游戏或挑战环节，能够极大激发学生的学习热情，同时，在少部分学生进行游戏时所有学生均可以全程观看、共同参与 |
| 拓展延伸 | 局限于教材提供的阅读材料或配套的教学图卡，时效性不够强，单一的阅读方式也不易吸引学生的注意力 | 广泛挖掘科学课程资源，并通过多媒体设备展示图片、播放视频等方式提高学生对科学知识的探究兴趣 |

## 二、5G 技术与小学科学教学整合策略

《2022 年版信息科技课程标准》中明确指出："信息科技是现代科学技术领域的重要部分，义务教育阶段的信息科技课程具有基础性、实践性和综合性，旨在培养学生科学精神和科技伦理。"《2022 年版科学课程标准》中也强调："小学科学课程需强化课程综合性和实践性，关注学生个性化、多样化的学习和发展需求。"遵循新课标的引导并结合实际教学的现状，可以思考以下策略有机整合 5G 技术与小学科学教学，推动学生综合素质以及学科核心素养的形成和发展。

### （一）精制课堂导入，丰富教学情境

小学阶段的学生对科学和信息技术都有浓厚的兴趣，在日常生活中也积累了大量的课外知识，在导入环节创设符合小学生特点的课堂情境能够迅速提高学生专注度、激起学生的学习积极性。例如，《岩石与土壤的故事》这一课，作为四年级下册"岩石与土壤"单元的第一课，需要导入学习对象岩石和土壤，利用 VR 技术结合教材的单元前置阅读材料收集展示一些地球上不同地质地貌环境下的岩石与土壤，能够快速吸引学生注意力，组织课堂，为后面课堂环节的开展做好铺垫。三年级下册《动物的一生》是建立在学生已经体验了"蚕的一生"基础上进行的，在导入新课时可以利用视频回顾蚕的一生，唤起学生对蚕的观察活动，为新课探究其他动物的一生做铺垫。

### （二）熟悉信息设备，优化教学条件

教育管理部门和学校对 5G 技术的相关教学设备都高度重视，并加大了基础硬件设施的投入，普通教室及功能教室普遍安装了电子白板及配套的 5G 设施设备，在日常科学教学中可以充分利用这些 5G 设备。借助 5G 技术设备可以使课堂更生动形象，许多科学课程所需的教学材料不易获取或者有危险等，信息技术能打破时间和空间限制，为学生创设丰富逼真的科学学习环境。同时，小学生特别是低年级段小学生的专注度还不够强，识字写字量也不够多，因此，他们的注意力更容易被图像、音频或者视频等吸引。例如，在二年级上册《各种各样的天气》一课，在学生回忆讨论生活中遇到过的天气情况后，教师利用电子屏幕

通过图片视频展示各种不同天气情况，播放雷雨天的画面和声音，带给学生视觉听觉的双重感受。在最后的拓展环节，还可以用相同方法展示雷电风暴、暴雨等极端天气产生的后果，帮助学生思考天气对人类的影响。

### （三）活用高效软件，提升教学质量

随着 5G 技术和硬件设备的发展和更新，如今的科学课堂可以融入更多 5G 技术新手段。例如，二年级下册《观察与比较》一课，在学生分小组探究完不同浓度醋溶液的浓度排序后进行小组汇报时，采用实时投影汇报小组的实验记录单到电子白板，或者利用智能手机提前拍摄再投屏到电子白板都可以吸引全班学生的注意力。汇报小组讲解的同时全班学生都可以观看记录单，加强了生生交流，能够大幅提高课堂教学质量。在突破需要理解记忆的重难点时，也可以巧借 5G 技术的东风，例如，在一年级下册《观察鱼》一课中，需要学生理解记忆鱼的身体结构：背鳍、胸鳍、腹鳍、尾鳍……若学生机械记忆教材上的图片较为困难，而采用一些电子白板支持的填空、拼图游戏，在增加乐趣的同时能够激发学生的挑战欲，且少数学生在电子白板挑战时，全班学生全程可观看，5G 技术可以帮助突破重难点。

### （四）提高信息素养，开发教学资源

为了使 5G 技术融合教学的优势充分发挥出来，教师可以应用多种 5G 技术平台或软件，结合课程目标准备形式多样、内容丰富的课外知识，从而激起学生的兴趣并延伸到课后。例如，在一年级上册《观察叶》一课中，教材展示了 11 种常见植物的叶子图片，教师可以利用 5G 互联网查找更多形态奇特或者学生生活中不常见的植物叶子，在课堂活动后作为拓展知识展示给学生，激起学生的学习兴趣，引导他们在生活中也继续进行观察叶的活动。在二年级上册《地球家园有什么》一课中，学生在讨论地球上有哪些事物后，教材第二环节为：站在地球家园往外看，我们能发现什么？学生能够说出太阳、月亮以及太阳系行星，教师再打开希沃白板中的星球功能，展示太阳系系统图，学生可以直接看到星球的外貌和位置关系，吸引学生注意力并将当堂课内容延伸到课后。此外，教师还可以利用信息技术自主开发教学资源，通过动画制作软件以及视频剪辑配音软件根据课程需要绘制微课视频。例如，在二年级下册《观察与比较》一课中，学生在课堂中体验了用单个感官进行观察以及用 2~3 个感官进行观察，教师可以利用视频制作软件，将生活中运用感官来观察的实例用动画的形式展现在课堂结尾，既贴近学生生活又能激起学习兴趣。

## 结　语

5G 技术与科学教学的整合策略是不可一蹴而就的，日新月异的 5G 技术发展既能够帮助教师提高教学质量，也对教师的学习能力和创新能力提出了更高的要求。教师需要找准 5G 技术与科学教学整合的切入点，合理应用 5G 技术，结合科学学科特点进行有机整合，并且主动打破教师和学生之间的固有界限，站在学生的角度考虑 5G 技术的应用方法，从而构建丰富创新的小学科学课堂。

## 参考文献

[1] 徐帅锋.小学信息技术与小学数学学科融合的整合教育思考[C]//.2021教育信息化与学科建设研讨会论文集.2021:214-219.

[2] 卞海霞.小学科学课堂中导入环节存在的问题及对策研究[J].名师在线,2020(25):29-30.

[3] 盛海超.深度融合理念下的小学科学实践探究难点突破策略[J].小学教学研究,2021(02):35-36.

[4] 刘昆.小学科学课堂教学难点突破策略[J].内蒙古教育,2013(24):70.

[5] 周永强.STEM理念下小学科学拓展课程资源的开发与利用[J].学周刊,2021(23):155-156.

# 5G 背景下 VR 技术在小学信息科技课堂的应用策略

刘逸洋　王莎莉

成都高新区益州小学

**摘　要**：随着信息技术的不断发展，VR 技术在教育领域的应用也越来越广泛，小学信息科技课堂也逐渐进入了数字化时代。在小学信息科技课堂教学中，运用 VR 技术可以更好地提升学生学习的兴趣，使学生更加有兴趣地投入学习中，从而实现对教育模式的创新。本文分析思考了 5G 场景下教育的转型方向，阐述了 VR 技术在教育中的应用，分析了小学信息科技课的教学现状和 VR 技术在教学中的优势后，提出了适合于小学信息科技课的 VR 技术应用策略，以期能够使学校在面对时代变化时能够明确目标和方向，从而促进中小学今后的信息化发展。

**关键词**：VR 技术；小学信息科技；5G 背景

## 引　言

4G 网络的出现，使网络教学得到了全方位的发展，也加快了远程教学的步伐。如今的 5G 网络将彻底改变目前的教学方式。特别是受到新冠疫情的影响，中小学推迟开学，线下培训关闭，教育部的"停课不停学"政策提高了在线教育的接受度，5G+智慧教育全面提速。5G 的三个主要应用涉及很多领域，如云计算、物联网、智能网络终端等。5G 技术具有高传输效率和超高可靠低延迟的通信特点，优化了学生与学生之间的互动，更轻松地处理大量的信息及获取学校的数字化资源，提升了教学效率，优化了教学效果与体验。在 5G 时代，各类技术革新也在持续提升，能够进一步完善教育教学手段，提高教学质量，开创一种全新的教学方式。其中，VR 技术作为一种新型的教学工具，在教育领域引起了广泛关注。这种技术不但可以让课堂教学更生动，而且对学生的综合素质有一定的促进作用。因此，在信息科技课的教学中，如果使用一种促进实现学生主动学习，激发学生学习兴趣，使教学质量和教学效率获得全面提升的教学策略，对教学将是极大的帮助。

## 二、VR 技术概述

VR（Virtual Reality），即虚拟现实，简称 VR。它作为一种新型的交互形式，在教育领域得到了广泛的应用，是新一代信息技术在教育领域的表现形式。VR 技术的特点主要包括沉浸、交互和想象。VR 系统主要分为沉浸类、非沉浸类、分布式、增强现实四类，强调人在 VR 系统中的主导作用。VR 技术可以将虚拟空间和现实空间融合在一起，让用户实现

"身临其境"地体验虚拟世界的效果。

## 三、VR 技术与小学信息科技课堂的融合意义

### （一）小学信息科技课堂的教学现状

首先，没有明确信息科技课的课程目标、学习内容和学习方法，认为信息科技课就是掌握计算机的使用方法，而没有真正理解信息科技课的内涵。很多学生把计算机当作信息科技课中所要学习的对象，而没有把计算机当作学习信息科技这门课程的工具。其次，因信息科技课作为一门中高考不需要考察的科目，学生上课不认真听讲，信息科技教师不被重视。再者由于家庭原因，许多同学家里没有条件上网，于是导致很多学生的信息素养基础较差，教学开展困难。随着时代的不断进步，教师的知识、教学方法以及学校的各种设备会跟不上信息技术的发展，存在教学方法单一、枯燥的问题。教师们也往往会为了达到考试通过率而注重讲授，忽略学生的主动学习和学习过程中的情感态度和价值观等问题。

### （二）VR 技术的优势

VR 技术可以使抽象的理论知识更为生动、形象地呈现。这既可以让学生在课堂上保持注意力，又可以全方位地提升课程的参与性，更好地满足学生多样化的学习需要。VR 技术在小学信息科技课堂中具体如何发挥作用需要教师根据自己的实际情况进行分析与探究。首先，教师要明确自身课堂教学的优势与劣势。教师要明确自身优势，从而使其可以发挥优势、扬长避短。其次，教师需要掌握教学重点与难点。在小学信息科技课堂中，教师需要对重要知识点进行把握。

其中，对于小学计算机部分而言，由于其自身所具有的特殊性、系统性、基础性等特点决定了其在小学信息科技课堂中具有较高的应用价值与意义。

VR 技术属于新兴教学工具，有着传统教学工具无法比拟的优势：第一，能够为学生提供更加真实、立体的虚拟环境；第二，学生可以进行自主学习和探究；第三，能够促进教学质量的提升；第四，能够使教师更加轻松地组织教学。由此可见，VR 技术在小学信息科技课堂中具有较大的作用与意义。

在实际教学中，教师应该将其作为一种新工具应用到小学信息科技课堂中去。在具体的应用中应该采取有效办法提高学生的参与度与积极性，提高教学质量，培养学生的创新能力。

但是 VR 技术毕竟属于一种新科技工具，因此也存在着一定缺陷[1]：第一，其本身具有一定的局限性，学生在应用过程中由于是第一次使用新工具所以会出现一些操作不规范等情况，从而影响了教学效果；第二，VR 技术还不能在所有区域实现实时同步，这就要求加强相关硬件设备的建设工作；第三，其所具备的信息资源有限而单一性的特点也使得资源共享存在一定困难。

## 四、VR 技术在小学信息科技课堂教学中的应用策略

在小学信息科技课堂中，将 VR 技术应用于课堂教学，能够让学生更加直观地了解信息

科技知识，并加深学生对知识要点的理解。具体而言：

### （一）利用 VR 技术进行课堂讲解

在小学信息科技课堂中，教师可以通过创设情境，让学生对所学内容有一个直观的印象，使学生能够更加轻松地理解与掌握所学知识。在创设情境的过程中应该注意以下几点：首先，教学目标要明确合理。其次，教学内容要贴近生活实际。最后，教师应将学生带入情境中进行讲解与探究。

### （二）利用 VR 技术开展实践活动

将学生带入虚拟世界当中来，可以使学生对于所学知识有一个更加深刻的印象。在利用 VR 技术进行实验时还可以增加实验的趣味性，学生可以身临其境般操作、交互、感知，如操作步骤、操作方法、设备名称等。这样可以使学生感受到学习的乐趣，从而可以激发学生的学习兴趣以及探究欲望[2]。

### （三）VR 技术与学科知识相结合进行讲解，从而达到良好学习效果

在利用 VR 技术对某一学科知识进行讲解时，教师应该将知识点内容与该学科相关知识相结合，然后再利用 VR 设备对知识点内容进行呈现。例如，以"计算机基础"为例讲解时可以先进行操作示范；以"计算机网络和计算机病毒"为例进行讲解时可以先从介绍计算机病毒入手[3]。

### （四）教师要提高自身教学能力

在对小学信息科技课堂的讲授过程中，教师需要合理安排好时间，避免学生出现分心现象。为了能够更好地完成教学任务，教师需要进行认真备课并积极探索 VR 技术在小学信息科技课堂中的应用。教师要明确自己的优势与劣势，并且根据自身实际情况去选择适合自己的教学方法与方式。另外，教师需要加强对学生兴趣爱好与特长方面的培养，从而使其可以更好地掌握知识要点[4]。最后，教师需要做好设备维护工作。对此，教师要保证每一台 VR 设备的性能完好。并定期进行检查与维护工作，防止出现故障现象。为了能够更好地提升信息科技课堂教学效果，教师应该将信息科技课堂中所涉及的硬件设备及时更新、维护好。在这一过程中，既能够满足基本需求也要为其添加相关功能和软件内容等。另外，还需要及时更新教学资源和素材内容等，从而使学生可以更好地进行学习与实践操作。

总之，在小学信息科技课堂中运用 VR 技术有助于学生更加全面地掌握知识要点、提升学习兴趣、增强学习动力，能够促进教学质量的提高，值得广大教师借鉴使用。

## 结　语

综上所述，在小学信息科技课堂中运用 VR 技术，可以让学生更好地体验到学习的乐趣。首先，教学可以更加有效地吸引学生学习兴趣的提高，有利于让其更好地掌握所学知识。其次，学生也能够有效地自主探索知识要点，这样有助于实现自主学习。最后，VR 技术的应用也能够促进课堂教学效率和质量得到提高。

随着我国科学技术和经济的不断发展进步，将 VR 技术应用于小学信息科技课堂中已经成为必然趋势。同时，我国已经在教育领域进行了广泛的尝试，利用 VR 技术来教学、提高学生学习效率成为一种新趋势。VR 技术的应用不仅促进了教育发展、提高了学生学习兴趣，而且有利于促进学生综合素质能力的提高，这对于国家人才培养来说具有非常重要的意义。我国将"互联网+"作为未来发展方向，因此，在新时期里要更加注重与 VR 等相关技术的应用和推广，这样有利于促进教学效率和质量提升。

5G 时代已经到来，我们有理由相信我国 VR 技术在教育领域中必将迎来新一轮浪潮。

## 参考文献

[1] 刘劲松,王寒之,王瑜,石矿兴,王梦琦.5G+智慧教育在中小学的实践与探索[J].中国信息技术教育,2021(21).

[2] 敖俊.浅谈 VR 虚拟技术在高中信息技术教学中的应[J].信息记录材料,2018(1):145-146.

[3] 吴永春.关于虚拟现实技术在 VR 在计算机教学中的应用[J].信息记录材料,2018(3):82-83.

[4] 徐艳.虚拟现实技术在教育教学中的应用研究[J].中国科技信息,2008(7):235-236.

# 5G+VR 对小学科学教学的促进
## ——以教科版五年级上册《时间在流逝》为例

谭雨　高亚祎

成都高新区益州小学

**摘　要**：第五代移动通信网络技术（5G）具有超高速率、超高连通性、超高移动性、低时延、低功耗等特性。虚拟现实技术（VR）可以模拟虚拟环境从而给人以环境沉浸感，让人体验到一些平时难以接触的情境。当前小学科学教学中，一些由于时间、空间、安全、实验周期等限制的实验没有办法开设。本文以小学科学《时间的流逝》为课例，让学生利用技术感受"太阳钟"，探讨课堂内引入 5G+VR 为教学提供的帮助。

**关键词**：5G；虚拟现实；VR；小学科学

# 引　言

作为发展学生核心素养的主要阵地之一，小学科学有着十分重要的作用。科学实验作为小学阶段的少有的动手操作探究课程，在探究中可以培养学生严谨的科学态度，培养学生的探究能力和问题解决能力。这意味着在科学学习过程中，观察、动手和思考是必不可少的。但在实际操作中也有一些现实问题影响着教学，一方面小学科学课部分实验准备耗时较长，且实验安全性得不到保障，如 2020 年江苏常州某小学在做科普实验的时候，酒精灯发生了爆炸，结果导致位于前四排的学生当中有四名学生被烧伤，其中有两名学生烧伤面积较大，造成严重影响。在安全和教学之间，安全永远是第一位，当前酒精等化学试剂在很多小学已经被严格管控。另一方面，小学科学教学资源不充足，一些由于时间、空间、安全、实验周期等限制的实验没有办法开设[1]。部分作为展示教学的材料受限，数量不够，单纯的演示实验、讲授和视频相对抽象，难以使大多数学生理解，部分学生参与感不强，难以引起他们的关注。

如何既保证科学实验的安全，又能克服材料、时间、空间等条件的限制，提供丰富的教学资源，成为影响当前科学教学效果的难题。

# 一、执教《时间在流逝》中的遗憾

《时间在流逝》在小学科学课程中是十分经典的一节课，是学生研究计量时间的开始。对学生来说，时间是一个非常熟悉又不真正了解的事物。本课是研究计量时间的第一课，学习内容涉及计量时间工具的发展史，主要是让学生感受时间的存在，了解从古至今的计时方法，意识到时间的长短不以人的意志而改变，时间以不变的速度在流逝，养成珍惜时间的好习惯。在旧版教材中单独设置了《太阳钟》一节，新教材中本节课被省略，仅在小节封面中有提到，日晷（太阳钟）作为我国传统的计时方式，凝聚着古人的智慧，凝聚着我们民族的文化自信，学生有必要了解。在新旧教材的对比中，笔者认为太阳钟内容被简化让学生科学史的学习有所缺失，仅知道日晷是古时候的计时工具，但对其原理和实际运转缺乏了解。

对于其省略的原因，笔者分析太阳钟的使用受天气、时间、位置的影响较大，在短暂的课堂教学时间内难以完成太阳钟的制作、观察和记录，但新技术的引入，为我们提供了解决的思路。成都高新区益州小学是全国首批5G未来学校，在中国移动四川成都分公司、中国移动（成都）产业研究院的技术支持下积极探索5G+VR技术在教育教学中的实践应用。《中国日报》对成都高新区益州小学5G+VR智慧云教室场景进行报道如图1所示。

图1　《中国日报》对成都高新区益州小学5G+VR智慧云教室场景进行报道

## 二、5G+VR技术为改善教学助力

虚拟现实技术（VR）可以模拟虚拟环境从而给人以环境沉浸感，让人体验到一些平时难以接触的情境。充分利用VR技术能实现在现实环境中不能达到的场景，没有了时空的约束，能完成各类虚拟的实验[2]。将虚拟现实技术应用于教学的沉浸式教学，可以让学生在虚拟现实中获得沉浸化的感官体验[3]。第五代移动通信网络技术（5G）具有超高速率、超高连通性、超高移动性、低时延、低功耗等特性。5G技术的实现与普及，能够促进智慧教育、智慧校园、智能远程教育的应用，还可以满足教学、科研、学习、实验和会议等各业务的多样化需求[4]。在此之前，虚拟现实技术的数据非常庞大，受带宽和数据传输的限制，VR的应用都难以落地，而5G+VR技术的发展为教育带来了全新的发展机会[5]。5G的理论下载速度是4G的10倍，端到端的传送时延低至1ms，可以消除网络延时的影响，扩大视频内容的容量,为 VR 技术达到商用标准奠定了基础,也让沉浸式教学有了可行性[6]。运用 5G+VR 技术沉浸化教学方式对促进理论知识向实际转化、提升学生的学习效率、提高学生的学习兴趣有着非常重要的意义,借助虚拟仿真技术,可以跨域时空限制,进入身心合一的沉浸式学习。该方法已经被很多企业验证为是一种提高生产力、节约成本以及学习开发的工具[7][8]。

## 三、5G+VR 引入"时间在流逝"实验教学的效果

学生们对新鲜事物总是充满好奇,也乐于尝试,笔者利用学校良好的 5G 网络环境和智慧教育平台,尝试将科学课与 VR 体验相联系,借助 5G 的高速传输,实现以 5G+VR 的方式,尝试解决本节科学课实验教学过程中的问题,利用 VR 学习资源让学生自主学习《太阳钟》作为本节课的补充。

在使用 VR 眼镜的学习过程中,学生们通过探究明白了阳光下物体影子的方向、长短会慢地发生变化,了解了光影是怎样被用来计时的,同时对曾经学过的知识进行了回顾。学生们结合 VR 眼镜内的讲解和在设备上对日晷的多角度观察,在视觉、听觉、触觉的多感官参与下能有效理解光与影的关系并了解如何利用光影计时,在乐趣探究的过程中赞叹古人的智慧,同时教师在该过程中应做好指导和收集反馈工作。

课后通过简单的问卷调查了解学生本节课的学习反馈,参与调查的一共有 42 名学生。在回答"你是否喜欢使用 VR 学习科学实验?"这个问题时有 40 名学生选择了"是";40 名学生认为 VR 资源学习能使自己切身参与体会科学观察;有 39 名学生认为自己已经掌握了本节课的内容并熟悉太阳钟的原理。通过本节课的学习,学生们除了经历从模糊估时到较准确估时的探究过程,提高了估时的能力,还沉浸式感受到古人计时智慧的结晶,生成了对我国古代科学文化的自豪感。在对比了有无 VR 辅助教学的班级学生掌握情况,发现使用了新设备有助于学生掌握知识,尤其在学生科学态度、责任感方面的发展更为明显。但在教学过程中还是出现了一些问题,个别学生使用 VR 眼镜时间太长会有不适感觉,需注意控制使用时长。利用 5G+VR 开展"太阳钟"科学实验教学如图 2 所示。

图 2　利用 5G+VR 开展"太阳钟"科学实验教学

## 结　语

通过引入 5G+VR 新技术的科学实验，克服了对安全和场地、材料等限制的担忧。5G+VR 创造的实验环境促进了学生行为技能的迁移与实际情境下的问题解决能力的发展，显著提升了学生的自我效能感和临场感体验，学生在沉浸式体验中的能力发展同样符合最近发展区理论。

但在学习中也会带来诸如更高的认知负荷和生理不适等负面影响，主要原因是课件开发人员与实际执教人员的联系不够紧密，老师们拿到手的资源与想讲授的内容有冲突，某些课件的内容难度可能超过该学段学生认知水平。因此，未来实验教学中应用 VR 技术时，既要利用 VR 赋能教学的技术优势，同时，也要处理好沉浸式学习带来的认知负荷与深度学习间的复杂关系。

5G+VR 技术在初等教育领域应用的难点在于相关技术不成熟且相关人员缺乏经验。笔者认为在资源开发中应注意开发者与执教者的及时交流，形成更具有针对性的课程资源。以科学为例，在开发更多适应学科的课程中，VR 课程开发者了解技术，一线教师了解课程内容和教学目标，双方应相互合作，运用可以吸引学生注意力的手段和内容，以学生为中心，密切关注学生的最近发展区，创设能够让学生全身心投入的教学情境，让学生在能力与挑战的动态平衡中全神贯注且愉悦地实现自我发展。此外，新技术的引入有助于培养出一批善于学习创新和使用新技术并用于课堂教学的教师队伍。

未来，学校教师们还可以积极与开发人员开展校企合作，进行 5G+VR 的校本化场景开发与学习方式探究，探索新技术和其他学科的结合，让 5G+VR 技术在学校教育中得到更深入的应用。

### 参考文献

[1] 韩晓敏,李建颖,王文忠.虚拟仿真实验教学项目的建设与应用[J].实验室科学,2020,23(3):186-188.

[2] 杨凌,高楠.5G 移动通信关键技术及应用趋势[J].电信技术,2017(5):30,33.

[3] 安传迎.5G+VR 促进大学教学从片面沉浸化到全面沉浸化[J].重庆高教研究,2021,9(4):59-68.

[4] 冯登国,徐静,兰晓.5G 移动通信网络安全研究[J].软件学报,2018,29(6):1813-1825.

[5] 卢文辉.AI+5G 视域下智适应学习平台的内涵、功能与实现路径——基于智能化无缝式学习环境理念的构建[J].远程教育杂志,2019,37(3):38-46.

[6] 徐剑波,刘玲.5G 技术下翻转课堂教学效果评价体系研究[J].教育教学论坛,2021(46):89-92.

[7] 谢博,万峰,黄彬.5G+VR 沉浸化教学在军士食品营养课程教学改革中的探索[J].现代职业教育,2021(33):154-156.

[8] 陈家."5G+VR"技术在中职旅游专业教学中的应用探索[J].旅游纵览,2021(6):40-42.

# 5G 技术在小学数学教学中的应用策略研究

## ——以小学一年级为例

张行

电子科技大学实验中学附属小学西园校区

**摘 要**：随着现代信息技术的发展，5G 技术广泛应用于各个领域，教育也不例外。在这样的大背景下，小学数学教育的信息化水平和教育技术现代化水平也受到高度重视。笔者将从这一迫切需求出发，先论述 5G 技术在小学数学教育中的应用现状，其中包括优势条件和阻碍因素，而后根据 5G 技术在小学数学课堂中应用的经验和可能性，以一年级的数学教学为例，提出一些在小学数学教学中应用 5G 技术的可行性措施，以期能为各位同行提供借鉴。

**关键词**：5G 技术；小学数学；应用策略

2018 年 4 月 13 日，国家教育部就发布了《教育信息化 2.0 行动计划》，着重强调了信息化教学要覆盖到全体教师和学生，要求师生普遍提高信息技术水平和信息素养。在政策的支持下，5G 在教育中的应用得到鼓励和倡导，教育信息化水平也在不断提高。传统的数学教学，特别是小学数学教学方式急需改进和更新以适应 5G 信息化时代的发展。5G 通信技术具有安全高效、超低延时、大宽带和大规模物联等特点，能在无线网络条件下承载超高清画质，在 5G 技术的支持下，小学数学课堂中能使用的教学设备也更具有多样性和创新性，与小学生特别是一年级学生处于无意注意、具体形象思维的认知特点十分契合[1]。在小学数学课堂中运用 VR/AR、微课、远程互动教学等信息化新型教学方式，也能提高学生的兴趣和注意力，对促成一节智慧、互动、多元的数学课堂有十分积极的作用。

## 一、5G 技术在小学数学课堂中的运用现状

### （一）优势条件

一是 5G 技术下的信息化设备与其显示的信息表象符合小学生的认知特点，特别是低年级段的学生对能直观感知的信息充满好奇和兴趣，对数学教学中的知识内容、情感教育内容和实践内容等的传授都大有益处，因此运用逐渐广泛。二是小学低年级段数学教学内容对 5G 技术的要求不高，可行性强。比如，能进行简单的模型展示、校园情景信息的体验，只要 5G 通信网络顺畅、画质清晰流畅、能进行简单的游戏实践活动和体验操作即可[2]。三是国家支持。《国家中长期教育改革和发展规划纲要》中就有提到学校要通过信息化建设，加强现代教育技术手段的广泛应用。

## （二）阻碍因素

一是教育人力资源的信息化程度不高，这里主要指教师的信息技术能力。《教育信息化2.0行动计划》实施以来，教师的信息素养有很大程度提升，但仍然存在5G教育技术水平不高、使用不熟练、需求程度低的问题。由于5G技术相关的智力资源信息化未普及，教师对"5G+"的概念也有一些模糊，这也对教师的运用意识和习惯产生了辐射作用，教师对5G技术的应用多停留在二维平面[2]。二是教育物力资源信息化程度不高，即教学设备条件不足。当前的教育设备智能化程度显著提高，但由于条件有限，支持5G在教学中运用的技术设备仍然不完备，其中包括设备性能单一、设备数量不足、设备技术条件存在地区差异等问题，特别是VR/AR技术、物联网技术等。三是小学生的家长普遍重视学生眼睛发育健康，对5G技术加持下的教育信息化有一定程度的阻碍作用。

## 二、5G技术在小学数学教学中的应用策略

### （一）运用5G技术参与小学数学的教与学

**1. 利用数据信息技术进行学情分析**

学生在数学这一学科的学习程度往往存在个体差异，因此，在教学前可以使用云计算技术支持的数据统计软件对学生生活经验和知识储备进行前测。提前测度学生学习能力和需求，这对掌握教学节奏、进行个性化教学十分有效。在进行数据统计前要考虑到低年级学生的信息技术能力，推荐简单易懂的单选和插图，或者在家长的参与帮助下完成。经历收集统计的过程后，智能计算和分析学生的前测结果，自动生成一目了然的统计图，如饼状图、柱状图、折线图[3]。另外，可以辅以网络云数据对某节教学内容中大量学生学习需求的汇总分析，更具有普遍性和代表性。

**2. 分析资源配置的优劣，调整教学设计的内容和使用的工具**

在5G技术对学生的"学"进行分析的前提下又可以反过来作用于对学生的"教"，利用一系列统计性数据和实践经验合理考虑各项信息资源的运用。在小学数学教学中应改变传统的讲授式教学，加入校园信息平台、CIO、慕课、微课等新型数学教学资源。一年级对视频课程的播放感兴趣，有利于集中注意力、提高学习兴趣，促进认知更有效率地发展，因此在进行教学设计时，建议重点以这种形式突破学生数学学习的薄弱环节。但一年级的孩子在这个年龄阶段眼睛发育未完全，所以视频课程应控制在五分钟以内，主要用于情境创设、复习总结或过程中短暂的动画过度以再次集中学生注意力。当前大部分学校也已经实现了无线网络全覆盖，希沃授课助手、班级优化大师等都是在小学数学教学中比较普遍和实用的信息化教学工具。

**3. 多种5G+教学应用模式和场景结合，以达到多方面教学目标**

（1）5G技术下的情境教学。谈到情境性的教学模式，首先就会想到VR/AR技术设备，但这一设备耗资大，只有少数小学会配备，加上一年级的学生所学知识涉及的三维模型不多且

简单，若学校设备条件不足也可用全息投影设备替代，经济实惠、购买方便，也可达到同样的效果，三维立体图像展现在学生眼前，也能对学生起到认知支持作用[4]。除此之外，当前比较普及的5G高清视频和音频也能通过使用普遍、教师操作熟练等优势创造沉浸式的数学情景化教学，将学生的无意注意转变为无意后注意，提高学生的兴趣，实现"要学、乐学"。

（2）多终端交互教学。这是一种在线交互教学，如远程在线教学、同步在线教学、异步在线教学、在线翻转课堂等。它的优点是具有交互性，能在线进行师生互动，一年级的学生在一节课中集中注意力的时间平均只有前15分钟，因此，在线交互学习过程中掺入多种互动环节是非常必要的。系统在课后会实时分析评估，评估内容包括教师的教学、学生的表现等，也是一种数据信息反馈，为更好地实现教学目标提供数据基础。这一教学模式，在疫情攻坚的一段时间里也证实了其实用性。

对于5G+教学应用模式和场景的结合，在前文中提到的希沃授课助手和班级优化大师作为普及性的信息教学工具就能起到一定的作用，其功能中的媒体插入、3D模型展示和信息编辑等功能让这种结合具有可操作性和实际性。

### （二）利用5G技术进行教学管理

**1. 5G技术下的线上管理与教师自身的线下管理相结合**

虽然5G技术下的智慧教学是提高数学课堂教学质量的加分项，但对一年级学生的教和学来说，对5G网络和平台的依赖性并不是很强，而且考虑到当前小学中的教育信息设备和平台的现场性作用不突出，所以，采取线上与线下管理的方式对这一阶段的教学最为有效率也最为合适。比如，对一年级学生数学书上的练习题进行错题分析时，录入分析、形成数据，这是用显性的数据给学生看，可以提高学生的集中意识和形成良好的学习态度，教师也可根据分析结果讲评，适用于重难点突出的章节；教师自身改作业的感受，则是隐形的，适用于对作业习惯的了解和对后进生的辅差行为。数学教学中的教案管理、课件管理、课程资源管理等也是类似的道理。

**2. 利用5G技术实现数学课堂的"精细化管理"**

首先是进行流程化管理，以视频形式的课程示范或游戏式的问答等方式，帮助学生形成过程习惯。比如，一年级的学生，特别是上学期，正在经历一个习惯过度的节点，在数学课堂中与幼儿园相比，信息输出量增多，除了习惯相关信息，还有知识信息的输出，这时重在掌握学生这一年龄阶段认知特点和习惯方式，以在线点播、移动课堂等形式给以学生示范就会比较有效。其次是定量化管理，控制好每一个节点。要做到这一点，关键要做到对每一个节点进行检查评价，规定什么时候做以及做多久、怎么做、怎么评价检查。比如，一年级的学生对时间、行为等把控能力较弱，用班级优化大师计时、加分的作用会比较显著，特别是一年级的学生对加分、获得表扬和兑换礼物等评价方式很感兴趣，加分时可以设置精细化评价以辅助定量化管理，如声音洪亮、积极发言、认真思考等。再用同时在一个网络页面共存的希沃白板去显示做法要求。最后是信息化管理，利用5G的云计算以及数字化技术等技术引擎，可以实现从数学课堂之前的学情分析、数学课堂中的信息统计到数学课堂之后的成果显示等一系列统计分析，形成可视化数据，为教师提供课堂设计的反思性、经验性和总结性材料。当前使用最多也比较方便操作的主要有接龙管家、统计助手和问卷星等数据统计程序。

## 结　语

为适应5G技术下信息化教育，小学数学教师也必须紧跟教学和管理方式的数据化和移动化浪潮，提高自身的信息素养，但也不必形成一种教学上的"科技信息崇拜"，依靠现有5G教学设备和阶段教学实际设计数学教学内容，使5G技术在教学中发挥最大的优势才是一个数学教师最首要的任务。

### 参考文献

[1]练永华.5G+智慧校园建设[J].西安文理学院学报(自然科学版),2022,25(4):42-46.

[2]张妍.5G通信的智慧课堂设计与应用[J].智慧中国,2022(10):72-73.

[3]张俊哲,张丰,张小涵,张正.5G技术在智慧教学领域的应用探究[J].电脑知识与技术,2022,18(14):102-103.

[4]陈勇.浅谈5G专网在智慧校园的应用[J].广东通信技术,2022,42(10):54-56.

# 5G+VR 技术支持下小学语文课堂情景化教学模式研究

曾祥洪　杨光华

电子科技大学实验中学附属小学西园分校

**摘　要**："教育+5G"模式在当下的基础教育学科课堂上较为盛行，尤其是 VR 和 AI 技术的引入，更推动了小学语文教学的革新发展。本文在探讨 5G+VR 语文智慧课堂现有特点的基础上，就 VR 技术与小学语文情景化教学融合的技术支持、资源开发、课堂应用等现实条件做出了详细阐述。在此基础上，本文试图从 5G+VR 技术支持语文课堂情景教学的角度出发，提出了 VR 课堂情景与技术模块、学科素养、智能评价结合，建构高效能小学语文情景化课堂教学模式的预想。

**关键词**：5G 网络；VR 教育；小学语文；情景化教学

# 引　言

VR（虚拟现实）技术在教育领域中的应用正开展得如火如荼，尤其是在声、形、图、影、文、词等方面要求较高的语文课堂上更能发挥其听、说、读、写的能力。2021 年教育部印发《关于推进教育新型基础设施建设构建高质量教育支撑体系的指导意见》提出了"教育数字转型，智能升级融合创新"，基础教育应当以 5G 网络为依托，严把资源质量关，充分运用人工智能和 VR 技术，最大限度地构建出情景化、个性化、数字化的优质语文课堂。

## 一、5G+VR 语文智慧课堂的特点

5G 通信技术的特点为高速率、低延时、大连接，是实现人机互动的网络基础设施。"教育+5G"模式是新兴的教育产能模式，体现了万物可联通的大数据教育特点。5G+VR 技术的智慧课堂更体现出教学手段的直观性、教学主体的交互性以及教学评价的智能性。

### （一）虚拟现实，立体呈像

《义务教育语文课程标准（2022 年版）》（简称"新课标"）强调小学语文课堂教学要有"情境性"，传统意义上的这种情境主要由教师的语言描述、二维视图、文字想象来构建，但 5G 通信和 VR 技术的投入将这种课堂变成更直观、立体、拥有身临其境之感的"虚拟现实"[1]。例如，上海矩道科技出品的"语文 VR 情景化教学软件"可以将三年级课文《赵州桥》的全貌展现在学生面前，如图 1 所示。通过 VR 眼镜的视觉延伸，虚拟现实中的"赵州

桥"可以让学生"走"在桥上、"游"在桥下，近距离观察桥的拱顶龙头、望柱石雕，还可以进入 VR 模拟展厅，拆分赵州桥的构造，"拿"在手上欣赏。这种虚拟现实的立体感、临境感是传统二维课堂无法达到的，所以，5G+VR 智慧课堂对未来语文课堂的发展有不可比拟的优势。

图 1　矩道科技——语文 VR 情景化教学软件《赵州桥》截图

### （二）人机交互，沉浸学习

智慧课堂的特点还在于不受时间、空间的禁锢，打破地域界限，通过智慧设备完成人机交互，在"云端"完成沉浸式学习。例如，语文综合实践活动需要实地考察、参观游览，但由于经济、地域、安全因素往往不能成行，然而 VR 技术在智慧课堂上的应用则可以轻松解决此类问题。5G+VR 技术可以让学生通过网络平台沉浸式游览名胜古迹、革命遗址，甚至可以通过 VR 展现已经无法现实复刻的《圆明园的毁灭》一课中圆明园曾经的辉煌。这种身临其境的人机交互，符合学生具体形象性为主的思维特点，又能提高学生的情景认知能力与空间逻辑能力，让学生在交互性学习中强化文字画面的"印象"，提升学生的自主学习力。

### （三）实时互联，智能评价

VR 技术不仅可以让教学方式更多样化，同时也促使教学评价更灵活实时。传统的课程评价多为阶段性诊断评价或一次性结果评价，这对于差异性较大的学生而言并不公平。VR 技术为学生提供了更多的可能性，每个学生都可以通过课中实时评价向教师反馈学习效果。由于 5G 网络技术的支持，课中评价是实时互动进行的，数据统计快速生成，每个学生的"想法"跃然屏幕，教师能第一时间关注到同一个问题下学生的不同理解和表达倾向，更利于学生个性化的培养[2]。比如在写作课上，教师可以根据学生的审题、语言、结构、文字的 VR 互动评价情况考察学生的写作水平。也可以根据 VR 技术支持下学生在写人、记事、写景、状物、应用等文体写作的具体情况下分析学生的思维能力与写作能力。

## 二、VR 技术与小学语文情景化教学融合的支持条件

5G+VR 技术支持下，小学语文情景教学在技术开发、资源匹配、课堂应用方面都有了突破性进展。小学语文情景化教学需要在 VR 技术支持下呈现出流畅的立体情境、逼真的人物形象、真实的视听效果，形成真实的应用条件来支持语文课堂的有效性。

## （一）技术支持方面

目前，VR 技术的主要技术支持来源于 3D 立体动画技术、360°全景视频投放、图像采集处理技术、三维跟踪注册技术等。信息通过图像采集和三维跟踪定位进行系统融合处理，形成虚拟信息的交叠，在真实情境中构造出可以被感知的虚拟教学空间。使用者通过 VR 眼镜或头盔上的红外感应设备、摄像头、传感器等进行数据采集，形成与虚拟空间之间的交互反应。当前的 VR 语文情景教学技术平台很多，如前文提及的上海矩道科技，还有上海哆唯网络科技、科骏 VR 教学、Xspaces VR 平台、101 创想世界等都是基于 VR 技术开创的情景化教学平台。此外，5G 网络面向 eMBB（增强移动宽带）、mMTC（大规模物联网）、uRLLC（超低延时通信），在课堂上能大大增强师生用户体验感，形成新的智慧教育生态系统[3]。

## （二）资源开发方面

语文情景化教学可以借助 5G 网络和 AI 算法、VR 情景构建储存大量数字教学资源。目前，有部分城市中小学与高校、企业之间形成了优秀语文课程情景资源库，教师可通过云平台调取适宜的资源，随机开展课堂教学。从 2019 年起，西安电子科技大学便开始尝试对基础教育智慧教材注入数字图书馆、数字博物馆、数字展览馆，资源共享更是不拘泥于学习资料的传送，而是通过远端慕课和全息投影技术实现"人的传输"，情境性更强，互动感更真实，课堂资源更优质。目前，全国 VR 教育资源管理云平台中涵盖 K-12 资源体系，可以通过"备课吧""模型助手"和"知新云课堂"三个组块帮助教师获取 3D 教学资源、无须编程即可实现的 VR 教学模型。针对学生可进行的语文情景实践的 VR 资源扩充，如通过综合实践的方式带领学生共同创生情景化课程资源——GoPro 进行全景拍摄，利用 Autopano VideoPro/Pano2VR 进行全景拼接，而后用 SKYBOX 或 CARA 等软件进行视频剪辑。涉及三维模型动画的则可使用 3Dmax 完成模拟动画、特效和渲染，或利用 Maya 中的阿德诺渲染器输出 VR 全景视频。

## （三）课堂应用方面

结合 5G 网络，各地小学语文课堂已在积极引进 VR 情景教学。在汉字结构学习和书写方面，教师可根据"基础笔画"设计 VR 互动游戏场景，让学生扮演探险者，在正确的"横竖撇捺"的笔顺成字下通关学习；有的课堂使用全息投影技术让教师本人的声与形象通过裸眼 3D 效果呈现在学生面前；还有利用 4K/8K 全景摄像机采集 VR 视频进行远程网络同步共享课堂教学的。课堂教学中所应用的 VR 技术不仅包含专门的教育技术平台和软件，也依托于生活类软件、App 的使用。比如，"高德地图"中"卫星地图""智能定向""周边景区"以及"百度地图"中的 3D"实景地图"从不同侧面展现课文中实地实景的具体情况，学生能够实时操作、即时获得。结合 AI（人工智能）、VR（虚拟现实）技术的 5G 课堂正走在日臻成熟的发展道路上。

## 三、5G+VR 技术支持语文课堂情景教学的模式解析

探讨 VR 技术如何在 5G 网络支持下支撑语文课堂情景化教学，就不得不讨论情景化教

学的特点及与 VR 技术与小学语文情景教学的融合模式。VR 情景化教学是为了让小学生在真实与虚幻之间找到思维的拟合和转换方式，旨在发展学生语文学习中的学科思维和人文素养。

## （一）课堂情景与技术模块化

### 1. 虚拟场景令诗词历史更直观

小学语文课堂时间有限，如何在有限时间内用画面与空间构建出虚拟现实，让学生身临其境，是教师进行模化块教学的首要考虑要素。部编版小学语文教材中有多首诗词的学习内容，如三年级上册第二单元三首古诗《山行》《赠刘景文》《夜书所见》。杜牧（唐）的《山行》写岳麓山之秋，以"枫林、霜叶"的景表达秋意之美；《赠刘景文》是苏轼（北宋）任杭州知州期间所作，用"荷尽菊残""橙黄橘绿"来借景抒情、以物喻人，表达傲雪凌霜的节气；南宋叶绍翁的《夜书所见》更是用视听对比的虚实手法写出了秋日思乡之情。三首写"秋"的诗形成"季节"的诗词概念，让学生在 VR 虚拟空间场景中体会三首诗的空间画面切换，身临其境地感受不同地域、不同时代、不同文人心境下的"秋意"。VR 虚拟场景介入下的古诗情景教学模式如图 2 所示。

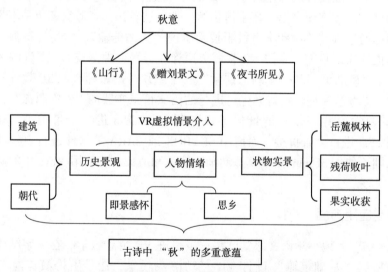

**图 2　VR 虚拟场景介入下的古诗情景教学模式**

### 2. 3D 技术让景致描写更具象

3D 建模技术在本研究中不仅体现在现实世界中的物料建模上，也体现在 VR 情景中的虚拟 3D 建模中。小学生对语文课本中许多非实物化的描绘情景及物件并不熟悉，有些景、物年代久远早已消弭，有些则是作者杜撰本无实迹。针对小学生具体形象化的思维特点，语文教学应当情景化，又源于语文教学情景化的要求，3D 建模与 VR 情景的融合便更能实现所谓的虚拟重现或感官创现。例如，二年级上册的课文《黄山奇石》，可以通过 VR 虚拟建模让学生 360°观察黄山的奇、险、峻、伟；再如，六年级上册《只有一个地球》可以通过 VR 虚拟建模和 3D 打印技术让学生更具象、更直观、更丰富地了解地球的特性。在学生进行写作练习时，也可以通过 3D+VR 的技术支持，描写得更具体真实，语文学习便可从浅尝辄止逐渐过渡到深度沉浸。

**3. 全息投影使历史人物更逼真**

全息投影技术建立在 VR 虚拟现实的基础上，当前多所小学在积极尝试将全息投影技术引入语文课堂。全息投影主要可以解决云上教学的虚拟情景现实化问题，如将教师形象全息投影到千里之外的乡村课堂，让学生不再只通过屏幕和教师互动，而是面对立体等大的教师形象，通过 5G 网络实时语音互动零障碍交流。此外，像四年级的《观潮》、六年级的《开国大典》等课文都可以将流动的视频画面作为 VR 传输的全息投影视频，让学生可以"进入"情景本身，增加参与感，激发学生对课文情感的共鸣。结合全息投影，《少年闰土》中的闰土捕猹会更紧张精彩，《伯牙鼓琴》中的伯牙和子期也都有了形象和声音，《精卫填海》《女娲补天》也都可以近在眼前，破除了历史和现实之间的感官障碍与文字龃龉。

**（二）学科素养结合情景教学**

**1. 个人体验情景与语文课程思政的融合**

《新课标》明确了语文课程目标以"核心素养"为内涵，在每个学段都强调和要求引导学生关注中华传统文化、了解革命奋斗历程、崇敬革命英雄，增加民族自信心和自豪感。由此可见，课程思政融入语文教学已是必然趋势。VR 技术着重个人体验，关注描绘架构虚拟情景中的情境合一，用沉浸感带动学生移情，完成内化学习。如图 3 所示，将特定的思政类课文代入 VR 情景介入模式，便可以形成情景体验式学习。此外，5G 语文智慧课堂中所应用的 VR 情景应当是健康向上、内涵积极的。

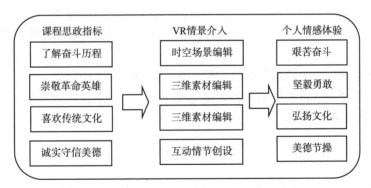

**图 3　VR 情景介入下的语文课程思政教育模式**

**2. 学科认知情景与语文知识能力的融合**

语文情景化教学中除了个人体验情景外，还包含学科认知情景和社会生活情景。学科认知情景主要指向在情景中语文本体能力的提升。叶丽新认为语文学科本体涉及古代汉语、现代汉语以及文学领域各类知识，包括文体、文学流派等规律性知识。为了更好促进学生的语文学科认知情景能力，课堂应当追求每个学习单元结构化、动态化、任务化的教学模式。如对诗词的写作手法和表现意境做文学短评；聚焦文本隐含的认知冲突，提炼探究问题；多角度辨析、多层次概括；文本对比，形成更广泛视角的互文情景等。VR 技术可以在画面切入或需要扩充文本量的时候进行介入。以课文《两小儿辩日》为例，是哲学思辨的题材，其太阳远近与幼儿"唯心"感知力之间的矛盾和张力在文尾颇有意味。教师可让学生身临

"辩日"现场，融合系统感知，在 VR 视界窗中做出自身判断，通过文本思想结合多学科知识进行辨析。这样的训练让学生最终获得的不仅是理性思考的能力，更是多学科认知体系融合下的知识扩容。

**3. 社会生活情景与语文实践能力的融合**

《新课标》指出社会生活情境强调学生在具体生活场域中开展的语文实践活动，强调语言交集活动的对象、目的、表述方式等。课标中的要求体现出语文教学实践的"真实情境性"，所以，VR 技术的仿真性、实践性更能体现其优势。比如，针对教材任务群中"实用性阅读"的要求，学生可形成班级朗诵会、合作诗社、朗诵编辑部等，教师给予阅读资源，在课堂分享时，融合 VR 技术来切换角色或场景，结合配乐与配音等，让学生形成更优质的资源共享和使用、创新的能力。与此同时，从现实角度来看，社会生活情景通过 VR 展示在语文课堂上，也能够成为学生的表达与交流、阅读与鉴赏的素材，利于增强学生的文字言语实践能力。

### （三）智能评价融入情景教学

5G 网络支持下，加上 VR 情景教学技术的融入，语文课堂集有趣、有味、有用于一体，极大提升了学生的课堂参与度。同时，情景教学中的智能评价和监督也是必不可少的。语文智慧课堂应当启用"VR 互评—智能监测—调整策略—提升能力"的监督测评模式。首先，实时智能评价，检查学生情景理解力。在教学过程中，利用 VR 联通技术、课上限时模块评价教学内容，形成快速的效果回馈机制。其次，监测学生专注度，及时调整情景策略。VR 情景的介入不是一次成功或一蹴而就的，教师应当准备预选多套方案，当使用过程中出现情况可顺利切换或及时调整。另外，课上及时 VR 测评能够第一时间监测到全体学生的专注度，哪怕是云端教学也毫不费力。最后，全面交互评价，以情景促进学生反思。语文课堂的虚拟情景化教学必须面对虚拟情景和真实世界是背离还是融合的挑战，所以，教师应当在每次课后组织学生自评与互评，形成及时的课堂反思与学科反思，促使学生在好的 VR 情景教学模式下获得真实有效的进步。

## 参考文献

[1] 王燕.5G 背景下小学语文网课教育的研究与实践[J].潍坊工程职业学院学报,2020,33(3):107-108.

[2] 魏玉玲.虚拟现实(VR)技术在小学语文教学中的应用研究[J].学周刊,2021(32):75-76.

[3] 万淑敏.小学语文古诗教学中的 VR 技术应用研究[D].海口:海南师范大学,2022.

# 5G 背景下小学语文课高效教学模式探究

蒋汶希　周梦雪

成都高蒙彼利埃小学

**摘　要**：随着 5G 时代的来临，各项先进技术，如 VR、AR 技术等也得到了快速发展，将其应用在教育教学中，可以使学习变得更具生动性，在提高学生学习效果的同时，增强学生对学习的快乐感受。小学语文作为义务教育阶段的基础课程，很大程度上能直接决定学生以后的学习和发展。因此，要对小学语文教学给予高度重视。基于此，本文就 5G 背景下小学语文高效教学模式展开探究，以供参考和借鉴。

**关键词**：5G；小学语文；教学模式

## 引　言

信息技术发展是引发教学模式变革的主要原因之一。而在互联网快速发展的大环境下，线上教学模式使小学语文教学发生了翻天覆地的变化，但由于各方面因素的影响，线上教学效果并不理想。作为一种最新的移动通信技术，5G 技术优势十分显著，如无线覆盖、通信延时超低等，使线上教学的优势越发凸显。在 5G 背景下，越来越多的先进技术，如物联网等都可以被应用到教学中，提高课堂教学效率和质量。基于 5G 技术的支持，小学语文教师可以为学生提供丰富的学习资源，使语文教学时空的壁垒被打破，实现高质量教学。

## 一、营造信息学习氛围

科学技术的飞速发展，为 5G 技术的成熟提供了便利，网络速度越来越快的同时，延迟通常低于 1ms，在这样的背景下，VR、AR 技术有了用武之地。在 VR、AR 教育产品的支撑下，可以创设接近真实的场景。在小学语文教学中 5G 技术的应用，可以是通过对虚拟技术的利用，以接近真实的场景展示课文中所描绘的画面，不仅如此，在三维互动功能的支持下，还能让学生全身心投入其中，不仅能使学习氛围逐渐趋于良好，给学生带来深刻的学习体验，而且还能有效避免学生与文本之间过远的距离，提升教师与学生之间互动沟通的有效性[1]。以教学《望庐山瀑布》这一课为例，作者是唐代著名诗人李白，这首诗是他在出游金陵途中游览庐山时所作，运用了比喻、夸张、想象等的写作手法，若仅仅借助多媒体技术展示古诗词中的意象，那么，语文教学很有可能变成电影欣赏，对学生想象思维能力的发展存在不利影响。为了让学生切实体会到庐山瀑布景色的壮观，教师可以利用虚拟现实技术，让学生仿佛置身于庐山瀑布之前，从而形成对这首诗的深刻理解。在小学语文教学中应用

5G 技术，可以同时刺激学生的多重感官，使他们借助自身的丰富想象，生成具象的画面。这个时候，教师应抓住契机，引导学生进行写作，促进情感的抒发。

## 二、搭建线上平台

随着 5G 技术的快速发展，教师、学生、教室之间联系的时效性得到了切实保证。课堂教学中，在大数据技术的作用下，教师和学生的角色也发生了天翻地覆的变化，学生的主体地位得到充分尊重，教师的主要任务则是将精准且个性化的指导提供给他们。利用 5G 技术，搭建线上教学平台，不仅可以为学生提供高清的教学视频，而且直播教学中的卡顿问题也将得到有效解决，在提升学生学习体验的同时，通过学习资源共享，推动教学质量进一步提高。在小学语文教学中，对大数据技术的应用，可以使对学生情况的分析更加精准，从而帮助教师形成对学生的全面深入了解，进而以学生学习需求为依据因材施教，对症下药。在小学语文教学中，搭建系统化的教学平台是提升教学活动开展有效性的重要手段之一，需以教学目标为导向，以教学内容为核心，收集相关学习资料，并整理、存储到学习资源库中。

以教学《曹冲称象》这篇课文为例，课文讲述了曹冲通过开动脑筋将大象的重量称出来的故事，赞美了他善于观察的美好品质。对于小学阶段的学生来说，抽象思维的发展还不成熟，想要理解曹冲称象的具体办法，仅仅依靠阅读课文是难以实现的。为此在课堂教学之前，教师可以在平台的支撑下，搜集相关图片、视频等资料，并以教学目标为导向，制作微课视频。然后上传至平台，并布置相应的学习任务，学生需要认真观看，并解决问题。在这个过程中，也可以借助平台搜集下载各种相关资料，为语文学习的顺利开展奠定坚实基础。

此外，教师还可以通过建立微信群聊等方式，使学生之间沟通的时效性得到保证。具体来说，首先，教师在平台上发布学习任务，引导学生通过线上进行沟通讨论，确保学习任务的顺利完成。在课后环节，教师可以将作业上传至平台，在检测学生学习成果的同时，巩固学生的知识掌握，提高教学效果。

## 三、开展混合教学模式

虽然 5G 技术推动了线上教学的进一步发展，但网络的虚拟性特征仍十分显著，考验学生自我约束能力的同时，对教师教学管理的开展也存在不利影响。因此，为了使小学语文教学的质量能够得到保证，混合教学模式的推行至关重要[2]。即结合线上线下教学，使小学语文教学多样性得以充分体现，从而进一步提升学生学习感受的丰富程度。以教学《日月潭》这一课为例，作者用优美的文字对日月潭的具体位置及清晨、中午的秀丽风光进行了详细描写，对祖国大好河山的热爱之情深深蕴含于其中。日月潭是我国台湾省最大的一个湖，那里群山环绕，风景秀丽。具体来说，首先开展线上自主学习，将拓展任务发布至平台，如搜集日月潭的相关图片、视频资料或作者的生平经历背景，激发学生学习兴趣，明确教学重难点。并要求在这个过程中，记录无法解决的问题，并及时整理反馈，教师可以据此明确教学开展的重难点。在课下教学中，可以以同组异质为原则，对班级学生进行小组划分，让他们以小组为单位探讨日月潭名字的由来，并通过绘画的方式加以展示，帮助学生加深理解的同时，提高教学质量。在课后环节，结合学生课堂学习情况，将相关习题发布至平台，并指导学生利用在线题库完成同步练习。他们可以借助移动终端，实现对碎片化时间的有效利用以及对不同类型题目的练习，加强语文学习效果，扎实语文知识基础。在小学语文教学中，混合教学模式的使用，可以使教师对学生学习状态以及教学进度的把控得到有效加强，进而在大数据的支撑下，对后续教学展开相应调整，为教学效果提高奠定坚实基础。另外，5G技术不仅可以提高对学生问题的统计效率，同时还能提高作业的批改效率，使教学效率得到切实保证。

## 四、自动评价反馈

5G技术可以使小学语文教学与AI技术的融合更加深入，使课堂评价逐渐发展向多元，提升课堂教学的智能化程度[3]。以写作教学为例，评价往往通过线下完成。在5G背景下，学生可以将写好的作文上传至平台，通过互评、自评等多种方式，明确其中存在的问题，奠定写作能力提升的坚实基础。另外，平台还可以将学生的作文推送给其他学生和教师，通过评价，促进学生语文学习成就感的获得。不仅如此，通过学生互评，能进一步明确作文写作的共性问题，为教师教学指导的开展指明方向。对于学生写作中存在的个别问题，教师可以借助平台开展有针对性的学习指导。在对学生语文学习的各个方面进行评价时，也可以在网络的支撑下展开。平台自动统计学生各方面的表现情况以及学习成绩，实现对过程性评价以及结果评价的有机结合，深化学生对自身各方面表现情况的了解。通过平台汇总学生的成绩，可以帮助教师了解教学方案、方式方法等方面的不足，为教学水平的提高奠定良好基础。

## 结　语

5G技术为基础教育的发展创造了契机。因此，作为一名小学语文教师，应不断学习，加深对5G技术知识以及应用的了解和掌握，通过搭建在线平台或开展混合教学，提高学生学习效率，推动语文教学质量提高。

**参考文献**

[1] 魏明霞.融合信息技术,提高小学语文课堂教学实效[C]//.廊坊市应用经济学会.对接京津——协调推进基础教育论文集.2022:984-986.

[2] 郭丽箴.打造小学语文信息技术高效课堂的策略探究[J].天天爱科学(教育前沿),2022(10):46-48.

[3] 于连泳.5G背景下的语文教学[J].黑河教育,2021(3):14-15.

# "教育+5G"课堂教学模式探究

屈唯唯

成都高新区锦城小学

**摘　要**：信息时代，5G技术与教育的融合发展已成为未来教育发展的趋势，5G技术的广泛应用将促进教学向个性化、精准化、智能化、融合化方向蓬勃发展。本文从探索"教育+5G"的内涵出发，分析了"教育+5G"课堂教学的优势，以此来建构"教育+5G"课堂教学模式，并结合实际教学案例进行分析。

**关键词**："教育+5G"；课堂教学；模式构建

## 引　言

"教育+5G"是指利用5G的高速率、低时延和大连接特性，融合AR/VR/MR、全息投影等交互式场景信息技术，通过即时传播视频数据，为不同地点的师生带来全息、交互的教育教学服务，并利用5G网络获取教育学习环境中的全场景数据，通过融合大数据技术与人工智能手段，形成学生的学情画像，为教育教学带来完整、真实的大数据分析，由此来实现教育教学精准、个性化、交互协作，以及高效的教育学习环境和方式的全面革新，从而推动教与学方式转变的全新教育形态[1]。

## 一、"教育+5G"课堂教学的优势

### （一）沉浸式互动教学带给学生直观学习体验

5G技术和教学现场的深入糅合将使人工智能、大数据分析、VR（虚拟现实）、AR（增强现实）等技术实现有效渗透，数字化、智能化场景将在人们日常生活中随处可见，使建立万物交互的智慧世界变成可能。运用VR/AR/MR技术为学习者提供沉浸式教学感受，辅助老师课堂教学，冲破现实条件约束，让抽象的概念与理解变得直接化、具象化，可以极大增强课堂教师和学习者的交互性，达成知识的融会贯通。

### （二）实时的学情分析报告促进教师精准教学

5G技术在课程教学活动中运用时，教师的教学更具有针对性，以数据为主、教学经验为辅开展教学，同时通过学情管理，改变课堂教学内容，再造教学过程，教师可以利用5G技术在"课前"进行数据分析、剖析学情、深度备课，"课中"进行过程捕捉、精准讲评、针对训练,"课后"进行学情跟踪、个性指导、精准答疑,真正实现精准教学[2]。"教育+5G"课堂教学让教师多渠道采集数据、多维度分析数据、多角色反馈数据、多场景运用数据。

### (三)优质资源的互通共享拓宽学生的知识领域

"教育+5G"课堂教学通过 5G 高速率、低时延和大连接的优势,不但能够即时获得云端优质教学资源,而且可打破空间局限,将各个校园优质教学资源互动,使连接的双方随时成为主讲端和教学终端,即时把自己的音视频和教案传递给其他人,实现异地同步上课和教师之间、班级之间在线互动。优质资源的互通共享有效缩小由时间、空间、经济等因素造成的优质教育资源分布不均衡产生的差距,拓宽学生的知识领域。

## 二、"教育+5G"课堂教学模式的构建

"教育+5G"课堂教学模式(见图1)是多元化的,同时也具有精准性,老师在课堂教学中,利用 5G 技术或人工智能、大数据分析等现代化信息手段掌握学生学习的发展状态,感受其心理历程,把控学习情况,判断学生学习中出现的问题,并根据每个学生的心智差异、多样化学习需求、目标导向差异等多元化问题"对症下药",量身订制个性化教育方法,该方法是将传统宏观教学进行了规模下的精细化,将资源、环境、学生活动和管理方法等有关教育的信息储存在智慧机器中,再对其进行挖掘、研究和总结,从而形成一个具备智慧导学、精确推荐、精细化评估功能的学习生态系统[3]。

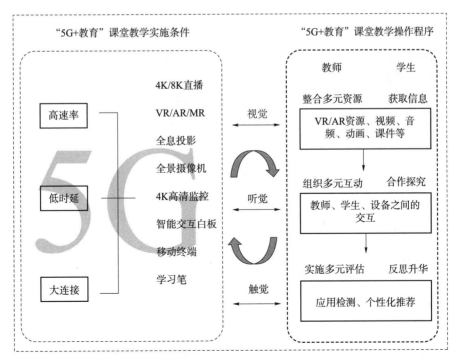

图 1 "教育+5G"课堂教学模式

### (一)"教育+5G"课堂多元资源整合——情境导入

5G条件下的多元学习要求教师在课程设计中融合丰富的信息资源,支持学习者通过多种感官途径实现知识获得。在情境导入中,我们通过各种信息化方式,提供高质量的多元教育资源,包括VR/AR/MR教育资源、音视频教学资源、包含各种载体(图片、文本、动画等)的PPT等,以多模式融合以达到给学习者各种感官的冲击,调动他们的学习积极性与兴趣。

### (二)"教育+5G"课堂多元互动——知识建构

5G环境条件下的多元互动除涉及教育教学中的师生和生生之间的互动外,也涉及老师、学习者以及情境中的设施设备三者间的互动。学习者能够利用移动终端产品(如平板、手机等)与多元教育资源(VR/AR/MR、全息、视频、音频等)或老师开展互动,通过视觉、听觉、触觉等多渠道的输入与输出,充分调动学习者多个感官协同参与,与老师和同学开展深度的沟通和探讨,进而获取深层的认知结构,达成知识的内化。多元交互可以显著提高学习者的难题处理与合作交流方面等高阶思维能力,这也成为当今我国创新型教育发展与创新型人才培养的一项关键着力点[4]。

### (三)"教育+5G"课堂多元评估——应用检测与反馈

在5G网络的支撑下,各种移动终端的跨时空特性和便捷性使得老师通过多元方式对学生的学习成果或过程实施持续监控与追踪变为可能。多元评价强调从多个信息渠道获取学生的学习过程与成果数据。5G的技术特点使得老师能够从不同的信息渠道获取学生多种多样的学习过程数据[5]。如AI驱动评价,通过学习数据分析技术,可以为老师、学生以及家长等提供学生学习情况进展的持续反馈;智能笔的自动笔迹辨识,可以把每个孩子的过程性和总结性成果传至移动终端,形成学情数据分析报表,以便对学生实施个性化推荐。另外,多元化评价还表现在评估方法的多样化、评价手段的多样化、评估层次的多样化等方面。所以,多方法、多渠道、全方位的多元化评价将让课程变得越来越数字化、智能化,最后达到优化课堂模式、提升课堂效果的目标[6]。

综上所述,在5G条件下的多元课堂环境为老师、学习者提供了一种更加畅通交互的大场域,它所包含的多元资源整合、多元交互和多元评价,共同构建了未来5G时代多元智能教学的全新生态。

## 三、"教育+5G"课堂教学模式的案例分析

### (一)课程概况

以北师大版小学数学六年级上册第三单元第二课时《观察的范围》为"教育+5G"课堂教学模式的范例,本节课程意在让学生经历分别将眼睛、视线与观察的范围抽象为点、线、区域的过程,感受观察范围随观察点、观察角度的变化而改变,发展学生的空间观念,能解决日常生活中的一些现象。

在 5G 条件下，可以通过 AR 眼镜和基于平板设备的 AR 软件应用展示情景图，丰富学生的实际体验，促进学生与环境进行交互，并启发学生积极地探索关于环境观察点、障碍点和观察范围之间的关系。在课堂教学流程中，每一个学生通过 5G 技术下的智能笔和老师终端互联，通过笔迹辨识和自动批改，老师即时获取学情分析报告，完成对学生的精准教学。同时，通过 5G 传输的全息技术实现了异地学术专家走进课堂和教师对话，促进优质教学资源的互联共用，扩大了课堂教学的信息面，有助于学生更深层次地让知识内化。

## （二）环节一：AR 情境导入

开课伊始，教师利用 AR 眼镜为学生提供小猴子爬树观察桃子的 3D 可视化场景，引导学生在虚实结合的 AR 环境下体会小猴子移动前后视线范围变化，通过这样的直观感知，判断出观察点、障碍点和观察范围之间的关系。教师根据教学流程推进变换 AR 场景，通过一系列问题（小猴子在 A 点这个位置能看见桃子吗？小猴还想看到更多的桃子，你认为它该怎么办？爬到 B 处或者更高的 C 处，小猴子能看到哪些桃子？观察到的范围会有怎样的变化？）引导学生根据自我猜想在 AR 场景中初步体验。

本环节主要使用 AR 眼镜为学生创设体验环境，旨在让学生在虚实结合的场景中初步感知体会随着观察点的变化，观察范围也在发生变化，小猴子爬得越高，看到的桃子就越多，丰富了学生的感性认识，营造视觉+听觉感官模拟，为学生创造身临其境的学习体悟。

## （三）环节二：师生全息交流

学生在初步感知观察点、阻碍点、视线范围之间存在关系后，通过提问：小猴子在每个点到底能够看到多大的范围？你能用什么办法来证实自己的猜想呢？教师利用 5G 传输的全息投影将数学学科专家的影像、声音、教学资源等实时传输到课堂教学中，异地专家通过 5G 接收实时的课堂场景进行互动，实现双师课堂教学，专家利用课件引导学生将眼睛抽象成数学中的"点"，将视线抽象成为数学中的"线"，找到可视范围和视线盲区，启发学生通过画一画的方式来验证猜想。学生通过 5G 技术支持下的学习笔进行绘图，每位学生的作答结果通过学习笔捕捉实时传输呈现在教师端，教师实时监控并反馈。

本环节主要使用 5G 传输的全息投影和 5G 技术支持下的学习笔来实现师生交流互动，5G 传输的全息投影让异地专家进入课堂，带领学生进行专业化的深层次知识渗透，而 5G 技术支持下的学习笔的使用向教师实时反映出学生的课堂学习情况，实现专家和教师对学生的精准指导。

## （四）环节三：生生协作探究

学生有了前面的学习经验，教师继续拓展延伸，结合平板上的 AR 课件演示并向学生提出问题：一辆客车沿着一条路行驶，行驶到位置 1 时，司机能够看到建筑物 B 的一部分，客车行驶到位置 2 时，司机还能看到建筑物 B 吗？为什么？学生以四人为小组观察平板上的 AR 课件 3D 场景图，通过操作模块对客车行驶的虚拟场景进行放大、缩小，感受视线没有遮挡物时的"近大远小"理论，通过使用 5G 技术支持下的学习笔画一画司机到位置 2 时的视线范围,学生运用 AR 技术进行交互式探究,得出"通过画图,司机到位置 2 时看不到建筑物 B"的结论。

本环节主要使用了 AR 学习资源和 5G 技术支持下的学习笔帮助生生进行协作探究,基于平板交互的 AR 学习资源呈现虚实结合的客车行驶图,学生操控在课堂中实际不可操作的物体,通过小组合作交流自主探究建构知识。5G 技术支持下的学习笔帮助学生记录学习过程,教师精准把控指导学生。

### (五)环节四:实时检测评估

教师对整节课学生的学习情况进行评估,通过设置检测题:学校组织大家去看话剧,淘气的位置在 1 楼,笑笑的位置在 2 楼,笑笑能看到淘气吗?淘气能看到笑笑吗?请选择"A 能","B 不能",学生利用 5G 技术支持下的学习笔进行选择,教师实时收集统计学生作答数据,根据统计的数据判断学生本节课知识掌握情况,再针对训练,分层教学,旨在让每一位学生掌握本节课重点知识:观察点越远,观察的范围越大;观察点离障碍点越远,观察的范围越大。课堂的最后,教师将本节课所有知识与宇宙中一种神奇的自然奇观日食、月食现象联系起来,让学生们通过 VR/AR/MR 等技术或获取优质资源等方式探讨日食、月食现象的形成,学生在课外通过学习笔记录探究过程,教师多渠道采集学生探索日食、月食现象的学习数据,并实时分析、反馈、运用数据。

本环节主要使用了 5G 技术支持下的学习笔作为实时检测评估的工具,教师分析数据、剖析学情、个性指导、精准答疑,实现精准教学。实现评价方式(自评,组评、师评等)、评价手段(5G 技术支持下的学习笔智能过程监测)、评价维度(认知、情感、社会等)的"教育+5G"课堂教学模式应用。

# 结　语

"教育+5G"课堂教学模式的提出无疑是对常规教学模式的颠覆,虚拟现实信息技术、大数据分析信息技术乃至新一代人工智能技术的应用,必将引发学习者的兴趣,不但提高了教学效果,更增强了教育领域的科技创新性,契合国家《教育信息化 2.0 行动计划》的宗旨。在具体使用实践中,虚拟现实技术形成的虚拟环境可以提高学习者的直观感受,远程教学的应用促进了双师互动教学的发展,大数据分析技术的运用则增强了教育教学的精准性。

与此同时,"教育+5G"课堂教学模式在具体实践过程中,巨额的前期投入将会给国家相关部门和学校带来极大的经费负担,"5G"人才极度短缺的情况更是要求将"5G"信息时代智能课堂教学模式改革创新整体实施周期持续推后[7]。因此,在"5G"时代背景下,我国必须继续探索 5G 信息技术与教育行业整合,持续催化技术发展,降低技术成本,通过信息专业建设和技术创新,提高"5G"人才培养总量和人员存量,唯有如此才能强力推动"5G"信息时代课堂模式的创新性发展。相信在不远的将来,"5G"信息时代教育模式也将会成为当前基础教育领域的主导模式,实现我国的教学信息化。

## 参考文献

[1] 袁磊,张艳丽,罗刚.5G 时代的教育场景要素变革与应对之策[J].远程教育杂志,2020,37(3):27-37.

[2] 蔡苏,焦新月.5G 环境下的多模态智慧课堂实践[J].现代远程教育研究,2021,33(5):105-106.

[3] 张可,李艳艳."5G+"教学模式的探索与构建[J].科技传播,2020(22):122.

[4] 翟雪松,孙玉琏,陈文莉.5G 融合的教育应用、挑战与反思[J].开放教育研究,2019,25(6):12-19.

[5] 张继芳.5G 智能技术在网络教育中的应用[J].科技创新与应用,2020,(27):161-162.

[6] 赵兴龙,许林,李雅瑄.5G 之教育应用:内涵探解 与场景创新——兼论新兴信息技术优化育人生态的新思考[J].中国电化教育,2019,(4):5-9.

[7] 兰国帅,郭倩,魏家财,等.5G+智能技术:构筑"智能+"时代的智能教育新生态系统[J].远程教育杂志,2019,37(3):3-16.

# 有的放矢　多向协作
## ——"5G+"背景下小学体育课堂教学模式改革初探

柏桂华

电子科技大学实验中学附属小学西园分校

**摘　要**：随着"5G+"新型信息技术的迅猛发展，5G技术与教育教学的融合已成为教学改革的必然。传统课堂教学的模式、方式均将发生深刻变革。这种新型技术与教育的深度融合打破了教育教学的时间和空间限制，并结合学科的特点进行有针对性的引导，能够大大提高教与学的质量。本文结合小学阶段体育学科，立足于"5G+"技术与课堂教学的融合现状，提出一系列优化教学的有效策略。

**关键词**：5G+；小学体育；课堂教学模式

## 引　言

"5G+"融入课堂，助推传统教学的转型和升级，将从根本上改变当前"教师讲，学生听"的传统教学模式，在教育资源、教学方法、教学质量、学生学习方式甚至评价方式方面做出重大变革。同时，在智能技术和教育教学的深度融合背景下，教师的角色也朝着多元多样的方向发展，教师将不仅仅是教育的执行者和知识的传递者，更是"教、学、研"多个角色的践行者和综合体。此外，新型教学模式也将优化学生的学习方式，使学生得到更加专业化、更加具有针对性的指导和引领，促进学生综合素养的提升。

## 一、"5G+"智能技术融入小学课堂教学的优势

"5G+"智能技术融入小学课堂教学的优势主要表现在以下几个方面：第一，更好地均衡教育教学资源。受到地域、时间等外在因素的影响，各地教育资源存在不均衡的状况。而智能技术的覆盖面广，可以采用现代信息化手段，短时间内促进多个领域的流通和覆盖，实现多种类教育资源的共享，打破教育因时空因素而形成的壁垒，促进教育更公平、均衡发展。第二，创新教学手段。在传统的教学模式中，无论是知识的讲解还是情景的创设，往往依赖教师的讲解。长此以往，这种方式会导致学生感知事物的方式单一化。在"5G+"背景下，教师可以结合信息技术，模拟课本上学生不易理解的教学场景，调动学生多个感官参与到课堂，获得真实可感的体验，从而促进学生学习，提高课堂教学质量。第三，教师和学生两者均可获得发展。对于教师而言，信息技术与课堂的融合对教师的综合素养提出了更高的要求。在授课前，教师需要结合学生的年龄特点以及课本的知识内容，选择适合学生的教育

资源；在授课时，教师需要了解学生需求，在信息技术与学生之间搭建起学习的桥梁，充分调动学生的学习热情。在完善教学方法的同时促进了教师个人专业素养的提升。对于学生而言，新型技术让学生接触知识的方式和途径更加广阔，学生学习的资源增多，有利于开阔眼界，提升综合素养。此外，学生的学习环境也发生改变，"5G+"技术可以为学生创设更加逼真、可感的学习情景，根据学生的特点，创设更加自主、舒适的学习环境。

## 二、"5G+"背景下小学课堂教学现状分析

"5G+"与教学融合的课堂在实践初期出现了一些不足，主要体现在以下几方面：首先，部分教师本末倒置。新型信息技术应用于课堂的目的是吸引学生注意力，帮助学生拓展思维，但部分教师只关注于技术手段引入课堂，却未结合学生的特点以及书本知识逻辑，选择的技术手段不适合学生所处年龄阶段，学生难以融入其中。其次，部分教师在授课过程中未真正放开[1]。"5G+"背景下，学生的学习更加趋于自主，可以根据自身的需求，借助于技术的帮助，提出个性化的解决方案。然而，部分教师在这一过程中往往过度参与到学生的学习过程，影响学生动手实践、独立思考习惯的养成。最后，部分教师的观念以及专业能力与信息技术的发展不均衡。部分教师保留着传统的教学观念，形成了固化的教学思维，影响了学生的发展。因此，教师需要及时转变教学观念，并提高信息技术水平，与不断更新的技术相匹配。

## 三、"5G+"背景下小学体育课堂教学策略分析

### （一）搭预习平台，助自主探究

小学阶段学生好动、活泼，接受能力强，对于新事物有着敏锐的感知力，然而，他们容易注意力不集中、跑神。因此，一个充满趣味性和感染力的课前预习显得至关重要，能够为下一步的教学做好铺垫。在预习阶段，教师可以借助于"5G+"技术，为学生新课的学习搭建自由自主的平台，让学生进入上课状态，并对新知识产生浓厚的兴趣。常见的模式是"5G+翻转课堂"，视频、画面引导法是翻转课堂常用的方法，其利用"5G+"新型信息技术进行情景创设。多彩画面以及视频，容易激起学生探究欲望和学习兴趣。

在预习阶段对学生进行引导时，教师需要遵循几个原则，确保预习质量：第一，目标性。情境创设需要有明确的目标，教师要有意识地将教学目标融入视频讲解中，常用的是问题导向法。小学生注意力有限，因此，目标的设置要简洁、清晰并且扼要，学生在预习过程中有目标的指引，学习的质量可以得到保证。第二，适应性。情境创设的内容要适应教材的教学目标，同时，要适应学生的年龄特点，贴合学生需要，激起学生学习兴趣。

如部编版1~2年级全一册《体育与健康》第三部分中《基本体操》的学习，这套模仿操是由模仿摘苹果、绕电线、大吊车等六节操组成的一套徒手操。在预习部分教师结合低年级段学生的特点，播放动画版的体操视频，激起学生兴趣，并鼓励学生去模仿，引导其更快进入学习的情景。在视频模仿前，为了让学生有目的地进行观看，教师可以采用设置问题的策略，让学生在预习阶段进行谈论交流，活跃思维。教师可以设置以下问题，激起学生探究

讨论的欲望，如"摘苹果是什么样？""射击是什么样？"此外，教师要将体操的动作要点简洁扼要地插入视频中。如模仿摘苹果时手臂要尽量伸直，绕电线时后振反弹有力，大吊车时直臂侧屈，射击时转身不动脚，等等。

### （二）多模式开展，确保高质量

在"5G+"与教育的融合中，以课堂为中心，教师是导演，学生是参与者。教师对课堂步骤、教学环节的安排，以及对学生学习行为、学习方法的预设与课堂教学效率息息相关。因此，教师要以课堂为主阵地，抓住核心，结合 5G 智能，利用云端优质资源，多模式创建多形式课堂，让教学变得更简单，让低年级的学生更容易接受。此外，无论怎样的教学模式，教师需要注意提前预设课堂教学步骤以及教学环节，进行精细化、个性化教学；同时，确保环节之间衔接恰当，内容环环相扣，学生的精力集中，更自主、高效地投入学习。

常见的课堂模式是个性化分层课堂教学。"5G+"背景下，教师可以借助于多个平台进行教学，在课堂新授课开始时，教师可以采用白板接龙的方式，将学生的疑问和难题进行搜集，搜集结束后借助于网络平台进行数据的分析和统计，这样课堂的重点更加清晰明了。问题统计结束，教师可以将问题分为探究类和基础类，对于基础类的问题，教师可以进行现场教学；对于探究类问题，教师可以采用"线上+线下"的模式进行交流探讨，甚至可以借助于"VR"技术进行现场模拟，帮助学生获得最真实的体验和观感，在真实的观感中，获得问题的答案。

如部编版 1~2 年级全一册《体育与健康》第三节——技巧，学生通过接龙统计出来的探究类问题主要有以下几个：A：象行时手脚距离过大，行进时两腿弯曲，异侧手脚同时移动。这是正确的吗？该如何解决？B：兔跳时前后脚同时起落，跳起后两脚分开。这是正确的吗？该如何解决？对于这类问题的解决，教师可以采用"线上+线下"两者的结合。在线下，教师对 A、B 两个问题进行理论性的解释。A 问题不对，学生纠正的方法是缩小支撑距离，强调膝关节绷直，练习中边做边呼"左右左右"，强化同侧手脚移动意识。对于 B 问题，教师强调理论性的动作要点，即两腿并拢或在两腿中间夹手帕等。在线上，教师借助VR 技术，让学生真切地感受动物爬行的情况，继而进行正确的模仿。

### （三）激多方互动，引各抒己见

互动是师生、生生思维碰撞，激发学习动力，挖掘学习潜力的有效手段。有了互联网的加持，课堂互动的方式也更加多样。第一，"5G+同步课堂"，其借助课程网络平台联合多个校区就同一课进行同步上课，实时共享上课画面，同屏互动[1]。这种结合多地教师进行"同课异构"的方式，其他校区的教师可以对本校区的学生进行跨地域的提问，也可以进行师生以及生生之间在线讨论和问答，有效地打破了时间和空间上的限制。第二，"博雅云课堂"，往往是针对同一个课堂疑难点，选择优秀教师的讲解视频，汇聚全国名师的力量，真正实现"一课多师"，教师带着学生精心研讨视频。如低年级学生体育学习《划船曲》的舞蹈韵律时，教师可以选择"云课堂"中的不同教学视频，让学生选择适合自己的教学方法，引导学生发挥个人的主观能动性，自主独立地进行学习。

### （四）融多元评价，促各展所长

评价的实质是对学生的学习进行一个阶段的检测和巩固完善。检测性学习行为能够帮助教师更加精准地把握学情，传统的教师常采用口头检测，但随着 5G 的普及，检测手段也可以是白板随机抽测、录音、视频上传等，层层递进，层层检测。教师根据情况进行个性化指导，确保学生的高效学习。

在 5G 技术的支持下，课堂评价的方式更加多元化。在以往的小学体育教学中，教师需要现场根据学生的动作进行一对一评价和指导，主要在线下，空间和时间均受限。在 5G 背景下，学生可以将自己学到的体育动作传到线上，通过自评、他评及时获得检测，发现自己的不足，及时纠正，完善学习效果。自评的方式能够锻炼学生的自我反思和自我纠正的能力；而互评的方式能够引导学生养成互相学习的习惯，通过评价他人来反思自己。

此外，评价的主体和评价标准要多元。教师借助于网络，将线上与线下结合起来，将"教师、学生、家长"三个主体连为一体，学生的成绩需要三者参与，均衡打分，这样的评价结果更客观公正。同时，教师评价的标准不应只是书面内容，可以将学生的学习态度、学习思维等通过网络平台进行记录、上传到网上档案袋，以此作为评价的标准。

# 结　语

综上所述，"5G+"模式的课堂教学将使学生的学习更加智能化、趣味化、精准化，是教学改革的着力点和突破口。教师要结合教学的全过程，"课前、课中和课后"三个阶段，充分利用"5G+"智慧技术，充分带动课堂的活力，激发学生潜力，提升课堂教学质量和教学效率。

### 参考文献

[1] 袁磊,张艳丽.5G 时代的教育场景要素变革与应对之策[J].远征教育杂志,2019(3)：27-37.

# 5G 视域下的体育未来课堂
## ——教学模式及应用分析

王玲　吴林波

成都高新区尚阳小学

**摘　要**：随着 5G 时代的来临，技术赋能教育教学开启了教学方式与理念的革新。智能化对于体育未来课堂有着重大的时代意义。通过充分利用 5G 带来的 AR/VR 虚拟情境、全息投影、远程互动、传感系统、AI 数据平台等资源，可以建立适用于体育课堂的应用场景与教学路径，搭建"三位一体"教研模式、"5G 三课"学习通道、"三向多点"数据中心，让体育教学因技术的加持而更加专业。

**关键词**：5G；体育未来课堂；教学模式；应用分析

## 引　言

早在 2012 年国务院印发了《关于积极推进"互联网+"行动的指导意见》（以下简称《意见》），互联网思维与传统行业相结合就已然成为时代发展的必经之路，《意见》表示以互联网的前沿视角从底层重构或改造传统行业，能促进行业的高效高质发展[1]。教育领域亦如此，2018 年中共中央、国务院《关于全面深化新时代教师队伍建设改革的意见》提出"到 2035 年，教师主动适应信息化、AI、AR 等新技术变革，积极开展有效教育教学"[2]。2019 年中共中央、国务院又印发了《中国教育现代化 2035》，强调要"加快信息化时代教育变革""着力提高教育质量，促进教育公平"[3]。可见信息技术的革新在教育发展中有着举足轻重的作用。

5G 拥有大宽带、超高可靠、超低时延、大规模物联等特征[4]，是新一代"互联网"发展的产物，也是如今信息科技演进升级的重要方向。随着 5G 时代到来，技术赋能未来教育更多可能性。5G 踏入教育领域后，能够促进智慧教育、智慧校园、智能远程教育的应用，还能满足学习、教学、科研、管理、实验、会议等多种教育业务需求[5]。5G 赋能未来教育新样态，助力未来创新型人才的培养，5G 课堂的智能化驱动必将带来中国特色的智能化教学新生态。

## 一、5G 赋能体育未来课堂的时代意义

2016 年《关于强化学校体育促进学生身心健康全面发展的意见》强调，"强化学校体育是实施素质教育、促进学生全面发展的重要途径，对于促进教育现代化、建设健康中国和人力资源强国"具有重要意义[6]。通过对区域内体育教师进行调查，回收有效问卷 56 份，能

够证实"教育+5G"的新兴模式,正为未来体育教育带来生机,智能网络终端和创新应用正推动着体育教育迎来"结构性变革"。超过 86%的教师认为智能化设施设备对提升体育教学有帮助,有 60%的老师期待智能化设备引入体育课堂。针对区域体育教师的问卷调查结果如图 1、图 2 所示。

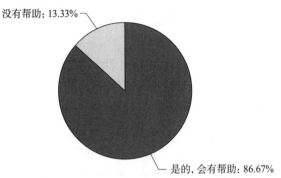

**图 1　针对区域体育教师的问卷调查结果 1**

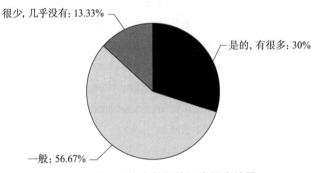

**图 2　针对区域体育教师的问卷调查结果 2**

## (一)宏观上:完善体育未来课堂框架,推进教育信息化

未来课堂是信息技术支持下的新型课堂形式,它极大地拓宽了教育教学的内涵与外延,不仅打破了有形的教学空间,更拓展了无形的数字空间。通过各类 5G 智能装备获取教学资源、辅助教学内容呈现、联动学习者的情感感知与环境管理功能[7],使教学有了生动创新的一面。体育未来课堂的架构需要 5G 技术的赋能,为之带来直播课堂、AR/VR 互动体验、远程双师课堂、线上线下混合式教学、微课程切片等新型教学模式[8],助力体育教师专业发展,使体育课堂跨越空间和时间的阻隔,实现全景、多维、多点、多时的课堂新样态。

区域中绝大多数教师对信息化提升课堂成效持期许态度,但仅有 30%的教师在课堂中使用过智能化设备,这表明 5G 应用还需持续推进。5G 的云计算、大数据、虚拟现实、人工智能等新技术,使学生在体能训练和体质监测等方面的数据能更加迅速、直观地呈现出来,体育智慧课堂将会更加专业化、个性化,这为完善学校体育教育智慧框架带来了新思路。

## （二）微观上：重构体育教育核心业务，实现精准个性化

2021 年《教育部办公厅关于公布 2020 年度"智慧教育示范区"创建项目名单的通知》强调要"以促进信息技术特别是智能技术与教育教学深度融合为核心"[9]，2022 年版课标以落实立德树人根本任务和"健康第一"的教育理念，提炼了运动能力、健康行为和体育品德作为体育与健康课程核心素养，强调运用信息化教育技术和手段，提高课堂教学效果[10]。

当问及"在课堂中面临的问题"时，有超过 76% 的教师表示在课堂中无法关注到每个学生，更有超过半数教师无法恰当应对学生的差异性（见图 3）。这些问题的解决可以借助信息化手段，5G 技术服务于未来的体育课堂，利用 AI、全息技术等新型智能科技实现体育课堂的云端化、智能化、交互化[11]，不仅能有效记录学生的健康行为表征，还能绘制学生运动能力变化曲线，将强大的信息获取、搜集、分析功能注入学生的日常行为表征之上，实现资源的共建共享、教师的精准施教、体育核心业务的个性化培养。

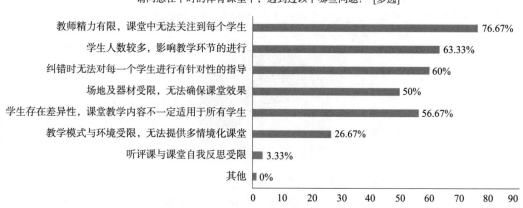

图 3　针对区域体育教师的问卷调查结果 3

## 二、5G 赋能体育未来课堂的教学模式

5G 使教育逐渐脱离"数据孤岛"的局面，带来了创新教育新样态，推进教育信息化教学服务平台建设的同时，将教师发展管理、教学管理、教研管理、学生个性化报告等信息聚合成一体化的数据库，以大数据为基础，切实实现"以学定教"的个性化培养[12]。在此环境中，体育未来课堂的教学模式有了新的样态。

### （一）5G 体育未来课堂资源分析

教育的核心是教学，教学的主阵地在课堂，体育课堂的要点是学生的运动方法与方式。信息化资源能够助力体育未来课堂的建构，明确体育课堂的 5G 资源，有利于将其统筹运用，发挥出信息科技的更大力量。5G 体育未来课堂资源概览如图 4 所示。

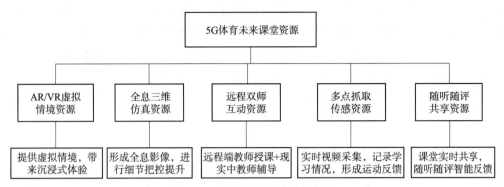

图 4　5G 体育未来课堂资源概览

**1. AR/VR 虚拟情境资源**

AR 技术能够增强现实感知，即通过设备使处于现实世界的使用者有超现实的观感体验，能观察到叠加在现实之上的东西。VR 即为虚拟现实，其原理为综合利用计算机图形系统和各种显示控制等接口设备，生成可以交互的、立体的虚拟场景，给使用者带来沉浸式体验。这两种技术为教育教学带来了丰富多样且如身临其境的虚拟情境资源。在传统体育课堂中，体育教师需要费尽心思寻找适合当下体能训练的场所，往往并非所有学校都具备这样的真实教学场馆。利用 AR/VR 虚拟情境资源可以解决这些问题，还能提高学生的积极性与参与度。例如，小学低段以基本身体活动为主的趣味障碍跑课堂，可利用 AR 技术将涉及的跑、跳、跨、爬、绕、走等动作进行情境虚拟，让学生在课堂中进行实感体验与练习。同时，针对体育课程中的战术性项目，如篮球的传切配合、突分配合、掩护配合，足球的二过一战术，可通过 VR 技术，实现动态模拟，让学生更直观地掌握战术要点，更深刻地理解战术意义。

**2. 全息三维仿真资源**

"全息"即为"全部信息"，全息技术是指用投影的方法记录并且再现被拍物体的全部信息，投射出悬浮于空中的极具纵深感的三维立体光影。全息投影技术可以从任何角度观看全息影像的不同侧面，达到人物或场景多场地分身的效果。体育学科的核心要义之一为提升学生的运动能力，全息投影技术带来的三维仿真资源，能够最大限度地为学生展示各种训练动作的细节，带领学生在三维立体的空间里探索与发现不同运动方式的奥秘，从而更加深刻地理解肢体语言的调控，有针对性地训练身体的不同部位。例如，在篮球、足球、跳高、跳远、投掷等技术性课堂中，对较难的某一技术动作，教师可结合全息影像对比学生的技术动作完成情况，辅助学生形成空间思维模型，并给出适宜的纠正方案，帮助学生及时做好调整。同时，在涉及对抗性与战术性练习的课堂中，全角度的全息影像可用于智能裁判辅助，也可形成空间型的战术模拟，加强学生对技术细节及战术细节的把控。

**3. 远程双师互动资源**

5G 强大的大宽带、超高可靠、超低时延技术，让线上、线下联合教学得以实现。远程双师课堂是以互联网技术支持下的线上、线下联合教学为基础，两位教师共同服务不同学习者的教学模式。远程双师课堂最大限度地利用了名师资源，使优秀教师的课堂教学能够通过

5G 技术辐射到不同区域的所有课堂中，更好地实现教育资源的均衡分配。同时，远程端的授课教师+现实中的辅导教师的双师课堂模式，能使学生的个性化发展有更大的空间，课堂互动性得以增加。例如，在篮球的肩上单手投篮课堂中，由于此技术动作存在一定难度，学生在未形成稳定肌肉记忆时，较难运用于实战，易产生动作变形。因此，可通过双师互动资源，形成线上细节分析及规避+线下实践练习及纠正的方式，帮助学生更快地掌握技术动作。

**4. 多点抓取传感资源**

体质监测是体育学科的一项重要教学内容，也是诊断学生体育技能习效果和体育教师教学效果的重要指标。以往体质监测人为判断的因素较重，无法客观评价出学生体质的准确数据，且检测间隔时间过长，难以体现学生的体质变化，无法及时调整，对学生体质增强没有实际效益。多点抓取传感系统以实时视频为依托，利用 5G 技术从多个点位和方向自动采集和接受运动数据，并将连续数据进行快速传递、整理与分析。这一智能化的传感技术，能够有针对性地检测学生的运动技能水平，定制多维个性的运动处方。体育教师能够根据数据绘制出不同学生的体质增长曲线，从而调整培养方案。结合区域体质健康平台，可通过实时反馈学生的课堂运动强度来反应学生学习情况；也可布置课后锻炼作业，通过家长的实时反馈，直观显示运动步数、运动能耗、运动密度、实时心率与平均心率等数据；也可直观查看学生微表情与微动作，进而反映学生体质情况。

融合多点抓取传感数据与学生体质健康后台数据，形成有针对性、科学性、个性化及多元化的运动处方。如在小学耐久跑课堂中，系统抓取到某学生心率持续过高，结合数据库中学生的基本体质情况，就可反馈出类似"此学生体能水平低于平均水平""应加强基础体能训练""应注重体重管理与饮食管理等"等提示，系统自动开出适合于此学生的运动处方。若抓取到某学生动作规范，心率恢复水平高，可实时反馈出此学生耐力素质较强，可选入学校优质特长生，进行专门性培养。若抓取的数据显示学生略显肥胖，在开出运动处方的同时，还可提供合理的膳食计划供学生参考。

**5. 随听随评共享资源**

体育课堂因其地域的特殊性，造成听评课的一定难度，在户外的公共空间中，教师们难以在听课的同时进行有效的纸笔记录。有了 5G 网络打造的听评课线上平台，教师就可以在听课的同时实时记录、上传听课内容、听课评价、课堂片段等信息，实现听课效果的及时反馈。同时，听评课平台的开放性和包容性，能够让资源得到更广泛的共享，还能在平台上进行优课直播、评课讨论、教学效果 AI 测评等多点、多地、多时的沟通。例如，对于任一教师的常规体育课堂，听课教师可通过智慧平台进行实时记录与反馈，帮助教师进行课后反思；5G 承载下的系统在处理学生学习情况的基础上，也会形成教学反馈，帮助教师更快地成长与发展。

**（二）5G 体育未来课堂应用场景**

教育教学信息化有三大领域，分别是教学领域、教研领域和教育管理领域。三大领域的实现依靠不同的信息化资源。在 5G 体育未来课堂中，教师们要灵活运用不同资源搭建有助于教学效果的应用场景，切实提升学生的体育核心素养。5G 的不同技术手段能实现教学内容的精准投放和课堂教学环节的精准施教，在教学活动的三个阶段中发挥不同的作用。体育未来课堂多点传感抓取系统应用如图 5 所示。

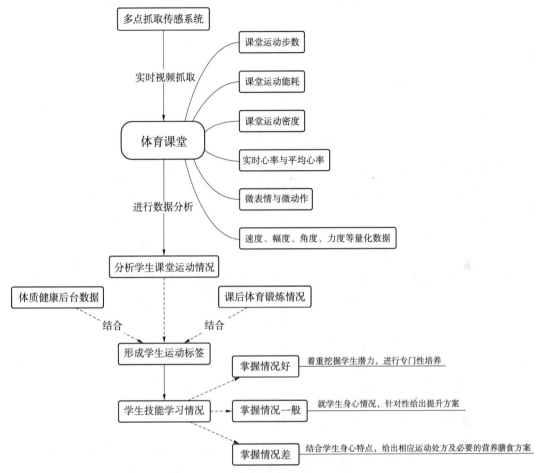

图 5　体育未来课堂多点传感抓取系统应用

**1. 课前阶段：智能技术助力精准施教**

课前阶段，以了解学情为关键。教师可以利用 AI 技术进行学情诊断，针对这堂课要学生达成的体能训练点进行有目的的前测，捕捉学生的肢体语言、获取学生在运动时的速度、力量、方向等，通过 5G 网络将数据实时传输到云平台上，建立学生体能模型和大数据库，便于备课时有的放矢、因材施教。还可以通过数据库自动匹配学生需要提前进行的训练项目，以智能终端向学生及家长推送学前准备及预习任务。

**2. 课中阶段：智能技术助力个性学习**

课堂导入阶段，以激发学习兴趣为重点。通过全息投影技术为学生创设三维立体的仿真环境，用 AR/VR 的虚拟资源模拟真实训练环境，带给学生高清体验，从而乐于参与到课堂训练中来。同时，学生还能通过 5G 技术获取运动细节，识别不同运动技能的关键点，掌握动作要领，为体育课堂中的真实训练打下基础。5G 技术下体育未来课堂应用场景如图 6 所示。

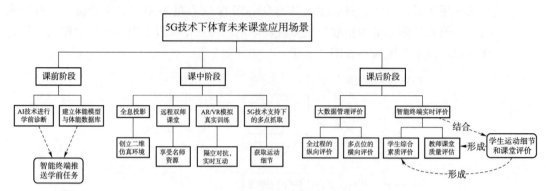

图 6  5G 技术下体育未来课堂应用场景

课堂讲授阶段，以技能训练为核心。可利用 5G 技术实现远程双师课堂，让学生享受名师资源的同时，还能接受针对性的练习；利用 VR/AR 让不同地区的学生聚集在同一个虚拟课堂中，达到实时互动的效果。5G 网络可有效支撑隔空训练对抗，让身处两地的人足不出户即可体验真实的实战对练[13]。

**3. 课后阶段：智能技术助力管理评价**

课后阶段，以针对性评价为要点。智能技术为评价的组织与实施带来了便利，基于教师和学生全生命周期的大数据管理评价[14]能够面向所有师生进行全过程的纵向评价和多点位的横向评价。在体育教学中，一方面将难以客观测评的体质数据，结合运动识别库对学生的运动状态进行对比分析，以真实有效的数据反馈动作的标准度和方式的正确性。另一方面，教师可利用智能终端实时上传学生运动细节和课堂评价，系统数据库中能针对学生的三大体育核心素养，进行综合素质的评价和教师课堂质量的评估，从而提升体育课堂教学的实效性。

### （三）5G 技术下体育未来课堂教学路径

通过以上对体育未来课堂的资源分析，能够明确 5G 技术将赋予体育课堂更多的提升空间。在传统课堂的三个阶段中，智能技术为体育课带来了更加前沿、更有针对性、更具特色的创新型应用场景，这对于体育未来课堂教学路径的改革与深化有着极大的启发。5G 技术下体育未来课堂教学路径如图 7 所示。

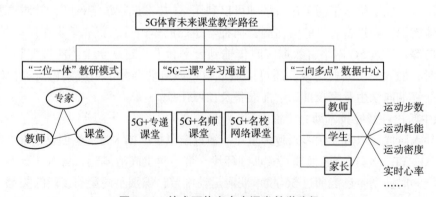

图 7  5G 技术下体育未来课堂教学路径

**1. 搭建"三位一体"教研模式**

5G 支持下的体育教研有了更加方便高效的模式,"三位"即"专家–教师–课堂","一体"意为教师的专业成长依靠专家指导与课堂规范来达成,三者互相影响,最终助力学生的体育素养提升。在这样的教研模式之下,每位体育教师都能通过云端与专家互动,在教学理解、教学方式、教学设计等方面得到一对一的深入指导,每种体育课型都能在专家和教师的互动中衍生出更加规范、高效的样态。

**2. 共建"5G 三课"学习通道**

通过利用 5G 技术,能够打通多样化的体育课堂学习通道。"5G+专递课堂"带来了技术支持下的特色课堂样态,针对每一个体育训练点和不同体育课型,有专门的范例可供教师学习参考,还能通过技术将课堂切片进行上传讨论。"5G+名师课堂"能够通过网络终端实现多点播放与互动,为远程双师教学带来便利。"5G+名校网络课堂"可以助力教育资源的共享互惠,不仅教师可观摩学习,学生亦可参与到专业训练之中。三种课型的学习通道,不仅是观看学习,还包括"网络交流研讨—线下教学实践—教师教学反思"延伸内化[15]。

**3. 创建"三向多点"数据中心**

大数据环境下的教学能够催生出更多个性化、综合化的教育资源,体育未来课堂教学必定也需要大数据的参与支持。在校级或区域数据平台建立数据中心,能够以"档案袋"的方式对教师、学生、家庭三个方面的数据进行综合分析,从学科核心素养出发,多点位、持续性地监测学生学习情况,有利于将学生评价引向更加客观的结论。同时,教师考评、体质监测等方面也能通过数据中心得到动态反馈。

## 三、5G 赋能体育未来课堂的应用分析

网络的泛在化为随时随地学习带来了便利,同时,强化了教育的持续性、及时性、可获得性等特征。在 5G 智能技术的支持下大大促进了教学的精准化和个性化,为教师的教和学生的学带来了更多可视化、体验性、跨时空的便捷服务。5G 技术下体育未来课堂教学环节如图 8 所示。

图 8 5G 技术下体育未来课堂教学环节

以体育课"篮球——行进间运球"为例(见表1),将实时视频、全息影像技术及心率监测手段加入教学环节,在环节中恰当地使用 5G 技术,能够为教学带来更优化的效果。

表1  5G智能支持下的《篮球——行进间运球》教学设计

| 课堂环节 | 教学环节 | | | 可加入智能技术 | 设计理由 |
|---|---|---|---|---|---|
| | 教学内容 | 教师活动 | 学生活动 | | |
| 准备部分 | 导入及常规 | 课前导入，宣布本课内容并说明课堂要求 | 学生认真听讲，明确本课内容与要求 | — | — |
| | 热身跑及身体体能练习 | 组织学生绕球场逆时针分别进行慢跑、侧滑、行进间开合跳、后踢腿、小步跑、原地收腹跳等 | 学生认真完成热身与体能练习 | 实时视频抓取、心率监测 | 可记录学生的完成情况，提前预测学生的个人差异，了解学生的基础水平 |
| | 球性练习 | 组织学生进行手指弹拨球、腰部绕环、胯下绕"8"字练习等 | 按老师要求进行球性练习 | 实时视频多点抓取 | 记录学生学习情况，判断学生的技术水平 |
| 基本部分 | 复习原地运球 | 引导学生回忆原地运球动作要领，并组织练习，同时引导学生思考"原地运球和行进间运球的要点一样吗？" | 1. 积极思考、回答教师的提问 2. 注意力集中，认真练习，护球时眼睛注意前方 | 实时视频多点抓取 | 记录学生学习情况，判断学生的技术水平 |
| | 学习行进间运球 | 讲解行进间运球动作要点，并进行动作示范 | 1. 认真听讲解，看示范 2. 积极参与练习，体会动作要领 | 实时视频 | 记录学生的学习情况，判断学生对知识点的理解程度，合理调整课堂教学 |
| | 行进间运球练习 | 教师组织学生4人一组，进行行进间运球练习，并做好纠错 | 1. 按教师要求4人一组，进行运球练习 2. 认真结合教师纠错，进行自我纠正 | 实时视频抓取、心率监测、全息影像 | 实时视频：记录学生的学习情况，形成个人学习反馈 全息影像：建立动作模型，结合标准动作形成对比示范，帮助学生纠错提升 |
| | 运球折返跑接力 | 以小组为单位，进行跨越球场的运球折返跑接力比赛 | 认真听比赛规则，按老师要求进行接力比赛，比赛过程中注意安全 | 实时视频抓取、心率监测、全息影像 | 实时视频：记录学生的学习情况，课后形成个人的学习情况反馈 心率监测：把控学生的运动强度，做好课堂分层，对技术水平高的学生进行提高练习 |
| | 运球躲闪拍球游戏 | 组织学生进行游戏 规则：在一定的范围内运球，运球的同时去拍对方的球，规定被拍到的次数少，拍到其他同学球的次数多为胜 | 认真听教师讲解游戏规则，按老师要求进行游戏，游戏过程中注意安全 | 实时视频抓取、心率监测 | 实时视频：记录学生的练习情况，课后形成个人的学习情况反馈；并通过实时视频，了解学生的运动能力，方便课后做好差生的辅导 心率监测：把控学生的运动强度，课后形成运动情况记录表 |

续表

| 5G 智能支持下的《篮球——行进间运球》教学设计 | | | | | |
|---|---|---|---|---|---|
| 结束部分 | 放松活动 | 放松操 | 认真进行放松练习 | 心率监测 | 判断学生的心率恢复情况 |
| | 总结及评价 | 引导学生总结回忆本次课的技术要点，点评学生的课堂表现 | 按教师要求总结自己的课堂表现 | 实时视频 | 记录课堂情况，课后形成教学反思 |
| | 回收器材、下课 | 布置课后锻炼要求 | 课后认真完成课后锻炼要求 | — | — |
| 课后 | | | | 共享资源、双师互动 | 共享资源：课堂形成在线资源，供学生及老师参考学习。双师互动：线上教师根据学生课堂学习情况，进行有针对性的辅导与指正 |

# 结　语

智能技术正在重构教育服务组织方式，各类教育公共服务系统正向大众普遍参与、形成群体智慧方向发展，云网端一体化是大势所趋[16]。随着数字化转型不断深入教育领域，5G 正在以"不可见"的方式为教育者带来以泛在感知网络为支撑、自然沉浸式的智能教育体验。随着技术的不断"入侵"，我们应该转变传统教育的狭窄思维，包容与接受技术带来的教育革新，将之为教学所用，切实提升教师专业能力与学生学习效果。

开展信息化体育教学也是体育教育的趋势，2022 年新课标提出要落实"教会、勤练、常赛"，充分关注到学生个体差异，明确运动负荷的标准数据，旨在通过"学练赛一体化"的教学模式，提升学生体育素养。

但同时，切不可为了技术而技术，将智能作为"炫技"的资源，学生却鲜有收获。技术的使用始终要坚持"为提升课堂教学效果而服务"，在体育这一需要学生高度理解与参与的课堂中，5G 的融入急需教师以专业的视角去审视，用专业的技术去启发与评价，方能为学生的体育素养提升带来真实效果。

## 参考文献

[1] 王轶,石纬林,崔艳辉."互联网+"时代青年教师信息素养研究[J].中国电化教育,2017(3):109-114.

[2] 中共中央、国务院印发《关于全面深化新时代教师队伍建设改革的意见》[EB/OL].(2018-01-31)[2023-03-06].http://www.gov.cn/zhengce/2018-01/31/content_5262659.htm

[3] 中共中央、国务院印发《中国教育现代化 2035》[EB/OL].(2019-02-23)[2023-03-06].http://www.gov.cn/xinwen/2019-02/23/content_5367987.htm

[4][15] 卢向群,孙禹.基于 5G 技术的教育信息化应用研究[J].中国工程科学,2019,21

(6):120-128.

[5] 李小平,孙清亮.基于第五代移动通信技术的网络教育应用研究[J].电化教育研究,2019,40(1):52-58.

[6] 国务院办公厅印发《关于强化学校体育促进学生身心健康全面发展的意见》[EB/OL].(2016-05-07)[2023-03-07].http://www.moe.gov.cn/jyb_xxgk/moe_1777/moe_1778/201605/t20160507_242349.html

[7] 张继芳.5G智能技术在网络教育中的应用[J].科技创新与应用,2020(27):161-162.

[8][12] 王心彤,胡卫星,孙雅利,黄政文.5G典型教学应用场景及其分析[J].中国教育信息化,2021(18):88-91.

[9] 教育部办公厅关于公布2020年度"智慧教育示范区"创建项目名单的通知[EB/OL].(2001-04-01)[2023-03-07].http://www.moe.gov.cn/srcsite/A16/s3342/202104/t20210401_523802.html

[10] "健康第一"以体育人——义务教育体育与健康课程标准(2022年版)解读[J].基础教育课程,2022(10):74-80.

[11][16] 刘平辉,祝士明,梁裕,张慕文.智能技术赋能未来课堂的系统方案及其推进路径[J].现代教育技术,2021,31(12):20-26.

[13] 陈冬梅.基于5G+VR技术的智慧体育教学方案研究[J].产业创新研究,2020(14):171-172.

[14] 黄晓丽,彭炜,于易.5G赋能时代体育教师智慧专业学习共同体构建[J].湖南工业大学学报(社会科学版),2020,25(2):101-107,115.

# 5G 赋能课堂 "沉浸式无界" 新体验
## ——中小学体育跨学科（学科融合）教学模式构建探析

孙波波　李霞

成都高新区尚阳小学

**摘　要**：疫情防控期间及各地区因重大自然灾害影响时，在"停课不停学"理念下，各级各类学校纷纷利用慕课（MOOC）、B 站、钉钉会议、腾讯视频会议等在线软件进行教学。5G 赋能下，线上教学的优势愈发凸显，其高速率、低时延和大连接，特别适合户外体育运动信息化场景，同时也给学生带来了不一样的感官体验，在学习兴趣的激发上、教学方式的丰富上、学习评价的多元精准上优势明显。如何将直播和育人二者相结合，融入全员、全方位、全过程中，就成为一线教师以及学者们研究的重点。本文就是基于这样的背景，探究 5G 赋能下中小学体育跨学科（学科融合）教学模式构建。

**关键词**：5G；中小学体育；沉浸式课堂；"无界"直播；学科融合

## 引　言

随着教师信息技术应用能力提升 2.0 工程的普及，对信息技术的掌握于教师而言愈发重要，这也正是当下 5G 时代的时代需求。在此背景下，推进教育资源的开发和利用，激发教师在教学中融入信息技术手段、融通各学科知识系统进行创新，不仅可以提升教师的个人专业水平，也有利于提升课堂能效，达到育"全人"的效果。

## 一、研究的背景及拟解决的问题

### （一）"健康第一"教育理念下对新课标的践行

国家体育总局、教育部印发《关于深化体教融合促进青少年健康发展的意见》（体发〔2020〕1 号）指出："树立健康第一的教育理念，面向全体学生，开齐开足上好体育课，通过'教会、勤练、常赛'的方式，指导学生掌握 1 至 2 项运动技能，帮助学生在体育锻炼中享受乐趣、增强体质、健全人格、锤炼意志。"同时，其特别强调青少年文化学习和体育锻炼的协调发展，这也是我们的育人目标，即培养德智体美劳全面发展的社会主义建设者和接班人。

"贴近学生、贴近生活、贴近社会"是新时代教育的基本原则。随着新课标的颁布，各学科也越来越强调在真实情景中培养学生解决问题的能力，而学科融合的本质就在于促进人的全面发展，提升学生的核心素养。因此，我们的课程设计，应全面贯彻落实义务教育《体育与健康课程标准》2022 版及《体育与健康》教学改革指导纲要（试行），落实"教会、勤练、常赛"要求。

### （二）改善区域内家长及学生陈旧的运动观念

虽然当下我们已基本打破了"唯分数论"的教育局面，但对分数的追求与执迷依旧影响着一代又一代人。"五项管理""双减"等政策的提出，正是基于这样的现状，为了在更大程度上保证学生全面发展、身心健康，新课标紧跟习总书记指示，坚持贯彻"健康第一"的教育理念。

在这样的背景下，社会、家庭都愈发关注孩子的身心健康，但陈旧的运动观念使得家长难以找到科学、系统的训练方法，以及科学的身心健康监测手段。我们可以通过 5G 的融合课程，引导其建立科学的认知，从根本上引导学生形成健康与安全的意识及良好的生活方式，缩短了学校、教师、家长及学生的距离，更好地发挥家校共育的效能。

### （三）加强学生体育运动的科学性、系统性

学生每天在学校运动时间为"1 小时+"，学校的体育课多在于理论的学习与消化，技巧的传授与指导，旨在让学生能举一反三，在走出学校后仍能保持运动习惯。但要做到这一点是很难的。因为距离的相隔，教师对学生的影响力骤减，体育运动的质量、学生心理的健康更多地取决于家庭的认知、运动环境的优劣。

生活中，学生往往因为缺乏运动而得不到及时有效的情绪发泄，由此引发的心理问题日益凸显。校园霸凌、厌学等成为社会广泛关注的问题。另外，现实中很少有家长具备运动相关的专业知识，因此，难以合理、科学地规划学生的运动安排。借助学科融合课程以及混合式教学模式，通过直播、录播等方式激发学生运动的兴趣，从而形成良好的运动习惯就成为我们研究的重点。

### （四）打破体育教学囿于学校的局面，扩大其辐射影响

纵观区域，资源侧供给不足，教育资源配置不够均衡。每个学校因为师资的不同在体育运动上各具特色，如从专项运动技能而言，有的擅长球类运动，有的擅长田径类运动、有的擅长体操类运动，这也让每个学校对学生运动能力的培养各有侧重。

那么，在这种情况下，通过"互联网+"优化完善学校的课程资源，就能有效促进整体体育教育的专业化发展。同时也能助力学生运动持续有效地推进，更是为区域体育资源库的构建提供了保障与可能。

### （五）5G 赋能下体育教育迫切面临革新

随着直播的兴起，运动类主播引爆的全民健身潮也让我们看到了全民运动理念在逐渐深入。在此影响下，我们如何通过改变教学方式来顺应社会的需求，也成了促发教育革新的有力推手。

## 二、打造"沉浸式无界"体育课堂,助力体育教学高质量发展

### (一)借前人之事:基于研究现状探究可创新之处

混合式教学是基于"互联网+"的时代背景而产生的,它是指把传统教学方式的优势和 e-learning(数字化学习)的优势结合起来。互联网的发展为混合式教学提供了发展的沃土,特别是对线上教学的促进作用明显。而今 5G 时代的到来更是推动了混合教学的飞速前进。2020 年新冠疫情的暴发,使得"线上"教学成为"必需品",这让更多的一线教师和学者投身到了"线上"教学的研究事业中。

纵观研究成果,国内外专家学者基于混合式教学的相关研究主要分布在以下几个方面:

**1. 关于混合式教学的现状与对策研究**

谭势威等应用文献计量学软件 Citespace V,对中国知网数据库中 293 篇文献与 Web of Science 中 151 篇文献进行转换分析,分析了国内外直播课的研究脉络及热点问题,认为新冠疫情的暴发间接推动了国内外直播课的发展,也影响了国内外学者在直播教学方面的研究侧重点[1]。在 2020 年前,国内学者主要聚焦直播课的实践研究,而疫情爆发后,"停课不停学"的提出推动了直播课的理论发展,形成了直播课的理论框架;国外学者则由主要关注直播课的教学效果以及对学生所起的作用逐渐转为对直播教学内容设计的深入研究,以及对各类增强互动性的直播平台进行研究。可以看出,无论国内国外,直播课的出现都是较早的,是基于卫星电视同步播放以及网络直播两种技术手段的顺应时代发展的需要。疫情的爆发,促使了这类研究从大量的、零散的、实践的特点往系列化、逻辑化、理论化发展,从而形成认知层面的概念化成果。

**2. 在线教学方式混合教学的模式研究**

程蹊等以"超星直播+腾讯会议"混合教学为例,分析了疫情期间如何运用"在线教学工具+会议系统"等两种以上教学平台工具进行混合教学,并汲取双方所长将教学效果达到最优。他们的研究主要以 SPOC(Massive Open Online Course,大规模在线开放课程)和 MOOC(Small Private Online Course,小规模限制性在线课程)为背景,探讨了"在线教学工具+会议系统"这种混合教学存在的问题,并提出了自己的建议[2]。

高巍等针对高等学校四种线上教学模式的效果进行了比较研究,即直播教学、录播教学、语音教学、文字教学,得出结论:学生在录播教学中的学习行为显著低于其他三种教学模式,文字教学使用频率最少且整体教学效果较差,线上各教学模式之间也存在诸如活跃度不强、互动缺乏、满意度不高等共性问题[3]。显然,这就为我们进行混合式教学模式的研究提供了理论支持。

**3. 基于学科开展的混合式教学研究**

对混合式教学展开研究的成果,其中一大部分都集中于学科或个案研究。如刘永对小学数学网络直播教学进行了探讨,深入分析了当前形势下小学数学网课的教学方法[4]。刘若璠等探讨了 5G 赋能下学校体育直播教学模式的构建,在分析"直播+Joao 与"教学模式发展态势的基础上,通过模式具有的体育资源、教学质量、信息互动、教学评价、教学实践等多视角切入,探究了此模式具备的优势、不足和应然状态,为我们的研究给予了数据上的支

持，但此研究只关注了学校体育教育对学生的影响，忽略了体育生活化的重要性，这也是我们的项目将着重探讨的方面[5]。

## （二）成后事之师：基于 5G 技术中小学体育科学课教学模式构建

**1. 坚持"健康第一"的教育理念**

习近平总书记强调："要坚持健康第一的教育理念，加强学校体育工作，推动青少年文化学习和体育锻炼协调发展。"《义务教育体育与健康课程标准（2022年版）》课程理念其中之一为"坚持'健康'第一"。"健康第一"是学生身心发展的总目标，也是开展本研究的宗旨，指将学生的"健康"放在第一位，通过探索混合式教学模式的最优组合项，以达到促进学生身心健康、体魄强健、全面发展。

**2. "直播教学"与混合式教学模式**

"直播教学"最早来源于20世纪初美国的函授学习，后来由英国开放大学正式提出"直播教学"这一说法。直播教学指通过电视、卫星、广播、视频等通信工具，向远距离受教群体传播知识的过程。本文中，"直播教学"主要指教师利用"互联网+"打破地域限制实时共享课堂画面，通过网络连接实现师生可以互动的远程双向课堂。

混合式教学是基于"互联网+"的时代背景而产生的，它是指把传统教学方式的优势和e-learning（数字化学习）的优势结合起来，即形成"线上+线下"的教学模式，它既能发挥传统教学中教师引导、启发、监控教学过程的主导作用，又能充分调动学习者的主动性、积极性与创造性，从而由浅表学习走向深度学习。除此之外，学者也将不同在线教学工具融合教学的模式归为混合式教学。本文中，"混合式教学模式"主要指融合线上教学资源（录播课程、微课等）与直播课程、线下授课，使对学生的体育指导效能达到最大值。

**3. 混合式教学模式构建路径初探**

首先，进行现状分析。进行学生体质健康数据收集及运动现状研究，研究学生现有的学习兴趣、学习习惯、运动技能水平及运动品质，研究教师现有的教育教学方式、水平及育人能力，研究可搜集的优质体育课程资源。对学生及家长进行问卷调查，分析学生及家庭现有的运动理念、体育与健康知识和技能。同时，梳理和分析区域体育教育的现状。

其次，基于学生发展的纵向和横向需求，研究体育与健康课程的课程性质、课程理念、课程目标、课程内容、学业质量、课程实施、课程评价等，实现学生身心发展的进阶性、动态性、协同性和可持续性；基于学生的个性特点、兴趣爱好、家庭环境等，研究促进学生体质健康发展的策略和路径，使课程的建构更加具有针对性、适切性。

再次，进行体育混合式教学模式的多样模型研究及个案研究。聚焦学校体育运动和校外体育锻炼两个维度，研究针对学生体质健康水平的评价激励机制。完善基础性评价激励机制，深入探索发展性、增值性评价激励机制，对评价内容、评价方式、评价载体进行系统研究；开发可视化的学生体质健康成长大数据平台，依托大数据平台实现对学生的实时评价、实效评价、实证评价。

然后，分类实施，建立数据库对照实验组分别按照混合式教学模式展开实施，通过体质健康监测提供数据支持，需求最优的混合模式。

最后，对不同混合式教学模式下的效果进行数据比对分析，并通过"实施—评价—反思—改进—实施"的路径循环进行，最终寻找出最优模式。

5G 赋能下多类体育跨学科教学模式探索路径如图 1 所示。

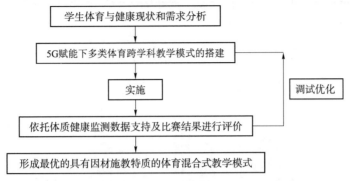

**图 1　5G 赋能下多类体育跨学科教学模式探索路径**

## 三、基于课堂观察的教学测量与评价

5G 是移动通信发展的必然趋势，北京邮电大学信息与通信工程学院电子信息工程系主任、教授、博士生导师孙松林认为："5G+超高清视频可称之为技术驱动，5G+体育转播会成为未来 5G 主要应用场景之一。"北京冬奥组委媒体运行部转播协调处主管任世鹏认为，5G 与体育结合将成为风口。

立足体育教学，抓住 5G 时代赋予的新技术，进行体育与信息技术融合课程的深入探索与研究，不仅能促进教师专业化发展，也能让学生及家庭的运动落到实处。借助信息技术，可以帮助我们建立多元化的评价体系。

基于课堂观察，5G 技术可以助力教师收集学生的运动数据，或借助 App 形成学生的数据库，进行数据的分析与处理，从而帮助教师更有针对性地为每个学生量身定制运动处方。5G 技术也可以补齐教师在专业领域上的短板，通过引入名优教师的教学视频等方式丰富自己的课堂内容。在 5G 技术下，更可以将体育教学活动从课堂内扩展到课堂外，探究适合家庭锻炼的运动内容和形式，制定有指导意义的家庭运动处方。

## 四、5G 赋能体育融合课程实证研究之路

### （一）个案研究

以家校共育为例，5G 技术下，我们能拉近学校与家庭的距离，让协同共育从理想走进现实。具体而言，我们借助信息技术通过问卷对家庭的运动习惯及情况摸底，得出如下问题：家长和学生不会练习技术动作；不知道该练习什么项目；对于练习项目的时间、运动强度把握不足；家长不在家则孩子锻炼无法监督等。

针对以上问题，我们以 50 米×8 项目为研究重点，通过互动式、沉浸式、VR 等先进技术的引入，将运动知识、运动技能、安全注意事项等采用"线下+线上"的双线模式进行教学，我们以 2020 年体质测试 50 米×8 成绩较差的班级 2016 级 2 班为分析对象，进行了一段时间的深入研究。试验前，学生的平均分为 82.44 分；试验后，平均分为 83.65 分。试验

前，学生的优秀率为 27%；试验后，优秀率为 36%，可知，在 5G 技术下通过学科融合课程的推广，使得优秀率从 27% 上升到了 36%，良好率从 18% 上升到了 23%，全班及格率达到 100%，如图 2 所示。

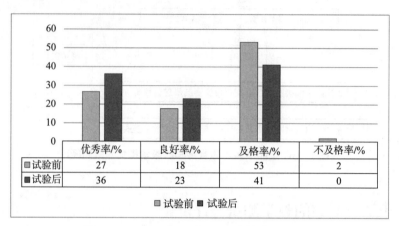

图 2　2016 级 2 班 50 米×8 实验前后分析示图

### （二）对照实验

除此之外，我们还建立了对照实验组，通过传统教学模式与 5G 技术下融合课程模式的对比研究进一步论证其必要性。

对照实验指其他条件都相同，只有一个条件不同的实验。往往很多因素对实验结果都有影响，对照实验用来证明某种因素对实验结果的确切影响。通常，对照实验是很难在教育中展开的，但于体育学科而言，却具备对照实验的优势且不会伤害每个学生的教育公平。本研究通过对照实验的研究，就能通过更直观的路径得出每一种"混合式教学模式"下学生体质健康方面的数据，从而帮助我们构建一种适合于更多学生的教学模式，促进体育教学的变革。

### （三）大数据

5G 技术下大数据时代赋予体育教育变革的机遇。大数据有能力去关注每一个个体学生的微观表现——他更喜欢哪一类运动，他对哪一个评价更在意，他在哪一个动作上遇到了瓶颈，他在课堂上跟随教师的占比是多少，他与老师的互动频次，等等。这些数据的整合更贴近每个学生的真实情况，也更便于我们研发出适宜每个孩子的教学方式，从而做到真正的因材施教。而最有价值的是，这些数据完全是在学生不自知的情况下被观察、收集的，只需要一定的观测技术与设备的辅助，而不影响学生任何的日常学习与生活，因此，它的采集非常自然、真实。如下图，我校 2020 年和 2021 年的学生数据（见图 3）就得益于大数据对教学效果的直观反馈。

虽然计算机技术日新月异，但要实现个性化教育或因材施教仍然比较难。但对体育学科而言，借助区域学生质量检测的大数据，有助于找准研究的起点及方向。通过大数据实时检测学生的体质健康水平，也有利于我们通过"处方"教学优化本研究混合式教学模式的构建。

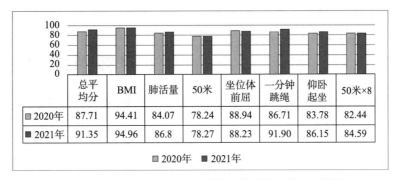

图 3　我校 2020 年和 2021 年总分、各单项平均分对比图

可以说，大数据给我们带来的改变主要有三点：第一，帮助我们找到真正起作用的教育影响因素；第二，帮助我们洞察学生的真实状态；第三，帮助我们走向个性化。

# 结　语

基于大带宽、低时延、高速率的传输特性，5G 融合应用已在工业、医疗、教育、交通等多个行业领域发挥赋能效应，覆盖国民经济 40 个大类，应用案例数超过 2 万个。其中，中国移动携手江苏苏州电教馆创新 5G 虚拟教学，利用 5G 高速率、低时延特性，打破地域限制实时共享课堂画面，实现远程双向课堂的"云互动"。5G 已经为世界带来了翻天覆地的变化，教育如何去适应新时代的要求正是我们需要研究的内容。

综上所述，5G 时代的到来，一定会为教育带来革新。在当下的情势下，发挥 5G 的科技力量，基于对照实验，对多元化中小学体育混合式教学模式进行探索，将更好地落实"健康第一"的教育理念，将体育课堂的影响力扩大到家庭乃至社会，让运动理念深入人心，真正地带动全民运动的浪潮。

## 参考文献

[1] 谭势威,唐剑岚,蒋文荣,等.国内外直播课的研究现状与反思——基于知识图谱的分析与思考[J].中小学电教,2020(1):73-78.

[2] 程蹊,任诗航,马梅.基于 SPOC/MOOC"在线教育工具+会议系统"的混合教学创新——以"超星直播+腾讯会议"混合教学为例[J].大学教育,2022(1):155-157.

[3] 高巍,杨根博,蔡博文.高等学校四种线上教学模式效果比较研究[J].黑龙江高教研究,2022,40(2):155-160.

[4] 刘永.小学教学网络直播教学探讨[J].安徽教育研究,2022(2):83-84.

[5] 刘若璠,吴本连.5G 赋能下的学校体育直播教学模式建构研究[C]//中国体育科学学会.第十二届全国体育科学大会论文摘要汇编——专题报告(学校体育分会).2022:2.

# 基于"5G+智慧体育"的新型教学模式研究
## ——以信息技术与体育教学深度融合实践为例

吴琼　祁浩浩

成都高新新城学校

**摘　要**："教育+5G"是一种新型的应用技术,它改变了传统化教学的模式,打破了常规教学的局限性,旨在追求新型化的创新教学模式。本文以基于"5G+智慧体育"的新型教学模式为研究主体,以5G技术与智慧体育教学深度融合的典型应用为例,从5G技术与智慧体育教学深度融合的典型应用中展示5G教育为体育教学提供了最优化的智慧教育场景,彰显了学校智慧体育发展的内在价值,为5G技术在学校体育教学实践中提供参考。该模式提出转变教师教学观念以提高信息素养,创设智慧体育教学环境来满足多样化需求,整合教学资源搭建共享智慧成果,构建多元化教学模式推动教学创新实践,引导学习共同体以实现个性化学习与协作学习并存。

**关键词**：5G；智慧体育；体育教学；深度融合

# 引　言

在当前信息技术快速发展的时代,智慧教育已经成为课堂教学的新趋势,5G教育与课堂教学融合已成为促进教学发展的一种常用手段,通过运用现代化信息技术教学手段促进课堂教学改革与创新,探究课堂教学的新模式,为学校体育的发展指明了方向。5G作为智慧教育领域新型现代信息技术的应用,将为学校教育教学带来新一轮的课程改革,也为学校体育的发展提供了智慧发展机遇。目前,基于"5G+智慧体育"的新型教学模式可以通过创设学习情境、构建知识结构、丰富教学空间建设、设计个性并具有生成性的教学内容、整合优化教学资源,从而探索智能模式,提高学习的效率[1]。因此,如何运用"5G+智慧体育"提升教学的实效性,将信息技术与体育课程进行优化整合,探寻智慧体育发展的创新实践路径,培养与提高教师的信息化素养,推动体育学科的快速发展,是当前关注的焦点问题。

## 一、5G时代背景下学校智慧体育发展的意义

### （一）贯彻课程理念，创设智慧课堂

"以学生发展为核心"的课程改革新理念,倡导运用现代化的信息技术,综合学生的全面发展,在思想方法和行为方式上进行不同程度的提升,从而提升学生的综合素养。同时,

在智慧课堂中挖掘信息技术的优势，探索课堂教学的新模式，促进学生的创新发展[2]。5G技术在教育领域的三个应用场景，即互动式沟通交流、移动泛在学习体验、沉浸互动环境，能够将信息技术与体育教学进行融合创新，实现体育教育教学智慧化生成新模式。

## （二）创新教学模式，优化教学环境

5G 技术的发展，促使大数据、云计算、智能穿戴设备的便利化，运用"云端"运动数据的分析统计，科学化的规划体育教学内容，优化教学设计，探索创新课堂新模式，通过线上学习交流，优化教学方式，借助教学手段，提升学习策略。除此之外，借助学校体育智慧化发展，实现虚实结合的情景化教学融合，更为多元性、个性化地满足师生不同方面的教与学需求，可为自由自主且个性化的学习提供支撑，从而促进学校体育环境进一步优化，给使用者提供了高效、便捷的知识，满足广大师生的体育需求[3]。

## （三）构建知识结构，培养创新思维

5G 模式下的课堂教学显得更加真实，教师可以进行课堂教学场景的设定和模拟，学生亲临学习课堂可以激发学习的欲望和兴趣，在这样的课堂中学生的身心会更加放松，同时，能够将记忆表象进行重塑和构建，提升学习的时效性[4]。5G 时代高速网络为学生移动泛在学习提供条件，实现随时随地获取信息资源，提高学生自主挖掘和整合信息的能力，构建自我知识框架体系，激发学生自主探索、更新观念、主动学习的热情，延展学生在网络通信时代创造能力与创新思维。

## （四）加强课堂管理，实现数据监测

在 5G 技术支持下，通过智慧教育技术，将学校体育与大数据计算、物联网技术（如可穿戴设备等）深度融合，从而实现学生参与运动过程的数据监测。教师可以根据课堂教学过程中现代技术实时监测的动态变化，及时调整运动强度和教学设计，提高处理突发事件的应激能力，减少运动损伤现象的发生，提升课堂效果。智慧体育的发展，使现代技术融入学校、家庭、社区体育锻炼当中，形成"家校社"联动的发展机制。基于可视化数据分析，更为科学化地满足学生综合素质评价，实现室内与室外运动的双边互补。

# 二、5G 技术与智慧体育教学深度融合的典型应用

智慧体育技术的应用，深度融合 5G 技术的三大应用场景（增强移动宽带、高可靠低延迟连接、海量物联），推动智慧教育场景（互动式沟通交流、移动泛在学习体验、沉浸互动环境）的优化，促进环境服务化、教学智能化、学习自主化、资源多元化的发展[5]。智慧体育教学的应用包括学生、教师和内容等教学三要素，以及不同典型学习场域的应用。

## （一）学习空间融合

拓展学习空间，实现学习空间多样化，线上与线下教学相融合同步发展。5G 技术的赋能，打破学习空间融合的障碍，为教育智能的融合学习空间提供支撑，增强移动宽带和海量

物联等应用场景,以智能化技术为学生的学习融合打通时间、空间、知识之间的壁垒,改变教学的组织形式,优化课堂情景,实现智能化教学。通过对学生全过程学习记录统计分析,明确学习过程中存在的问题,对重难点采用精准的数据图画分析,为学习者提供个性化的学习画像。智慧体育利用无缝感知技术来全面感知学习情景中的信息(环境、运动量、心率等),挖掘学生在运动过程中的特点,对相关运动数据进行整理分析,体现交互性,使个体学习、小组协作学习、集体学习在虚实空间中随时随地发生。

### (二)同步网络教学

跨越时间、空间、环境等因素的影响,利用网络视频会议等形式,在网络环境中开展同步授课的一种远程教学形态,相较于传统网络课堂中凸显的视音频延迟、教学内容单一乏味,技术展示重难点不突出,互动、交流性薄弱,情景体验效果差等现状,利用5G等教育智能技术构建高清同步网络课堂,打破传统网络教学存在的壁垒,通过场景预设以及高可靠低延迟连接,增强互动式沟通交流体验、创设良好的沉浸互动学习环境,模拟或超越传统课堂的教学效果,实现同步教学、同步监测,提升课堂教学高质量发展。

### (三)移动泛在学习

针对学习者之间存在的个体差异,在教学过程中,利用移动终端的数字工具,通过与师生交流协作等方式来获取或创建学习内容、增长知识和经验的学习方式称为泛在学习[6]。5G技术的应用(增强宽带和高可靠低延迟连接)打破时间、空间、环境等限制,为移动学习提供高清视频学习资源,并以最简单的传输形式,以个性化的学习理念提供沉浸式学习新体验。移动泛在学习要求学习者更为主动地把零散的时间整合起来,通过规范、自律、主动学习提高自身移动学习的动力、能力和毅力,把握移动学习力的关键,促进个体的知识和能力的发展[7]。

### (四)虚拟仿真实训

虚拟仿真实训可为学习者提供高仿真、可视化的教学内容,创设具有临场感、沉浸感和交互性的实训教学情境,这种新型实训体验具有多感知性、互动性和构想性等特点[8]。以5G教育为基础,借助扩展现实等智能技术,虚拟仿真的教学平台、AR/VR技术以及实验实训等深度应用于教育领域,在虚拟的环境中提高沉浸式体验,在现代科技的辅助下更为有效地激发学习者的学习动力,提升了操作能力,在实训过程中真切体验到操作中可能发生的失误或突发事件,在沉浸互动环境中快速适应训练方式和强度,减少可能出现的失误,从而进一步提高学习效果[9]。

## 三、5G教育背景下智慧体育教学模式发展路径分析

通过对5G技术在智慧体育应用场景以及典型应用等进行进一步分析,以下问题值得反思并持续关注:

## （一）转变教师教学观念，提高个人信息素养

随着智慧教育的不断深入，5G 技术与课堂教学的深度融合已成为促进教育信息化的强有力措施。教师在课堂教学中要转变教学观念，运用现代化信息技术指导教学，将信息技术与课堂教学深度融合，为新的教学模式搭建平台。通过现代化信息技术与课堂教学的实践应用以期培养与提高教师的信息素养，从而为全面提高教师专业素养，推动体育学科的持久快速发展起到积极作用。

## （二）创设智慧体育环境，满足多样发展需求

智慧体育教学需要将现实环境与虚拟环境、线上和线下学习相结合，通过动态数据生成，记录下体育教学的过程，在教学过程中把握学生情感变化以及社会认知和技术掌握，从而实现适应新的教育环境。将教学空间智能化，将教学环境与教学资源智慧化，最大限度地发挥智慧教育的优势。使学习过程数据化，将虚拟现实应用其中，实现特色体育教学[10]。同时，应注重对不同教学内容的思考，融合通信技术，统筹知识结构，满足学生对于信息化发展的需求。

## （三）整合体育教学资源，共享智慧教育成果

不论在哪个学科都存在智慧教育配套设施短缺的现象，体育课堂大多数在室外，并且属于实操性项目，于是在课堂上可利用的智慧教育资源就更有限，不能完全达到教学要求。5G 教育背景下智慧体育教学发展，需要有丰富的教学资源作为保障，同时，要借助多样化的信息平台，收集、构建教学资源，整合教学资源开发，搭建教学资源智能化共享共建平台。

## （四）构建多元教学模式，推动教学创新实践

"教育+5G"模式推行的线上与线下教学有效融合，开发利用多样化的教学资源，同时，将虚拟的教学环境与现实课堂进行有效结合，让学生学习的积极性更高。

这样既保留了线下课堂教学中教师对课堂内容的有效引导，在互动交流中传授知识的有效性，同时，又激发学生线上学习的主动性和创造性优势，通过丰富有趣的教学资源，推动智慧教育场景的优化，尊重学生的主体地位，充分发挥教师的主导作用，培养学生善于思考、乐于探索、勇于拼搏的精神品质，激发学生的创造力和想象力[11]。5G 技术支撑下的教育教学活动将更加自由、灵活，这是传统教学模式难以满足的要求。通过构建"教育+5G"特色虚拟情景教学模式，借助 5G 技术推广当前难以广泛适用的沉浸式情景教学模式以及综合使用多种教学模式进行教学，从而推动教学创新实践发展[12]。

## （五）组建智能学习平台，实现个性协作并存

结合学习者的需求、兴趣、爱好等个性化差异，借助 5G 技术搭建智能学习平台，为学习者提供个性化教学服务，满足不同层次学习者需求。通过对学习者进行学习过程监测，了解其学习效果和真实反馈，可以更直接地了解学生的学习状态和学习进度，对学生的作业质量进行实时反馈，辅助学习者更科学、合理地安排学习；以虚拟现实技术为支撑，构建学习共同体，打破时间、空间、环境等限制，建构人人在场的互动式沟通交流、移动泛在学习、

沉浸互动环境,实现学习者之间的社交能动性。除此之外,借助虚拟现实或人工智能技术,为学习者提供虚拟学习伙伴或智能协作学习系统进行学习,借助5G技术,推动个性学习与协作学习并存,并鼓励学习模式的创新与多样化使用[13]。

# 结　语

教育信息化为教育发展指明了方向,5G技术为智慧教育发展提供了新的发展动力,同时,为发展素质教育奠定了基础。信息素养是教师适应社会发展应当具备的专业素养,在智慧教育发展的变革中,技术仅仅起到重要的推动作用,课堂教学模式的转变方向和路径仍需结合教学目标和拟达成效果由人来掌控和调试,只有这样我们才能对未来新的技术变革进行进行独立的思考和预测,以适应技术快速发展所带来的更大挑战。智慧教育中融合5G技术推动远程课堂互动,实现零距离沟通,为课堂教学与交流创设了平台,使得教学场景更加智能化,期待5G技术在推动教育信息化中发挥更大的作用。

## 参考文献

[1] 吴键,袁圣敏.中国学校体育智慧系统的整体思考与构建[J].体育学研究,2020,34(3):40-46.

[2] 杨俊锋,施高俊,庄榕霞,等.5G+智慧教育:基于智能技术的教育变革[J].中国电化教育,2021(4):1-7.

[3] 杨澜,曾海军,高步云.基于云计算的智慧学习环境探究[J].现代教育技术,2018,28(11):26-32.

[4] 杨再春.5G时代智慧校园的现实意义、内容呈现与发展路径[J].中国多媒体与网络教学学报(中旬刊),2022(7):1-4.

[5] 袁磊,张艳丽等.5G时代的教育场景要素变革与应对之策[J].远程教育杂志,2019(3):27-37.

[6] 王梦婷.无缝学习研究述评[J].成人教育,2018(12):4-10.

[7] 潘基鑫.泛在学习理论研究综述[J].远程教育杂志,2010(2):93-98.

[8] 庄榕霞,杨俊锋,黄荣怀.5G时代教育面临的新机遇新挑战[J].中国电化教育,2020(12):1-8.

[9] 杨兵,刘柳等.虚拟仿真实训系统学习行为意向影响因素研究——以企业运营虚拟仿真实训系统为例[J].中国远程教育,2019(5):26-36.

[10] 高嵩,黎力榕.智慧体育教学环境建设发展趋势研究[J].广州体育学院学报,2019,39(4):121-124.

[11] 曾丽莎,潘芳禄,黄文珑.移动互联网环境下混合式教学模式在高职教学中的运用研究[J].产业与科技论坛,2020,19(6):205-206.

[12] 张进良,贺相春,赵健.交互与知识生成学习空间(学习空间V2.0)与学校教育变革:网络学习空间内涵与学校教育发展研究之四[J].电化教育研究,2017(6):59-64.

[13] 齐军,赵虹艳.基于"教育+5G"的新型教学生态系统:构成、功能及构建策略[J].课程·教材·教法,2022,42(4):80-87.

# 5G+O-PIRTAS 翻转课堂教学模式下小学智慧外语课堂教学模式研究

张雨婷

成都蒙彼利埃小学

**摘　要**：5G 技术的出现为教学模式多样性提供了新的方向。如何将 5G 技术有效融合进教育，是当前教育领域的研究重点。将 5G 与 O-PIRTAS 翻转课堂教学模式结合，研究智慧外语课堂可行的教学模式，能够为小学外语课堂提供助力。本文从 O-PIRTAS 教学模式入手，结合 5G 技术，分析小学智慧外语课堂的可行性，对 5G+O-PIRTAS 小学智慧外语课堂教学模式进行具体分析。

**关键词**：5G+；O-PIRTAS；翻转课堂；小学外语；课堂教学模式

## 引　言

随着教学发展需要，小学外语目前并不仅限于英语，还增加了法语、西班牙语、日语等常见小语种，因此，传统教学方法已不再适应小学外语教学的要求，翻转课堂（Flipped Classroom）教学模式为教师提供了新方向。

翻转课堂是把传统的教师在课堂上讲授知识，学生课后进行问题解决的教学模式颠倒过来，变成学生课前提前学习教学视频，课堂上则在教师的指导下进行问题解决、合作探究等深层的学习活动[1]。这是一种新型的学习方式和教学模式。而 5G 技术能够为翻转课堂提供较大支持，在此基础上探索 5G+O-PIRTAS 教学模式在小学智慧外语课堂中的应用，构建适合小学生学习特点的智慧外语课堂教学模式。

## 一、O-PIRTAS 翻转课堂教学模式

### （一）翻转课堂教学模式

传统教学模式以教师教授为主，学生学习的知识完全被动地来自教师的讲授，导致学生缺乏学习主动性，该教学模式不利于培养学生学习积极性和思维创新能力。

翻转课堂最初的构想来源于美国林地公园学校（Woodland Park）的乔纳森·伯尔曼（Jonathan Bergman）和亚伦·萨姆斯（Aaron Sams）这两位化学教师。2007 年，他们用录屏软件来将他们授课用的课件加以讲解录制成教学视频，并传到网上供那些因故不能按时上课的学生补习使用。随着两位教师的开创性教学实践，这种方法成为一种新的教学模式，得到

越来越多的教师关注。现如今,翻转课堂已演变成一种在整个北美甚至全世界广为流传的新型教学模式[2]。

与传统教学模式相比,翻转课堂的优势则较为显著,主要体现在能够给学生提供足够的自学空间。课前,学生观看微课视频掌握基本知识;课中,教师以学生为中心设计教学环节,突出学生主体地位。因此,学生的积极性及问题解决能力都能得到大幅度提升。

### (二) O-PIRTAS 翻转课堂教学模式

目前,主流研究认为翻转课堂的模式包括:①传统版:先视频讲授后问题。②操作版:增加课前、课中的操作性。③翻转版:先问题解决后视频讲授。④综合版:探索—讲授—应用。⑤通用版:O-PIRTAS 模型[3]。

O-PIRTAS 模型是由厦门大学教育研究院教育心理研究所郭建鹏教授提出的一种可普遍应用于各种教学情境的通用性翻转课堂教学模式,它有七大步骤,分别为:① 课前确定教学目标(O:Objective)。②课前准备活动(P:Preparation)。③课前教学视频(I:Instructional Video)。④课堂时间回顾(R:Review)。⑤课堂知识测试(T:Test)。⑥课堂活动探究(A:Activity)。⑦总结提升(S:Summary)[4]。

该教学模式特别提出,若要有效实施翻转课堂,还需关注具体教学情境,根据教学情境的不同,对模式进行变式。O-PIRTAS 在课前环节、课中环节、课程内容、课程进度、教学环境等方面都可变式,教师可以据此适应不同的教学情境。

## 三、5G+O-PIRTAS 翻转课堂教学模式下智慧外语课堂教学模式

### (一) 5G+O-PIRTAS 翻转课堂教学模式的可行性

翻转课堂强调学习者在学习中的主体地位,着眼于学生不应被动地接受知识,而应主动学习寻求、积极探索知识。因此,将 5G 技术与翻转课堂教学模式结合并应用于小学外语课堂教学,要求课程教学要以语言知识与技能培养为基础,依托于现代 5G 技术,丰富教师技能,挖掘学习者的探索欲、创造力和自我内驱力,培养出具有国际理解力、富有创造力及开拓思维的小学生。在 O-PIRTAS 模型的七个步骤中,小学外语教师需要结合"双减"政策放大符合小学外语教育的步骤,切忌将七个步骤的重要性列为同等。因此,小学外语教师应首先梳理普遍教学情境,确定教学目标,制作教学视频,在以上七个步骤中挑选出作为教学过程核心的步骤。还应考虑到 5G 技术本身的特性,然后根据上述原则设计相应的技术应用场景,最后在实际课堂中实现这些功能。由于 5G+O-PIRTAS 翻转课堂的设计是一个动态过程,拥有多种变式可实施。因此,小学外语教师可根据教学内容、课程进度、环境变化、学习者需求等实际情况做出灵活调整。例如,教师在课前确定教学目标时,只需根据新课标做出大致预设,再根据学生普遍学情进行灵活调整,预设低阶和高阶教学目标,这一过程并不复杂,因此,可降低确定教学目标这一环节的重要性。而在进行课前准备活动时,由于需要让学生在该环节探索相关问题且产生学习动机,所以建议该环节以有趣、新颖为主,教师设计时应予以重视,充分利用 5G 网络,搜罗相关资料,设计出符合学情、生动有趣且能够引发学习动机的课前准备活动,从而提升学生参与课堂教学活动的积极性。再如,在课堂回顾

环节，教师需要对课前准备活动及课前视频进行简短回顾，检查课堂中学生是否能够迅速集中注意力，提醒学生从认知和心理上做好深度知识学习的准备，这一环节主要依托于七个步骤里的前三个步骤，可适当降低其重要性。而在课堂知识测试中，由于涉及知识考查部分，因此，建议教师应利用 5G 技术检测学生是否掌握相关知识点，基于 5G 技术的多样丰富，教师检测手段也可根据学生特点进行变化，纠错、答疑及解释方法更不可因循守旧，为深化学生对知识的理解，教师应对这一环节予以重视。由此可见，5G+O-PIRTAS 教学模式在小学外语教学中可行性高，可促进小学外语教学发展，培养新一代具有国际理解力的小学生。

### （二）5G+O-PIRTAS 翻转课堂教学模式下智慧外语课堂教学模式过程分析

O-PIRTAS 作为普遍性高、可操作性强的课堂教学模式，对教师提高课堂质量有重要指导价值。在此模式中深度结合 5G 技术，开发课堂教学模式变式，从而构建普遍适用于小学外语教学的 5G+O-PIRTAS 课堂教学模式。教师设计教学过程时必须遵循 O-PIRTAS 的七个步骤。可以看到各步骤于当堂课而言的重要性，同时应充分利用 5G 技术，合理进行时间分配。

第一，课前确定教学目标过程中，包含两个阶段：一是学情分析阶段，二是目标确立阶段。进行学情分析时，可利用常见网络程序，如问卷星、接龙管家、班级接龙等微信小程序，设计问卷调查，以年级为单位分析学生学情。下面以外语课程单元《国籍》为例，教师在课前利用问卷星设置了七个单选题，并将问卷通过 5G 网络上传到班级群内，该问卷要求学生选出相关国家说"你好"的语言及相关国家在世界地图上的地理位置。得益于 5G 网络的快速高效，本次调查问卷在两小时内收集了 107 名学生的填写结果，再利用问卷星自带的分析功能，导出问卷结果，快速分析学情。

教师在目标确立阶段中，可迅速据此结果设置听、说、读、写的低阶目标及思维和文化理解的高阶目标。

第二，课前准备活动步骤中，需将学生区分为低段和中高段，低段学生由于操作能力有限，建议教师设计一些简单、具体、易完成的准备活动；而对高段学生可以布置稍复杂、需要自主探索的准备活动。仍以《国籍》单元为例，低段学生可以通过观看教师上传在班级群中的对话、歌曲视频，高段学生可以利用网络搜寻"不同国家的人打招呼手势是否有区别？""各国问好礼仪"等课程相关问题。虽然课前准备活动有差异，但教师布置活动的目的都是为了激发学生的学习动机。

第三，课前教学视频是指教师在课前将基础知识录制成微课，并通过 5G 技术发布到平台或直接发送给学生，让学生在课前观看视频，习得基础知识。考虑到"双减"政策，教师可对这一环节进行变式，由课前转为课堂教学前置阶段，借助 5G 网络将微课视频高效传送至班级一体机，利用线下课堂五至十分钟时间播放微课，并同时提出更具深度的问题，引发学生思考。

第四，课堂时间回顾。鉴于课前教学视频环节已根据教学背景移至线下课堂，故当堂回顾这一环节可以直接省略。

第五，课堂知识测试。教师应通过该环节检验学生对微课视频的学习效果。普遍的检验方式为教师运用问答法或练习法来达到检验学生的目的，但在 5G+O-PIRTAS 课堂教学模式下，教师应重视对 5G 网络的运用，检索相关资源。例如，法国教学网站 Learningapps.org 上有许多以教学主题为单位的课堂知识检验资源，如图1所示，包含多种多样的单词、句型练习，如图2所示。教师可直接在电脑上展示检验页面，由学生自主作答。教师也可以在该网站中创建新颖有趣的课堂检测，明了地呈现在课堂上。

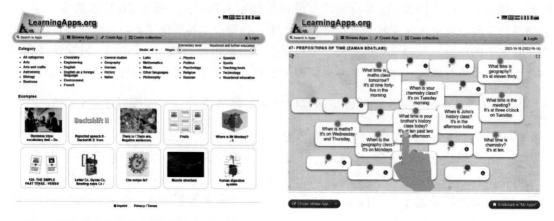

图1　以教学主题为单位的课堂知识检测资源　　　图2　多样的单词、句型练习

第六，课堂活动探究，该环节是针对达成高阶教学目标而设置的。高阶教学目标主要为布鲁姆分类中的应用、分析、评价、创造四个认知目标及动作技能和情感领域的目标。学生若只听教师讲授，难以达成高阶目标，因此，需要设计符合学生兴趣点、共情点的活动。以《国籍》单元为例，教师设置的高阶目标为养成良好的礼仪习惯，接纳各国礼仪风俗。可利用依托于5G网络的视频会议软件，与国际友校进行实时连线，相互探究礼仪、习俗、语言等方面的差异，通过超高清镜头下的互动，可以放大学生的感受能力、增强理解能力及深化情感价值观。

第七，总结提升，在课堂上进行总结、反思和提升，可帮助学生梳理知识结构。以《国籍》单元为例，教师可在线使用XMind思维导图软件，指导学生发挥主观能动性，让学生独立思考或小组合作，借助教室电脑或一体机制作思维导图，可在课后发送给学生。

# 结　语

5G+O-PIRTAS课堂教学模式以学生为主体，根据实际教学情境可产生变式，让学生通过多维模式完成对知识的理解和应用，对国内小学智慧外语教学具有一定借鉴意义。

## 参考文献

[1][3][4]郭建鹏.翻转课堂教学模式：变式—统一—再变式[J].中国大学教学，2021(6)：77-86.

[2]陈怡，赵呈领.基于翻转课堂模式的教学设计及应用研究[J].现代教育技术，2014，24(2)：49-54.

# "教育+5G"时代下小学体育混合式教学模式实践探究

张晓倩

成都霍森斯小学

**摘 要**：随着信息技术的快速发展以及基于大数据环境影响，5G教育和智慧体育正在从各个方面改变体育教学方式。不单只有传统的线下教学，还新增了线上教学，帮助学生充分预习课程内容，提高课堂效率，以及有针对性地进行课后练习。通过混合式教学模式同步开展线上线下教育，需要关注学生时间的合理分配和网络条件，并且需要注意避免学生在电子设备的使用上用眼过度，通过合理地安排线上线下课程能更好地帮助师生解决更多的问题。

**关键词**："教育+5G"；小学体育；混合式教学模式

## 引 言

随着科技发展，互联网技术已经广泛运用到教学过程中的各个方面。体育教师也有了一定的线上线下混合教学模式经验，为了能更好地开展体育教学工作，需要对5G教育和智慧体育的混合式教学模式进一步反思与研究。

## 一、"教育+5G""智慧体育"及"混合式教学模式"简述

### （一）"教育+5G"特点及优势

5G是指第五代移动通信技术，是最新一代的蜂窝移动信息技术。5G具有高速度、覆盖更广、低耗能、低延时的特点[1]。

通过"教育+5G"可以摆脱时空的限制，可以让学生借助手机、电脑等设备，在网络可以覆盖的地方进行学习和交流，教师则可以利用电子设备进行线上课程教学，并且可以录制微课，让学生可以进行课前预习，或者针对部分学生因特殊原因而无法返校上课时可以通过微课学习。同时，课堂形式也变得多样化，学生能通过一些动画更加生动直观地看到体育技术动作的要领并了解到不同的练习方式，让学生更加积极主动地参与到学习中来。

### （二）智慧体育特点及优势

智慧体育是以物联网、大数据、人工智能等新一代信息技术手段为依托，通过可穿戴设备、运动监测设备等各式传感器和监测系统实现对体育行为的全面感知，运用智能算法洞悉体育大数据背后隐含的关系、变化、趋势，围绕更好满足人们多层次、多元化体育需求的人

本核心理念，所形成的集体育信息收集、分析、处理、智能决策及响应需求于一体的智慧化体育运行系统[1]。

智慧体育的特点主要有以下四个方面：①感知测量。通过智能设备将数据收集感知测量，通过智能系统计算分析，转化为能让师生都通俗易懂的内容。②整合分配。将所有体育资源处理整合到一起，为体育参与者提供适合的体育服务。打破时间空间限制，将资源最大化利用。③契合需求。根据体育参与者的需求进行实时调整变动，并且发现潜在体育参与者的需要，了解到每位体育参与者的体育需求。④激励创新。随着社会发展以及智慧体育的不断更新，体育从业人员利用智慧化设备进行业务创新，为体育事业的发展注入新活力。

智慧体育和传统体育相对比，通过大数据更加具体地监测到学生的数据，同时给出更准确的练习方案，也给了体育参与者更多的参加空间，能在不同时段地点找到合适的锻炼方式，体育教师也能根据大数据监测针对学生进行分层教学。

"教育+5G"和智慧体育都是随着时代变化所创新的教育手段与体育锻炼方式，同时也都是通过智能设备将课程内容进行优化，可以让人们不分时间地点地进行学习锻炼，将两者更好地结合就形成了5G+智慧体育，这样不但方便体育教师进行线上视频录制，也方便学生通过智能设备提前预习以及课后巩固知识，本文将两者之间的关联以及对将"教育+5G"和智慧教育在小学体育混合式教学模式的使用进行了分析说明。

### （三）混合式教学模式特点及优势

混合式教学模式，即将在线教学和传统教学的优势结合起来的一种"线上"+"线下"的教学。通过两种教学组织形式的有机结合，可以把学习者由浅到深地引向深度学习。

混合式教学模式以学生课前的自主学习以及课后发散了解为主体，教师在课上的串联和解答为辅助，这样将学生变成了课堂的主体，让学生对课堂更有兴趣，也通过这种模式更好地帮助学生获取知识，实现较好的学习效果[2]。

采用混合式教学模式具有以下优势：首先，可以帮助学生更好地拓展体育方面的知识，通过线上视频的播放可以启迪学生的思维，让学生在课前对所学内容进行了解。其次，可以大幅提升学生的参与度，促进师生之间的交流。混合式教学模式改变了从前单一的教师输出、学生吸收的教学方式，先让学生课前将本课的疑问进行汇总，然后体育教师再有针对性地进行讲解。最后，激发了学生学习的主动性，在混合式教学模式下，学生变成课堂主体，教师是辅助者。课前通过相关视频的学习提前调动学生积极性，据此教师可以做到分层教学，学生根据自身学习情况，制作相应的学习计划以及清单，合理安排学习时间，掌握学习主动性[3]。

## 二、"教育+5G"下体育课混合式教学模式分析

### （一）线上充分预习课程内容，便于线下师生有效交流

传统体育课堂中，学生当堂课学习的内容基本由教师在课堂上通过讲解示范传授给学

生,这样在课堂中大部分时间是教师讲解,学生练习时间大幅降低,学生当堂课的运动密度、运动强度不达标,而且学生在校外锻炼时,无法得到专业人士的指导很容易受伤。在采用"教育+5G"后,教师可以提前将课堂内容通过智能设备发给学生,让学生提前了解,并针对本课所学内容进行自主学习探究,将不懂的地方重点标注,然后系统将学生的课前预习情况以及学生的疑问自动生成统计信息,以便体育教师在课堂上针对学生不懂的部分再进行着重讲解。教师通过查看学生预习情况就可以针对不同班级及时调整课堂内容,实现分层教学。

以"田径—障碍跑"为例,教师提前制作微课视频,让学生通过平台观看微课视频,以便对障碍跑有基本了解。知道障碍跑中采用爬、跑、跳的方式,以及障碍跑所锻炼的身体肌肉群有哪些。完成课前问卷,问卷中主要是针对视频内容进行汇总,学生填写问卷后,教师可以直接通过后台数据掌握学生预习情况,根据学生学习情况进行汇总,将重难点部分在线下课堂中进行充分讲解,帮助学生更好地掌握技术动作的重难点。通过微课视频的播放能更好地吸引学生兴趣,让学生能够对技术动作有直观了解,教师也可以与时俱进,根据学生现在所喜欢了解的事物,合理利用资源来进行课前导入,以便更好地让学生参与到课堂中来,做课堂的小主人。教师可以根据学生学情制作微视频等学习资源,学生可以根据自身需求以及学习情况选择适当的资源包,线上学习不受时空的影响,为线下课堂奠定了基础。

## (二)线下课堂效率有效提高,便于线上课程交流反馈

随着时代发展以及新冠疫情的影响,加速了信息技术与体育的融合,5G+智慧体育的运用越来越普及。在学校体育课的运用中学生通过线上观看资源包了解所有内容并提出疑问,教师收集信息,在线下课堂中针对学生线上的疑问进行答疑解惑。这样线上+线下形成了互补模式,对学生学习起到促进作用,在以往课堂中普遍是教师输出学生吸收,而且每个学生学习情况不同,这样不能做到全面覆盖,保证每位同学学会课堂内容,学生也失去了思考能力。而采用"教育+5G"之后,通过线上与线下的结合,能够给学生充分的思考空间让学生根据自身情况选择合适的学习方式,教师最后进行集中汇总,通过线下课堂引导学生来解决线上课堂中留下的疑问。

如在田径——障碍跑教学中,学生通过提前预习对障碍跑有了一定了解,教师可以在线上通过衍生帮助学生对田径知识在做一个系统了解,这样学生会建立一个关于田径大单元的完整体系,了解到障碍跑属于田径中的一种,障碍跑主要是以爬、跑、跳等方式越过障碍物。教师通过微视频让学生了解障碍跑赛道的布置,为学生自己布置赛道提供思路,让学生发散思维设计属于自己的赛道。设计之后将自己所设计赛道的思路传到智慧体育端,教师查看并给予建议,学生及时根据教师反馈进行调整,线下课堂是教师通过提问查看学生线上课堂的学习效果,将重点部分再讲解一次,这样大幅减少了课上教师讲解部分,增加了学生练习时间,并且课堂上通过 KT 版展示教师制作的简易版重难点也能让学生一目了然并且有疑问时可以随时去看,给予学生相应器材布置自己在课前设计的障碍跑赛道,这样就减少了学生在课堂上设计赛道这一步骤。线上线下的结合也促进了家校沟通,家长也可以通过智慧体育及时掌握学生当堂课学习的情况,及时和老师沟通。

## 三、5G 智慧教育中小学体育混合式教学活动的注意事项

"教育+5G"随着 5G 的兴起逐渐进入学校课堂中,但很多功能在使用时要注意方式方法,体育的混合模式教育要不断探索、逐渐完善。开展 5G 智慧教育小学体育混合式教学活动需要注意以下两个方面:一是注意时间分配,线上、线下时间合理分配,不能完全依靠线上教学,让学生通过智能设备学习,这样很容易使其对电子设备产生依赖,并且逐渐降低对线上学习的兴趣,而且长时间使用电子设备对学生视力不好,这也会影响线下教学效果。因此,为了提高小学体育混合式教学的效果,教师需要结合体育的学科特点,再根据当堂课内容灵活合理分配线上、线下教学时间,尽可能激发学生兴趣调动学生积极性,让学生主动思考并参与到课堂中来。二是需要注意"教育+5G"的运用条件,在使用"教育+5G"之前了解学生家庭情况,掌握学生学习环境或学习条件,看其是否有相关设备进行线上学习,然后再分层次发送相关学习资源包。

## 结　语

"教育+5G"环境下,混合式教学模式逐渐变得普及,教师通过混合教学,将知识的传授过程变得生动有趣、方式多样,这不仅能有效提升教师的教学效果和学生学习效果,同时也将课堂还给了学生。

## 参考文献

[1] 高云,由杨,徐蕾.5G 时代线上线下混合式教学模式的应用研究[J].黑龙江科学,2021(12):86-87.

[2] 宋迎春."5G 云教育"背景下初中数学线上线下混合式教学实践探索[J].数学教学研究,2022(5):10-12.

[3] 李在军,李正鑫.智慧体育:特征、发展困境与推进路径[J].沈阳体育学院学报,2022(4):64-70.

# 5G时代智慧课堂教学模式的创新性

廖瑞

成都高新锦翰学校

**摘 要**：近年来，教育改革和发展的重点都在高质量教育体系的构建上，这关乎我国教育的新格局。随着我国教育信息化的发展，引领现代化教育的主体已经转变为教育信息化。面对着信息化驱动教育系统变革的重要时期，智慧课堂教学模式的应用具备了成熟的条件，但是5G时代智慧课堂教学模式的创新还受到一定的阻碍。为此，本文立足于5G时代智慧课堂教学模式的创新作用，分析其中存在的问题，并且提出相应的实施策略，以求为相关的研究奠定坚实的基础。

**关键词**：5G时代；智慧课堂；虚拟现实技术；远程教学平台

## 引 言

面对当下5G大规模商用的趋势，新一代信息技术对教育领域的影响也十分深刻，其主要体现在传统教学方式上，使得传统的教学向着"智慧型教学"的方向转变。同时，在《教育信息化2.0行动计划》中，教育部对"互联网+教育"这一内容进行了积极的推动，再加上5G时代的背景，我国三大运营商也提出了相应的智慧教育计划。据了解，中国移动提出打造沉浸式智慧课堂教学模式的观点，引入先进技术（如全息投影、VR/AR）和教学模式，以此来为课堂教学模式进行创新；中国联通则将重点放在对智慧教育技术和产品的研发上，提出了"5G+智能教育"；而中国电信的重点在于开展和教育集团相结合的"5G"教育。在此基础上，还有很多互联网行业的企业也纷纷开始加入这一行列，这对于进一步探究5G时代的智慧课堂教学模式提供了重要的发展依据。

## 一、5G时代智慧课堂教学模式的创新性作用

### （一）能够带给学生直观的学习体验

5G时代的智慧课堂教学模式的作用体现在为学生带来更加直观的学习体验上，不再实施原本单一的授课模式，利用互联网等技术为沉浸式教学提供可能。沉浸式教学模式下教师可以运用相应的手段给予学生相应的场景教学体验，使学生更好地集中注意力。同时，对比传统的教师讲解教学模式，这一模式能够使学生产生身临其境的感觉，教学的感染力也会提升，从而使教学的效果更加理想。

## （二）能够提升学生的学习兴趣

对于新一代的学生而言，"5G"时代智慧课堂教学模式当中蕴含着代表当代先进技术和产品等的重要内容，这使很多学生对其充满了好奇心。为了获取更多的体验，学生会更加珍惜上课的时间，由此就会取得较好的教学效果。同时，传统的课堂教学模式中教师使用的设备和方法就有些枯燥了，学生很难对其产生兴趣。而5G时代智慧课堂教学模式的创新在于融入了智慧化的技术，能够在较短的时间内吸引学生的注意力，从而使其更快地融入课堂教学当中。

## （三）能够提升教学的质量

由于不同地区的经济发展水平不同，教育资源也存在很大的差异。比如，偏远地区缺乏教师，教育资源受到城乡分配差异和地域分配问题的影响。在5G高频率传输技术的作用下，远程教学得以实现，使得名师能够实现远程授课，这对于教育资源共享的实现有很大的帮助[2]。借助教室内部的投影仪能够进行网络直播授课，这为学生参与到名师课堂提供了很好的机会。

# 二、5G时代智慧课堂教学模式的创新性存在的问题

## （一）巨大的前期资金投入

5G时代智慧课堂教学模式的创新主要体现在设备和先进技术的应用上，但是要想应用这些设备和技术需要投入的资金数额庞大。此外，引入这些设备和技术之后，还需要配备相应的专业人员，以满足日常的维护和运行的需求。也可以选择将其外包给其他专业公司的方式，但是这同样需要大量的资金作为支撑。上述这些资金的支出在很大程度上使国家和学校的资金压力增大。因此，该模式的创新资金阻力很大，必须要采取相应的策略，否则很可能出现延迟推进的情况。

## （二）5G技术人才严重缺乏

5G技术在教育领域实现商用之后，就面临着严重的人才缺乏状况。从普通人的角度来讲，5G时代带来的仅仅是网速的变化，4G时代为直播行业的兴起提供了助力，而5G时代也必将对新行业的造就产生作用，因此，5G时代的发展同样也需要人才的支撑[3]。互联网行业和教育行业融合中复合型人才更是不可或缺，但是实际上这方面的人才较为匮乏。

## （三）师生之间的自然互动缺失

在5G时代智慧课堂教学模式下，由于借助了5G技术的特性，搭建了云—网—端平台，改变了实际的交互方式。但是考虑到远程教学中，在线教学的方式存在着时空分离的状况，教师和学生之间的情感交互难免会受到影响，而且还会导致教师的教学质量和学生的学习效果之间存在不匹配的情况。教师和学生之间的互动和交流可能会出现疏离感，这为5G时代智慧课堂教学模式的创新产生了一定的影响。

## 三、5G 时代智慧课堂模式的创新性实施路径

### （一）巧妙地运用虚拟现实技术，提升教学效率

在实际的教学过程中，很多教师常常会提到创建身临其境的教学场景，以此来增强教学的效果。而 5G 时代则可以将这一内容转化为现实。借助虚拟现实技术能够模拟语文课本中描述的各种场景，在模拟物理或者化学实验方面也有很强的真实性。充分应用超低延时通信、物联网以及移动宽带等技术，还能够将地震等场景创造出来，最大限度地为学生提供真实的情景，刺激学生视觉、听觉和触觉等器官，进而让学生提升对教材内涵的掌握程度。另外，运用高科技复原和模拟历史场景或者宇宙环境，使学生在头脑中将抽象的内容具体化，从而提升教学的形象性和有效性[4]。与此同时，还要注重对学校内部教学资源不足的弥补，对一些高成本或者高风险的项目实验或者教学培训等进行模拟，一方面可以使教学的资金支出降低，另一方面还能够使学生的学习效果更加理想。在教学模式中运用 VR 技术还能够在给学生带来新鲜感的同时，最大限度地提升教学的质量。

### （二）加大对 5G 技术人才的培养，为先进技术的创新提供动力

随着 5G 技术的全面实施，人才培养成为推动该技术进一步发展的关键。《5G 人才发展新思路白皮书》指出：到 2030 年，中国社会产业将面临 800 万的 5G 技术相关人才缺口，在教育领域的表现也很突出，因此，有必要大力培养 5G 技术人才。一方面，将完善人才评价体系，优化激励机制。将 5G 时代智慧课堂教学模式与专业技术人员充分结合起来，激发专业技术人员知识更新的内生动力，协调多种资源，搭建交流平台，创造学习机会，促进人才素质提升，培养更多高端复合型人才，从而达到更好的建设制造强国、网络强国和数字中国的目的；另外一方面，考虑到弥补 5G 技术人才不足的现实必要性，我国先后建立了 5G 应用测试中心、首个 5G 高校实验室、首个 5G 专属教育网等基地，其中 5G 教育培训实验室平台是中国移动为高校搭建的一套完整的 5G 小型网络服务平台，5G 网管平台、5G 教育培训平台等都是其中的组成部分，并且核心网、基站、终端及相关应用等都被涵盖其中[5]。充分发挥部署该平台和 5G 应用的作用，能够对教育资源进行整合和扩展，有利于教学效果的提升，也为 5G 时代智慧课堂教学模式的创新性发展培养了更多的 5G 创新人才。

### （三）促进远程教学，实施双师互动教学模式

当下在部分教育机构当中，双师互动教学的应用十分广泛。在这一教学模式中线下教师在进行教学的时候可以充分利用教室里的投影仪，将名师直播或者录播等统一接收进来，达到远程教学的目的。而在网络的另外一端，名师采取网络授课的方式，在授课的同时满足多个课堂的教学需要。双师互动教师模式下我国的教学资源共享度不断提升，为教育公平发展奠定了良好的基础，也在很大程度上解决了单一线上教学考核和记录管理难度大的问题。线上名师授课的形式可以结合具体的状况进行改变，最常用的就是直播或者回访，学生在这个过程中可以进行在线提问，而名师利用节省下来的时间进行在线答题。线下老师负责课堂的组织和管理，而线上老师在此基础上负责对授课的课后状况进行有效的补充和答疑。为了推

动双师互动教学的实现，高素质的授课名师成为亟需的教育资源，而搭建专业的教学平台能够保证其发挥最大的作用和价值。基于此，教育部与工信部合作搭建相应的平台，用这种方式将授课名师引入其中[6]。考虑到提升学生学习热情的现实需求，让学生对教师进行投票，由此来决定实际授课的教师，为学生跟随喜爱的教师上课提供了可能性。5G时代的智能课堂模式创新实施的双师互动教学方式，在"课内+课后"的教育模式上进行了创新，借助移动端软件帮助学生进行课后辅导，从而实现移动教学。

## 结　语

综上所述，在5G技术背景下，为了实现教育领域的进一步发展，必须要推动技术和教育的融合，对5G时代的智慧课堂教学模式进行创新，巧妙运用虚拟现实技术，提升实际的教学效率，加大对5G技术人才的培养力度，为先进技术的创新提供动力，促进远程教学，实施双师互动教学模式，推动5G时代智慧课堂教学模式的创新发展，从而推动我国智慧教育信息化的全面实现。

## 参考文献

[1] 刘邦奇.智慧课堂生态发展:理念、体系构成及实践范式——基于技术赋能的智慧课堂理论与实践十年探索[J].中国电化教育,2022(10):72-78.

[2] 李美林.5G技术赋能智慧课堂教学研究[J].江苏科技信息,2022,39(18):57-59+75.

[3] 周欣欣,徐纯森,李红彪,等."智慧课堂"教学模式创新与实践[J].天津中德应用技术大学学报,2021(6):67-71.

[4] 蔡苏,焦新月,杨阳,等.5G环境下的多模态智慧课堂实践[J].现代远程教育研究,2021,33(5):103-112.

[5] 雷懿.智慧课堂发展研究[D].重庆:西南大学,2021.

[6] 陈国华,郭正民.5G网络支持下的智慧课堂应用研究[J].中国教育技术装备,2020(12):68-70.

# 5G双师课堂背景下英语"融合式"绘本教学模式的建构与实施

冯露佳

成都高新区实验小学

**摘　要**：5G技术的兴起推动了其在双师课堂教学中的运用，在实施过程中双师教学的问题也逐渐凸显：教学中主导教师卓越性不足、班级间互动不深入、教学模式借鉴性不强……因此，建构出"以促进生生实质互动为突破点，以培养卓越性教师为宗旨，以达成课堂的优质化、可借鉴性为核心"的英语教学模式是5G双师课堂背景下需探索的重要课题。本文聚焦于"融合式"绘本教学模式，以期从实质上推动双师、双生、双班间互动，解决5G双师课堂英语教学的实际困境。

**关键词**：5G双师课堂；"融合式"；英语绘本教学模式

# 引　言

21世纪以来，随着信息技术的发展，全球科技创新空前活跃。2020年，发改委和工信部联合发布《国家发展改革委办公厅、工业和信息化部办公厅关于组织实施2020年新兴基础设施建设工程的通知》（以下简称《通知》），《通知》中明确将"5G+智慧教育"作为七大5G创新应用工程之一。教育工作者逐渐意识到信息技术帮助构建优质教育平台的重要性，及其促进学生学习空间共享的可操作性。由此，5G技术在信息技术中的优势逐渐凸显。

为顺应时代发展并促进5G技术的实际落地，近年来，这项最新一代通信技术广泛运用并推广于双师课堂，它既是推动教育公平、构建优质课堂的重要载体，更是创新课堂、培养学生核心素养的创生驱动。在这样的背景下，基于5G双师为背景的教学形式和课堂样态也趋于多元化。在实施过程中，笔者深入剖析现状问题与发展趋势，探索出真正适用于5G双师课堂教学的"融合式"绘本教学模式，以期为教学模式建构提供新视角[1]。

## 一、5G双师课堂背景下英语教学的现状问题与解决方向

### （一）5G双师课堂背景下英语教学的现状问题

5G双师课堂教学促进课堂上教师之间、师生之间、生生之间的互动，研究型教师团队也在信息技术的发展中不断壮大，质量不断提高。但在实际实施过程中，5G双师英语教学中的问题也逐渐暴露出来。

**1. 5G 双师教学中主导教师卓越性不足**

双师教学根据教师的年龄、经验、能力差异主要形成了"主辅双师课堂模式""融合双师课堂模式"以及"智能双师课堂模式"三种类型。5G 双师课堂教学重点在于利用 5G 技术，实现双师课堂教学的智能化。然而，5G 技术毕竟是课堂教学的基础环境，双师教学需探索出其独特的借鉴模式。现行的 5G 双师课堂中主要采用的是主辅双师课堂模式，在实行双师教学的两班教师能力差异不大的情况下，主导教师的卓越性很难体现。双师教学为促进教育公平的现实性则很难满足。为主导教师探索出有借鉴意义的教学模式势在必行。

**2. 5G 双师教学中班级间互动不深入**

双师教学极大程度上促进了两班教师之间的交流合作，教师共同备课、上课、研讨促进了各自教学技能的精进。但在实施过程中，笔者发现两班之间的学生在课后无交流，在课上以回答问题的方式进行无效"交流"，学生间缺乏合作意识，合作能力未得到培养。实际操作中的双师教学更等同于两倍班级人数的同学在一个班级里同时授课，双师课堂的特点与优势未能完全体现。促进两班学生之间的"有意义"交流是 5G 双师课堂教学探索的迫切之需。

**3. 5G 双师英语教学模式借鉴性不强**

主导教师的卓越性体现不足、班级间学生互动不深入导致 5G 双师课堂教学未形成体系化、常态化、优质化的教学模式。因此，在实际的 5G 双师学科教学中，探索出可借鉴的教学模式补足主导教师能力限制、促进生生互动合作是当下教学实施的应有之义。

### （二）5G 双师课堂背景下英语教学的解决方向

基于以上问题的深入研讨，英语 5G 双师课堂从多次实践的课堂教学成果出发，拟从以下三个方向解决现存教学问题：

**1. 以促进生生实质互动为 5G 双师英语教学的突破点**

5G 双师教学在实践中的问题本质是双班学生未形成实质的互动，导致双师教学仅为"双班共同教学"。因此，双师团队找准问题突破口，精选适宜的教学策略以促进生生实质互动，以期从"双班共同教学"转变为"双班互动教学"。在实际教学策略探索中，笔者发现"拼图阅读（Jigsaw Reading）"英语教学模式既满足班级内的小组活动，促进组内成员的生生互动，还通过文本拆分的方式，让每班学生收到不同的阅读任务，再以信息差为基础，实现班级间学生的实质互动，突破了 5G 双师英语实际教学的难点。

**2. 以培养卓越性教师为 5G 双师英语教学的宗旨**

5G 双师教学中主导教师的核心素养是课堂转化为优质教学资源的重要基础，因此，培养卓越性教师成为 5G 双师英语教学的重要宗旨。除了笔者提到的"拼图阅读"教学模式的运用来帮助生生之间的互动外，教师也应有较高的教学素养，深入挖掘主题意义，带领学生准确把握故事情节，生成"一个深度卷入并思维绽放的教学形态"。在实践过程中，主讲教师通过对文本内容的充分挖掘确保教学目标的达成，通过"图片环游（Picture Walking）"

教学策略以及精确的问题设置引导学生观察、推测绘本封面、主题图，为后续"拼图阅读"小组活动做好铺垫，在这一过程中主导教师的核心素养能力也随之提升。

**3. 以实现课堂的优质化为 5G 双师英语教学的核心**

课堂的优质化是每堂课的追求目标，也是 5G 双师英语教学的探索核心。由于 5G 双师教学存在的特殊性与先进性，课堂的优质化应不止于某些课例的精彩呈现，而应探索出具有借鉴性的教学模式，为后续 5G 双师教学研究提供理论支持与实践范本。在前期探索中，笔者发现"图片环游+拼图阅读"的"融合式"绘本教学模式更适用于我国 5G 双师课堂背景。

## 二、5G 双师课堂背景下英语"融合式"绘本教学模式的建构理据

### （一）绘本教学应用于 5G 双师英语课堂教学的理据

北京师范大学王蔷教授指出："绘本独立成册，为学生提供了完整的阅读体验，阅读绘本的过程帮助学生建构文本概念、感知文化差异并培养学生阅读素养。"因此，绘本的重要性与趣味性不言而喻。而相比于传统课堂，5G 双师课堂使用绘本进行教学更能凸显其教学优势。

5G 双师英语教学以绘本为载体的优点在于：①双师课型需要两班学生充分地交流与互动，绘本阅读有助于促进学生的文化意识培养与文化交流。②双师课型是对基础课堂的升华与拔高，因此，适合基于大单元的归纳、拓展延伸课。③5G 技术下的双师课型需改变传统课堂语言不够真实、情境创设不够有趣等问题，绘本阅读能为学生提供更为完整的阅读体验，结合实际生活激发学生兴趣。因此，绘本教学更有助于 5G 双师英语教学探索出可借鉴模式。

### （二）"融合式"教学模式应用于 5G 双师英语课堂教学的理据

所谓"融合式"，既代表 5G 双师课堂教学承载的基础，也是教学模式选择与建构的重要路径。5G 技术下的双师课堂要体现创新，"新"在于双师的形式，在于双班的联动，在于生生的互动。归根结底，技术与形式的革新是为了促进学生之间的主动参与，将一堂课的双班师生"融合"起来，这种"融合"是包容各自的文化背景差异进而实现的价值共享与认知升华。

而要如何达成"融"？也在于优质教学策略的选择之后的"融合"。区别于单一的教学策略选择，融合后的教学模式更加适用于双师教学。区别于传统的教学策略堆积，融合后的教学模式有目的、有规划、有技术，基于大数据学情分析，源于最前沿的信息技术支撑，优于传统双师教学。

因此，5G 双师背景下课堂英语"融合式"绘本教学模式是以信息技术为融合载体，以生生互动参与为融合主旨，以"图片环游（Picture Walking）+拼图阅读（Jigsaw Reading）"为融合手段的模式探索。下面，笔者将具体介绍"融合式"绘本教学模式的实施路径[2]。

## 三、5G 双师课堂背景下英语"融合式"绘本教学模式的实施路径

基于 5G 双师课堂背景下英语"融合式"绘本教学模式的框架图,笔者将对模式中的环节流程进行具体阐述,如图 1 所示。

图 1　5G 双师课堂背景下英语"融合式"绘本教学模式

### (一)课前分组,双师共研

通过双师共同教研,明确课堂教学目标,共同设计教学步骤与环节。双师确立教学角色及分工,即主讲教师分工、辅助教师分工。主讲教师与辅助教师在充分了解本班学生的学情基础之上,基于学生个体差异,对全班同学进行分组,小组内成员能力可有较大差异,但需保证组间能力相当,为后续教学环节做准备。需注意,在分组时学生需了解各自分工,例如,小组长:负责领取本组任务并协调组员完成任务;书写员:请书写工整的成员担任填写答案的工作;汇报员:准确汇报小组成果或合理分工小组成员一起汇报小组成果……

### (二)课堂导入,智慧联动

在课堂开始之前,双师基于对绘本的深入分析、挖掘主题意义,找到绘本的重点。结合绘本主题,通过智慧课堂对学生学情进行大数据分析,了解教学难点。结合学生的实际情况考虑是否设置前置作业单。在充分准备与调研的基础上,选择本节课的导入类型。类型一:通过评讲前置作业单突破教学难点。类型二:通过智慧课堂的介入,例如,游戏、视频导入等方式,激发学生兴趣,引入主题。

以大猫英语绘本分级阅读六级 *Long-Distance Lunch* 为例,本书主要讲述了我们日常所需食物的产地及其原材料生长、采集的过程:大量的小麦来自美国、金枪鱼来自太平洋与印度洋、香蕉来自西印度群岛与中美洲、西红柿来自西班牙、橙子来自巴西、可可豆来自科特迪瓦与加纳等。在对文本深入分析的基础上,授课教师利用问卷星对学生进行了地理知识了解程度的调查。发现学生知道一些著名的国家位置,对于本课涉及的小国家几乎没有概念,不了解国家的名称也不知道其地理方位。因此,教师设置了前置作业单补充相关地理知识,并

在课堂伊始以拼图游戏的方式验证答案,增加了趣味性又突破了教学难点。

### (三)课中阅读,双生协作

在热身环节后,主讲教师通过图片环游方式带领学生解析开篇文本:分析封面标题、作者、插画信息,之后通过观图猜测文本内容,听音填补文本信息等方式,帮助学生建立文本分析能力。辅助教师可通过进一步提问帮助远端班级学生理解,并鼓励远端班级分享答案。在剩余平行文本中,通过拼图阅读教学策略将文本进行拆分,两个班级分别研读文本的二分之一,小组合作完成题单。

以多维分级阅读六级 *Changing Colors* 为例,本书讲述了雪兔白天隐居,夜晚外出活动觅食的生活习性。展现了雪兔后腿长,跑得快的特点;以及夏天皮毛是棕色,秋季身体是棕色,耳朵和脚变成白色,冬季全身会变成白色的特点,传达了动物保护色的概念。主讲教师在带领两班学生分析了雪兔夏天的毛色特点和生活习性后,将剩余文本进行拆分。本校学生读冬季,远端学生读秋季。完成相应的关于季节、毛色变化、为什么变色的表格填写。在分配过程中需注意:①结合两校学生能力特点进行文本难易的分配。②结合两校学生特点进行问题设置,例如:是否配插图?是否需要梳理汇报文字?是否以思维导图形式呈现?③完成表格时,学生需有明确分工:组长、书写员、汇报员……

### (四)读后分享,信息互通

在双师的引导下,两班学生向对方学校学生展示二分之一文本研究成果。展示形式需根据文本内容以及学生特色进行设定,展示时需依据组内成员个性化差异确立组员分工:①在黑板上寻找答案填补空白。②一人汇报一句。③角色扮演。④绘画介绍……两校两班学生分别展示后互通信息差,对未知信息进行提问与归纳,教师总结提炼。

以黑布林英语阅读小学 A 级 *The Bully* 为例,本书讲述了莽撞的小男孩 Charlie 通过掰断同学的铅笔、撕烂同学的书本等方式展示自己的强壮,直到有一天 Charlie 精心准备的生日派对无人参加,他才知道问题所在。之后,勇于承认错误的大男孩通过自己的方式弥补了之前的错误,最终被同学邀请参加生日派对,获得了大家的认可。讲授教师聚焦于文本中的情感体验,在 Charlie 多次霸凌其他学生的平行文本中,请两校学生以固定句型 "Hey. _____ . I'm strong! I can _____ ." 来演绎 Charlie 的霸凌情形。在演绎之前,组内需有部分成员分析文本、完成对应信息的关键词填补,需有两位成员演绎 Charlie 和受霸凌的学生。在演绎的过程中,学生的文本分析能力得以体现,文本所蕴含的情感体验得以升华。在两班学生演绎的过程中,两位教师可以适当进行激励与比拼,促进生生互动。之后通过提问等方式补充信息差,并进行总结提炼。

## 结  语

概括来说,5G 双师背景下的"融合式"英语绘本教学模式以信息技术为融合载体,以生生互动参与为融合主旨，以"图片环游+拼图阅读"为融合手段，达成了双师教学背景下的双班实质互动目的，凸显了5G与智慧课堂的优势。利用大数据学情分析，突破了两班的物理距离，实现了"融合"的深度。利用融合式阅读教学策略，既保留了各自的文化背景差异又加强了沟通互鉴，实现了"融合"的广度。因此，它是5G双师课堂背景下英语绘本教学模式探索的重要途径。

## 参考文献

[1] 龙西仔,刘小莲,胡小勇.双师课堂:疫情防控期在线教学新模式[J].中小学信息技术教育,2020(5):12-16.

[2] 王蔷,敖娜仁图雅.中小学英语绘本教学的途径与方法[J].课程·教材·教法,2017(4):6.

# "5G双师互动课堂"结构及特征剖析

杨鳗　刘礼彬　张晓琴

成都高新区实验小学

**摘　要**："5G双师互动课堂"主要指位于两个不同教室的师生，利用5G的高宽带、低时延、大连接的环境，通过高清直录播设备，由两位教师共同组织进行课堂教学。它通过师师互动、师生互动和生生互动来创设良好的教学情境，保障本地师生与远程师生更好地同时学习、辅导与互动，是一种有效调动学生学习积极性和提高教学效率的教学方式。它在理论支撑、教学方法使用、教学流程设置及评价方面具有其独特性，这些课堂结构方面的独特性又使它整体展现出"实施螺旋循环程序""尊重多主体综合辅助""兼容其他课堂优势""具有创新和延展生命力"四个特征。

**关键词**："5G双师互动课堂"；课堂结构；课堂特征

## 引　言

2020年9月，为推动5G技术在教育中的应用，成都高新区教育文化和卫生健康局明确提出要做强5G环境下的智慧教育的高质量教育发展目标，将成都市中和职业中学、成都高新区实验小学、成都市中和中学、成都高新区益州小学、成都市第七中学初中学校五所中小学"升级"为全国首批5G未来学校。作为首批打造的五所5G未来学校之一，根据学校高质量发展规划，我校确立了区级课题《5G背景下双师互动课堂的实践与研究》开展研究。我校近两年的常态实践与研究证明了"5G双师互动课堂"非常有研究与推进的意义。把双师课堂放置在"5G+智慧教育"的场域中，对于教师而言，更加注重教师教学性支持的知识引领，更加关注教师工具性支持的导航保障，持续强化教师社交性支持的融合促进，更加重视教师情感性支持的情感呵护，并且以此来确立以支持服务为中心的教育理念，构建智慧教育下的教师和学生的支持服务体系架构及其动态螺旋式支持服务模式；对于学生而言，在整个过程中教师提供的支持服务更易被学生感知到，融入技术的支持服务又使学生的学习主动性更加积极，学习效果更加良好。

## 一、"5G 双师互动课堂"与其他课堂的结构对比分析（见表1）

表1 "5G 双师互动课堂"与其他课堂结构对比分析

| 名称 | 理论支撑 | 教学方法 | 教学流程 | 教学评价 |
|---|---|---|---|---|
| "5G 双师互动课堂" | 人工智能、情绪智力理论、多元智力理论 | 游戏化、小组合作、项目式 | ①课前准备阶段。<br>②以实时互动为主的课中直播教学阶段。<br>③以研讨与反思为主的课后反馈阶段 | 形成性评价<br>终结性评价<br>反思性评价 |
| 双师课堂 "1+1 慕课" | 掌握学习理论<br>范例教学理论 | 混合式 | ①组织区域内名师团队进行教研，录制微课。<br>②现场导师研读教材，提前观课，制定课堂流程。引出学习课题，播放录播课，进行录播教学。<br>③课程完成后，现场导师指导学生完成作业，及时批阅及反馈 | 过程性评价<br>生成性评价<br>表现性评价 |
| "五段式"课堂（传统课堂） | 赫尔巴特教学论 | 讲授式 | ①预备：唤起学生的原有观念和吸引学生的注意力。<br>②呈现：教师清晰地讲授新教材。<br>③联系：使新旧知识形成联系。<br>④统合：帮助学生进行抽象和概括，形成新的统觉团。<br>⑤应用：以适当方式应用新知识 | 终结性评价 |
| "掌握学习"课堂 | 布卢姆"掌握学习"理论 | 反馈-矫正式 | ①分析教材。<br>②重组教材。<br>③设计"单元反馈矫正程序"。<br>④终结性评价 | 形成性评价 |
| "顿悟学习"课堂 | 表征转换理论和进程监控理论 | 反馈-动力式 | ①对比当前状态与目标状态。<br>②缩小错误的问题空间范围。<br>③找到失败原因。<br>④跳出错误问题空间范围，到元水平问题空间范围搜索原型和关键启发信息。<br>⑤顿悟（找到问题的答案）。<br>［①"提供原型"（对当前问题的解决起到启发作用的事件）。②"提供关键概念及关系词的分析"］ | 形成性评价 |

续表

| 名称 | 理论支撑 | 教学方法 | 教学流程 | 教学评价 |
|------|---------|---------|---------|---------|
| "支架学习"课堂 | 维果茨基的"最近发展区"理论 | 反馈-控制式 | ①提供"接收支架"（帮助学生整理、筛选、记录和组织信息，使他们能更好地传递显性知识并获得新的组合化信息）。<br>②提供"转换支架"（使信息更清晰、有条理、易于"内化-吸收"，从而帮助学生把显性知识转换为隐性知识，储存在学生的头脑中）。<br>③提供"产品支架"（使学生的内隐性思维外显，形成一系列的解题步骤，如提供书写解题步骤的陈述模板） | 形成性评价 |

## 二、"5G 双师互动课堂"的特征分析

### （一）实施螺旋循环程序的"5G 双师互动课堂"

"5G 双师互动课堂"将整个学习过程架构成一个循环的过程，即教学准备阶段、以实时互动为主的课中直播教学阶段、以研讨与反思为主的课后反馈阶段。学生经历完整的学习过程，不仅是各方面的核心素养和关键能力得到了提升，还有助于学生在信息接收、信息技术使用、综合能力整合等方面能力提升，并能在研讨与反思阶段发现自身在学习活动过程中的优势和不足，积累学习与生活经验。在这一循环课堂结构的支撑下，"5G 双师互动课堂"教师从"调研—制订计划—备课—确定教学内容"这一准备阶段入手，然后让学生经历"交流讨论—互动学习—自主探究—完成测验—巩固内化"这一课中学习过程，最后在"完成作业—总结反思—共同成长并形成研修共同体"的课后实践里"持续实战"。整个过程在不断的螺旋循环过程中，落地学生的学科核心素养、提升学生的关键能力[1]。"5G 双师互动课堂"的螺旋循环过程如图 1 所示。

### （二）尊重多主体综合辅助的"5G 双师互动课堂"

在众多的"课堂"研究中，"双师课堂""传统课堂""掌握学习课堂""顿悟学习课堂""支架学习课堂"探索了以教师和学生为主体的课堂教学，但在"5G 双师互动课堂"中，不仅探索了教师和学生各自的行为，还探索了双师在同一课堂中的综合互助与辅助行为、信息技术对课堂教学的辅助行为、大数据对课堂教学的辅助行为。它在实施过程中兼顾对现场与云端的学生提出的各类问题的辅导，把师师互助、师生互助、生生互助、班班互动都调动起来，尊重多主体综合辅助学习，从而拓展课堂的空间广度和时间宽度，满足不同学生的需求，最终确保一节课的高效和高质。

### （三）兼容其他课堂优势的"5G 双师互动课堂"

日常课堂的教学过程主要包括四个部分：备课、上课、课后练习、作业辅导，其教学内

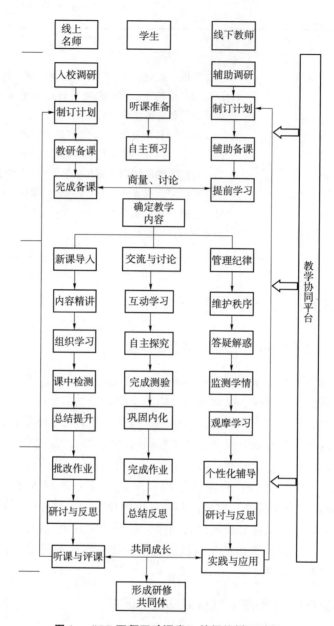

**图1　"5G双师互动课堂"的螺旋循环过程**

容的封闭性、教学目标的导向性、教学过程的控制性，在"5G双师互动课堂"的"游戏化、小组合作、项目式等"教学方式中得到了很好改良。5G的高速和双师互动及同堂实现以学生的个人自身完善和发展的需要为基点来确定教学目标，选择最优的教学方法，以全局性的眼光统观教学过程，帮助学生锚定式习得教学内容，培养思维品质，发展关键能力，尊重孩子的主体性、个性、本性，让每个孩子都自由成长。

### （四）具有创新和延展生命力的"5G双师互动课堂"

"5G双师互动课堂"的内涵丰富，实施过程既务实又有创新，在形式、内容和主题等方面相对其他课堂有突破，利于双师相辅相成助攻学生的学习，有助于形成专属于学生自己的个性化习得模式；开启"5G+"的高速教学，拓宽了各级学校教育的边界；各级学校内教师在自我岗位内得到充实和提升，是学生的综合能力培养的夯实后盾；多角度的校本策略开发，促进小学教育的高质量发展。

# 结　语

　　进入新时代，全面提高教育质量、注重培养学生创新意识和创新能力是时代的要求。小学里的"5G双师互动课堂"依托5G+技术，将"讨论与探索"这一辅助学习方式重新提出来，并呈现到大众的视野里。信息化校园搭载的"5G双师课堂"可以为学生提供形式多样、内容丰富、大容量、交互性的、跨区域的、高速的学习资源。在双师的引导下，通过讨论和探索实现教师和每位学生的个性化生长，并为群体提供思想和智慧臻于共享。在《2020地平线报告》中我们可以看出在六大新兴技术与实践中，自适应学习，人工智能教育应用，学生成功的分析，教学设计、学习工程和用户体验设计，开放教育资源，XR技术已经广泛地散布在我们的四周了，相信依托5G+技术的课堂教学会越走越自信[2]。六大新兴技术与实践如图2所示。

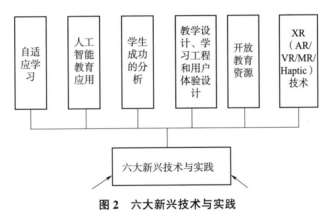

图2　六大新兴技术与实践

**参考文献**

　　[1][2] 乜勇,万文静.双师教学三段循环模式的构建与应用研究[J].中国电化教育,2021（2）:86.

# 5G支撑线上线下融合篇

**篇首语**

　　技术对教育的变革改变了传统的课堂教学。教学的发生可以不再依赖于传统的物理教室，不再受制于固定的时间地点，而是形成以学生为中心的线上线下融合学习模式，最终构建起人人可学、时时可学和处处可学的终身学习型社会。

　　本章节遴选了四个案例，主要围绕着5G背景下小学学科课程的线上教学策略进行了探讨。成都霍森斯小学的张涵琳、康毅认为应该在5G条件下丰富网络教学模式、打造双师课堂、重构学习空间以及创新评价方式。高新区行知小学的陈丽娟、余珊提出在小学科学课程中可以在课前设置前置性学习；课中增加课堂参与度、提升课堂交互性、展示现象数据、启用动态评价；课后实现线上及时反馈、辅助个性化学习等环节，利用技术的加持开展线上教学。高新区尚阳小学的胡永琴、叶鸿梳理出了智慧课堂教学的实施策略，包括创立多元化的居家学习条件、探索"双师融合"的课堂教学模式、开发多样化"互联网+"的信息化教育手段、健全"学校+学科教师"的在线统筹方式以及优化教师技术性开发的支持环境。蒙彼利埃小学的王嘉瑜以5G时代为背景研究远程教学的发展路径，发现和物联网结合可以让教育大数据互联之花盛开，和虚拟现实/增强现实技术结合可以打造沉浸式学习体验，和人工智能结合可以助力教学改革。四个案例虽然从不同的角度对5G支持线上线下融合的策略进行了探讨，但都涉及教师的数字素养，教师的数字化教学能力是线上线下融合教学的重要保障。

# 5G 视阈下的小学线上教学策略探究

张涵琳　康毅

成都霍森斯小学

**摘　要**：5G 技术的发展使得原本教育中的时间壁垒与空间壁垒被打破，实体课堂已经成为课堂的形式之一，线上教学模式也如雨后春笋般开展起来，教师的教学模式也发生了深刻的变革。受到 5G 技术的影响，当前在中小学可以灵活调整教学模式，尽可能降低突发意外情况对于教学效果所造成的影响，利用 5G 技术的高速率、低延时以及大容量的特点更新教学手段，丰富教学形式。因此立足于这一背景，作者结合自身的教学经验，探讨在 5G 视阈下小学线上教学的有效策略及创新路径。

**关键词**：5G 视阈；小学教育；线上教学

## 引　言

信息技术与教学的融合发展目前已经成为教育行业的必然趋势，在教育与相关产业竞争的过程中，教师可以充分利用 5G 技术进行教学方式的创新，以及教学资源的整合，有效实现知识的增值，进行新型教学模式的尝试[1]。在这一背景下，学习型社会可充分得到构建，技术与教育可以充分融合，有利于现代教育水平的有效提升，促进小学生课程学习实效性的提升。

## 一、5G 时代的特点

目前，5G 通信系统在全球范围内已得到充分推广，在其发展的过程中，致力于实现一个没有通信系统障碍的无线世界。5G 技术的出现，对于移动通信中的桎梏与长期性问题进行了解决，并为教育行业带来了新的发展前景，5G 技术的出现为教师线上课程的开展提供了新的便利与动力[2]。

在二十大报告中，习近平总书记对于创新及教育提出了新的要求，5G 与教育的融合将充分响应这一发展理念，并且将以更高端的技术和更快的数据传输速度适应各种教育场景的需求，使得学生能够足不出户拓展获取知识的手段，教师能够完善线上教学模式、促进课程多样性的提升。在 5G 时代，教育手段具有更多的选择，教育模式也具有更为多样的特点。

## 二、5G 视阈下线上教学模式的发展趋势

5G 与 4G 相比，具有较高的数据传输速率，同时，能够满足用户和各行各业不断增长的

数据需求。5G 网络的数据传输速率相比以往的蜂窝网络，具有较为明显的提升，同时也可以在人群聚集的场所为用户提供更为优质的网络服务。从教育的视角来看，5G 网络的发展对于互联网+教育模式的推行起到了积极的支撑作用，过去由于网络质量的问题，许多新技术难以在教育行业中进行推广应用，5G 技术将推动线上教育模式的更新。

### （一）丰富线上教学资源，突破教育技术壁垒

在线教育具有一定的技术壁垒，在 5G 技术出现之后，这种壁垒被打破。网络传递的教育信息载体也得到了极大的丰富。5G 技术为线上线下的有机融合奠定了基础，并为线上线下教育软件和硬件的整合提供了方便。目前，多种优质教育资源可以实现数据共享，学生与教师之间可以实现有效互动，在资源交互的过程中，教学实效性可充分得到提升，教学模式所呈现的多样性也得到极大的丰富，教育原本不平衡的发展趋势得到充分改进。

### （二）重构教育交互模式，促进教育生态系统建立

在 5G 视阈下，人工智能、虚拟现实以及各种各样的互联网技术可以得到更好的融合发展，对于当前的教学交互模式可以进行充分的重构，并且为其提供了一定的技术支持，对推进线下教育模式的发展起到了积极的作用。再加上"双减"政策对于我国的中小学教育带来了一定的影响，使得教师不得不对于课堂进行变革，促进课堂教育实效性的提升，而"教育+5G"将促进该方面的发展，明确未来教育发展的方向，对于新一代教育生态系统进行重构。

## 三、5G 视阈下线上教学策略探讨

在信息化时代，我们应当充分利用 5G 技术，通过高效、便捷以及实时互动的在线网络课堂教学形式，为学生学习效果的提升做好全面保障，并且通过在线教育提升师生的互动质量，促进学生的个性化发展，使学生能够通过线上线下教育的有效结合充分进行自主学习并提升创造性思维和批判能力，对于推进我国素质教育具有重要意义[6]。

### （一）利用 5G 技术，丰富网络教学模式

在 5G 视阈下，教师可以探索不同的网络教育模式，利用不同的教学模式，针对性地提升学生的成绩，开展不同的课程。比如，讲授式网络教学模式，这种教学模式可以分为同步式和异步式两种，同步式教育模式可以充分利用 5G 新技术进行虚拟教室以及实时通信教学的重构，利用一对一以及一对多的在线同步教学，满足学生的线上课程开展需求，并且集成群体授课所需的各种资源，使得学生能够利用电脑、手机、平板等设备及时获取教师的教学课程[3]。当前常用的直播类型工具十分丰富，如腾讯会议、钉钉等相关的平台都可以实现这一功能。

5G 技术的发展也为异步在线教学模式打下良好的基础，教师与学生可以进行教育时间和学习时间的分离，这一模式可充分促进学生学习时间的灵活投入，使学生能够在自我支配时间的基础上根据个人学习特点进行反复学习。

除此之外，演示式网络教学模式和探索式网络教学模式以及讨论式网络教学模式，都可

以在 5G 技术的加持下进行开展。在这些不同的教学模式下，教师会收集多样化的信息，丰富教学课程的开展，使学生能够独立思考并独立探索，在知识获取的同时提高自我解决问题的能力。教师可以通过演示式的教学方式，使学生在教学中体验到与实际情况相类似的情境，并且对于实验室中难以操作的实验进行重现，促进智慧化教学程度的提升。

### （二）利用 5G 技术，打造双师课堂

双师课堂主要是指主讲教师基于线上平台进行远程授课，辅导教师负责在线下配合主讲教师完成相应的课堂管理以及课程开展工作。教育资源的不平衡，使得许多学校的学生不具备科学课以及相关实践课的开展条件，但是 5G 技术的出现在线上线下双师平台的加持下部分课程能够充分进行推广，使得教育的不平衡得以弥补。以往由于存在网络延时长以及网络卡顿的问题，双师平台教学模式开展存在一定的制约，但如今在 5G 时代下，双师互动教学效果将不断提升，双师课堂将越来越多地被运用到小学教育过程中去[4]。同时，双师课堂的开展可以减少教师的准备时间，促进课堂实效性的提升，使"双减"政策在小学教育中被充分落实。

### （三）学习空间重构，评价方式创新

目前，校园已基本实现 5G 网络全覆盖，教师可利用物联网硬件设备进行不断升级，并通过物理空间的拓展为学生设计更多的自由可变屏幕。这样学生可以通过不同的技术进行教育资源的获取，利用 AI 技术定制个性化课堂，在虚拟空间中感受云课堂的魅力和云平台的高效性。教师也可以充分基于学生的需求，进行资源的整合，为学生拓宽教育资源的获取渠道。5G 技术的加持可以提升不同发展水平学校之间的有效合作，促进名校优质资源以开放合作的形式走入其他学校[5]。

传统的教学评价方式，主要是基于考试成绩进行评价，这种方式具有一定的不确定性，同时也具有一定的片面性，无法针对学生的学习主观因素以及学习的全过程进行详细判断，在学习中对于一些细节问题也难以进行有效把控。在 5G 技术的应用下，教师在对于学生进行评价的过程中，可充分利用互联网设备以及在线课堂等多种方式，通过学生的学习记录以及报告获取学生的学习状态情况，为学生学习效果提升做好保障。教师也可以对学生的学习端动态进行及时监测，提醒学生做好知识的积累，对其学习数据及效果进行评价。

## 结　语

教育行业在发展的过程中利用创新赋能进行不断的改革，5G 技术的出现及普及，使教学手段获得极大的丰富，为教育教学带来了新的发展前景。5G 技术可充分拓展教学空间，可以实现教学时间的灵活部署，促进了教学物质手段的丰富，使得新的教学基础得以形成。新的教学技术可以充分促进教学成果的转化，促进课堂实效性的提升，并促进教育公平的实现。未来 5G 技术将继续为大数据以及云计算人工智能等相关的技术赋能，促进深度学习的开展，推动智能教育向个性化发展。

## 参考文献

[1] 蔡苏,焦新月,杨阳,等.5G环境下的多模态智慧课堂实践[J].现代远程教育研究,2021,33(5):103-112.

[2] 杨俊锋,施高俊,庄榕霞,等.5G+智慧教育:基于智能技术的教育变革[J].中国电化教育,2021(4):1-7.

[3] 王运武,王宇茹,洪俐,等.5G时代直播教育:创新在线教育形态[J].现代远程教育研究,2021,33(1):105-112.

[4] 庄榕霞,杨俊锋,黄荣怀.5G时代教育面临的新机遇新挑战[J].中国电化教育,2020(12):1-8.

[5] 兰国帅,郭倩,魏家财,等.5G+智能技术:构筑"智能+"时代的智能教育新生态系统[J].远程教育杂志,2019,37(3):3-16.

[6] 袁磊,张艳丽,罗刚.5G时代的教育场景要素变革与应对之策[J].远程教育杂志,2019,37(3):27-37.

# "教育+5G" 在科学在线教学中的应用研究

陈丽娟

高新区行知小学

**摘　要**：本文针对在线小学科学课程存在的问题，通过对借助5G技术的课程案例的总结和分析，探讨如何应用5G技术高效地设计小学科学网络课程并提出实施方法。文章旨在优化在线科学课堂教学，提升线上课堂互动与教学反馈的效果，提高教学质量。

**关键词**：小学科学；5G；在线教育

## 引　言

随着信息与通信技术的发展和在教育领域的应用，以互联网为基础的新型在线授课形态已在全国范围内如火如荼地展开。在线教学引起了广大教育工作者对未来教育发展方向的新思考。如何完成高质量的在线课程也成为一个值得探索的问题。其中，小学科学是一门基础性、实践性、综合性课程，具有教具丰富、探究活动多样等特点，这给网络科学课的设计带来了一定的挑战。笔者结合当前5G环境和小学科学课本身的特点，以教科版六年级《地球的运动》单元网络科学课为例对小学科学网络课程的设计方法进行探讨，探索信息时代小学科学教学的新模式。

## 一、"教育+5G"

在5G时代有许多资源丰富、功能各异的平台和工具支持教师开展个性化科学教学。作为教师，我们应该顺应潮流，大胆运用新媒体为我们的教育教学服务，提升学生核心素养，提高科学课堂效率，促进学生全面、长远发展。近年来，在科学教学中，我尝试了运用在线教育引导学生先学后教、使用微视频帮助学生释疑解惑、利用信息化平台个别指导和搭建讨论平台、借助互联网引导学生拓展学习等。事实证明，借助新媒体辅助小学科学教学，对于学生科学素养的提升有着非常重要的意义。

与传统的课程相比，教师在设计网络课程时还需要根据课程组织形式，选择合适的网络教学平台和工具，主要有以下四大类：一是学情分析工具，如智慧学伴、智学网等；二是支持互动教学的平台，如腾讯课堂、Classin 在线教室等；三是科学探究学习平台，如 WISE Online、PhET 等；四是教学资源共享平台，如国家教育资源公共服务平台、小学科学教学网、百研工坊等。这些平台和工具没有绝对的优劣之分，教师需根据教学需求选用[1]。

## 二、在科学教学中的应用

"教育+5G"运用到科学在线教学中需要在常规教学的基础上加上信息技术的支持。在课前教师需要设计在线教学资料、组织线上教学材料，师生共同熟悉在线课程的平台功能；学生需要准备好探究材料和居家探究活动，必要时需要上传课前探究结果。在线教学时教师需要结合实际情况设计在线教学模式，让学生明确探究问题、明晰活动原理，高效展示现象和实验数据，促进结论解释的生成。在课后可利用点播和问卷等多种形式完成教学反馈，激发学生继续学习和探究的兴趣。

### （一）课前

提供复习及预习资料，对于一些需要复习旧知或者知识储备的课程，教师可提前发送视频课程，布置任务，让学生课前复习及预习，以便新课的顺利展开。例如，在六年级上册《昼夜交替现象》这课前，我给学生发送了课前阅读，通过动画和图片资料，让学生回顾了地球、月球和太阳的位置和运动关系，并设置任务单了解学生的学情。设置问题：你知道为什么地球上白昼和黑夜周而复始交替出现吗？鼓励学生课前思考和查阅资料，激发学生的学习热情。

课前老师可以通过班级讨论平台将实验准备材料发送给学生，必要时将课前准备内容录制成微课视频，以便学生在课前做好上课准备。例如，在《昼夜交替现象》这课前，我将利用乒乓球自制地球仪的过程录制成微课发送给学生，让没有地球仪的同学利用身边现有的材料制作简易地球仪，方便学生借助自制学具提高学习效率。

通过前置课前学习，可以激发学生的兴趣，让学生有针对性地准备，为课中师生、生生之间的互动打下了良好的基础，提高课堂效率，提高学生学习成就感。

### （二）课中

科学课中实验和探究的内容是最基本、最重要的内容，在线科学课做好实验的示范和解析也是在线科学课的重难点之一，根据课程内容恰当运用 5G 技术就能很好地突破这一难点。

**1. 增加课堂参与度**

在线课程中教师利用"腾讯课堂""钉钉"等平台可以看到每一位学生的视频，实现了面对面在线交流，还有举手发言、答题卡投票、在线问答等适合在线教学的工具，增强课堂的参与感与交互性，增加学生的学习兴趣。学生之间还可以进行在线交流，打破空间和时间的阻隔，实现师生、生生交流，增强课程参与度。课程结束后，还可以进行直播回放、学习资料、视频资源下载，便于学生回放和复习使用。

**2. 提升课堂交互性**

希沃白板具有便捷性、时效性和操作性强等诸多优点，教师可以利用软件的各种小工具助力课堂，如倒计时器可以帮助教师在课堂活动中进行有效的时间管理。通过将知识点的结构化表达，进而让学习过程变得可视化，有助于提升学生的学习效果[2]。知识配对、分组竞争等功能增强教学内容多样性，激发学生的学习热情。其他诸如画图、星球、实验等功能都可以很好地应用在相关课堂教学活动中。

**3. 展示现象数据**

利用直播平台的共享屏幕功能，教师选择性展示学生课前探究活动的小视频、照片和记录单，利用希沃等软件的投屏、拍照、摄影等功能方便快速分享实验现象和实验数据，增强授课的时效性，是探究过程的再展示，同时也是证据的呈现。教师在展示阶段引导学生反思评价自己探究的过程，特别是获取证据的过程，引导学生思考遇到了哪些问题、有哪些想法[3]。

教师可以在课前录制好实验示范视频，在学生设计实验、讨论注意事项之后播放视频，让学生掌握实验操作的细节，为实验的顺利奠定基础[4]。例如，教科版六年级《地球的运动》单元，"昼夜交替""地球的公转和自转"等知识较为抽象复杂，在线课程如果仅出示几张图片进行讲解，学生会很难理解。对于一些学生难以理解的内容，教师可以将这些抽象难懂的科学原理或现象制作成视频课程，使难理解的知识、难操作的演示实验直观化、清晰化。教师针对重难点和操作细节制作课程视频，可以帮助学生理解，突破教学重难点，让学生更快捷、高效地学习。

**4. 启用动态评价**

动态评价是从评价课程的实施效果出发进行的评价，这种评价包括过程性评价和结果性评价，教师评价和同学之间的评价。具体的评价方式可以以"学习任务单""评价量表""自检表""自询清单"等不同的方式实现，充分发挥评价的指向、反思、协作、调控的功能。当然指向、反思、协作、调控不是截然分离的，而是相互联系、相互影响的，对形成具体、丰富且不断生长的课程生态环境起到重要作用，学生的核心素养培养也是在良好的课程生态环境中完成的。

评价内容也更加丰富，突破了传统线下教学评价的局限，学生反馈的语音资料、实践视频、总结视频和电子文档等，使动态的实践和思维过程具象化、可视化。教师可以将丰富的学生反馈资料和评价结果建成学生电子成长档案袋，不仅便于学生了解自身学习情况，而且能够为教师更好地了解学生科学素养的长期发展过程提供依据。

## （三）课后

**1. 实现线上及时反馈**

线上教学利用好不同反馈工具和软件可以大大增强教学反馈的效果。在课上利用直播平台投票等工具实现选择题的快速反馈，还可以选择问卷星等程序收集学生的学习反馈，而且所提供的题型多样，便于教师出题时结合教学目标与内容，科学选择题型。例如，在教科版六年级《地球的运动》单元《影子的四季变化》一课后将本课的知识点利用问卷星设置成反馈问卷。问卷星可以实现即时批改、统计、分析等功能，生成分析报告，帮助老师高效收集和分析，有利于课后辅导和教学调整。

**2. 辅助课后个性化学习**

在面向全体的同时无法兼顾个性化学习的需求是传统课堂最大的弊端。视频课程为学生提供了个性化学习的时空。在线视频课程直观、生动，可重复观看学习，学生在观看教师推送的视频时，根据自己的需求，自由控制学习时间、观看的频率。教师还可以为学生推送课堂上的实时录屏，课上没有吃透的学生可反复观看，加强复习与巩固；同时，老师可以借助

"小打卡""QQ作业"等应用程序布置课后练习，学生可以上传图片、视频、语音等多种形式的作业，改变常态化作业形式，适应科学课程个性化展示的要求。教师也可录制语音等多样化评语，丰富评价类型，优秀作业可以一键推送给全体学生，向全班展示，提高展示效率。可以针对不同学生设置线上分层课后测试。线上答疑解惑、评论留言，在碎片化的时间里为个体提供了回顾课程回放等个性化的帮助。

# 总　结

基于5G技术进行科学课程在线教学，不仅为开展在线教学活动开辟了新途径，而且为今后的小学科学教学提供了新思路、新方法。网络科学课程的出现意味着学生学习科学知识的范围拓宽了，并不是只能在教室、实验室或科技场馆才能学到，科学的学习突破了时间和空间的限制。在此环境下，教师还可以借助在线课程，鼓励学生利用身边的材料和资源自由地开展更多的科学探究活动，将科学知识的学习与生活更加紧密地联系在一起，充分激发学生的学习兴趣和探究积极性。笔者对小学科学在线课程在5G背景下的开展进行了初步探讨和浅显总结，想要充分发挥在线教学的优势，教师必须结合具体学情进一步"因材施教"，提高学生学习效率，实现在线教育价值最大化。"教育+5G"在科学在线教学中的应用还有很多有待探究的内容，需要广大科学教育工作者在理论研究和教学实践中继续深入探索，提供更多宝贵的经验。

## 参考文献

[1] 刘恋,孙晓凤,柏毅.小学科学网络课程设计方法的探讨与分析[J].中小学数字化教学,2020(5):5-8.

[2] 祁扬.多维互动云课堂 线上线下思变化[J].基础教育论坛,2022(26):103-104.

[3] 王智明.小学科学在线翻转教学的教学策略——以"在观察中比较"一课为例[J].中国教师,2021(12):66-70.

[4] 雷晨光.小学科学空中课堂视频课程建设的实践与思考[J].中小学数字化教学,2021(1):56-58.

# 智慧课堂：5G 背景下在线教育实施策略

胡永琴　叶鸿

成都高新区尚阳小学

**摘　要**：随着国家持续加大对教育信息化建设的投入，学校要善于抓住一切发展机遇去改革课堂教学模式，提高老师们的信息技术水平。新冠疫情的蔓延，无疑加速了此次教育信息化教学的探索进程。为此，笔者从疫情背景下智慧课堂教学实施机遇和问题出发，就本校线上教学实践探索经验进行分析，提出了：创立多元化的居家学习条件；探索"双师融合"课堂教学模式；开发多样化"互联网+"信息化教育手段；健全"学校+学科教师"在线统筹方式；优化教师技术开发支持环境的实践建议，旨在提升学校教育信息技术化水平，保证线上教学效果。

**关键词**：在线教学；智慧课堂；模式；实施策略

# 引　言

信息技术的迅速发展和网络媒体的全面运用给各行各业带来了翻天覆地的变化，同样，教育领域也在积极探索信息技术和现代教学实践的深度融合。尤其是随着 5G 通信等智能技术的蓬勃发展，助力线上教学的智慧课堂更是成为疫情时期教育人口中的热词。在后疫情时代线上教学的实践探索中，改革教与学的方式，探索以学习者为中心的线上线下教学模式也成了老师们关注的重点。本文基于我校线上教学实践背景，就 5G 信息技术发展革新智慧课堂教育问题进行了探讨，以期在多样化学习场景中，依据学习者的需求，制定合理个性化的学习任务，突破传统教学时空的限制，提高线上教学效果。

## 一、疫情背景下智慧课堂教学实施的机遇

### （一）现实环境为智慧课堂奠定了实践契机

2012 年，自世界无线电通信会议后，世界各国和组织纷纷开始投入第五代移动通信网络，即 5G 技术的开发和建设[1]。相对于 4G 来说，5G 技术具有更强的关键性能力，其具备的超高速率、高可靠性、低时延、低功耗、大规模连接等特点，极大地增强了移动宽带的使用体验。5G 技术的提出和开发同样也给教育领域带来了深刻变化，其中不仅是环境和工具的改变，还涉及教育深层的理念与模式的变化。

2018 年，教育部在"教育信息化 1.0"基础上，提出了《教育信息化 2.0 行动计划》。"教育信息化 2.0"要求构建"互联网+"背景下的人才培养新模式，发展基于互联网的教

育服务新模式，探索信息时代教育治理新模式，到 2022 年基本实现"三全两高一大"的发展目标[2]。由此可见，在当前 5G 智能通信技术支持下，教育界正力争促进信息技术和现代教学实践的深度融合，加快推进我国教育现代化[3]。

综上所述，作为实践主体的学校和教师，我们应尽可能抓住一切 5G 时代的新机遇，以创新驱动为理念，借助 5G 技术积极探索、研究、实践，助力学习环境向更加个性化、精准化、智能化、融合化的方向发展，推动教学方式和学习方式的变革[4]。

### （二）学生对智慧课堂充满了兴趣和新鲜感

新冠疫情暴发后，学生在线居家学习，大规模在线教学、部分在家弹性教学在特定时期成为常态。而在后疫情时代，为促进居家学习的效果，提高学习质量，智慧课堂的实践更是发挥了巨大作用。首先，线上教学对小学生们而言，他们对线上的网络教学充满了好奇，学生初期学习参与度较高。其次，相比传统的一支粉笔、一块黑板、一部投影仪的设置，"5G"时代的智能技术融入，打破了传统空间格局，为不同学生的需要定制了个性化服务。而且随着后期老师们不断线上教研优化教学模式，利用 5G 技术催发教育技术对教学过程中的师生交流及教学内容进行革新。语言、图像、声音、动作……各要素有机整合，极大地调动了身体、大脑和多个感官协同参与到课堂教学中。学生们在视觉、听觉等多重感官刺激下，数字化学习体验更加强烈。

## 二、疫情背景下智慧课堂教学实施的问题

### （一）学生线上学习背景情况复杂

由于新冠疫情背景下的被迫线上学习，很多老师、学生、家长都是被动卷入这次信息化教学改革。尤其是对于一些低年级的孩子来说，他们对电子产品的使用较少，家长们对线上教学平台操作不熟练，有些年龄大的爷爷奶奶更是如此。面对突如其来的复杂学习环境，如何突破最简单的线上学习技术壁垒，创造基本的居家学习客观条件就成为学校开展线上教学的当务之急。其次，我校疫情期间学生居家学习的情况主要分为两种：一种是部分同学居家学习，一种是全员居家学习。针对部分居家学生学习来说，老师们如何进行线上线下的融合教学也是需要思考的重点。

### （二）智慧学习环境构建障碍，学习数据记录反馈不足

当前，由于我国正处于 5G 技术的早期应用阶段，5G 网络环境还处于不断建设和调试中，这就造成了如果是在同一时段，大范围的学生开始网上学习时，网络就会出现延迟、卡顿。这时，为了保证教学流畅度，一些教学视频、线上互动过程就不得不舍弃。其次，一些线上教学平台配套的小程序，在教育板块上缺少一定使用标准，教师在使用时，体验性不强，不能很好地与课堂教学进行融合。而且，一些线上教学平台在其他教育 App 上的互通性上有限，较大影响了学习的流畅度。

再次，笔者发现，尽管 5G 技术支持万物互联以及传感器的深度应用，但由于教师信息技术能力有限、智慧平台数据信息互通不足、数据分析模型缺乏等多种原因，老师们普遍缺

少对真实情景中的学习信息进行记录和分析，智慧课堂互动学习结果智能化反馈不足。如个别教师尽管也使用一些学习平台进行互动教学，但由于网络延迟、数据不能互联等因素，仍然难以准确获取学生的学习画像。对于小学生而言，也需要更加简洁、方便的平台界面。

### （三）5G 智能技术应用不足，学习兴趣难以长久维持

从理论上来说，5G 与虚拟技术（如 VR、AR、MR 等）的融合，能够有效增强交互情境，提高远程沉浸式教学情境的应用。但笔者发现，学校教师对线上教与学的基本理论研究不足，对智慧学习环境以及线上线下融合教学策略缺少有效方法，故而造成了尽管一开始线上学习学生兴趣较为浓厚，但一段时间后，就存在兴趣持续下滑的情况。此外，部分老师对于信息技术的使用缺少教育性整合，尤其是在教学初期，存在照搬名师课堂，微课"一播到底"，教学设计流程化，师生、生生之间互动性不强的现象。

## 三、疫情背景下智慧课堂教学的实施策略

### （一）创立多元化的居家学习条件

针对学生多样化的学习背景，我们需要从他们的共性问题出发，创造多元化的居家学习条件。一方面，针对不同学生学习背景的差异，我们首先要解决的是学生居家学习技术保障工作。比如，对于一些家庭条件不足的孩子，尤其是一些低年级的孩子，或者只有爷爷奶奶陪伴的孩子。各班需提前利用晚上等家长们空闲的时间召开腾讯会议，让家长带着孩子对平台一些基本操作进行模拟演示，确保每一位学生都能掌握基本的互动要求。而对于只有部分学生居家学习情况来说，如果仅仅采取让学生在家观看微课视频自学，课后老师线上答疑的形式，是远远不够的，尤其是对于一些自主学习习惯不好的同学，这种方式的学习到最后只会成为纯粹的视频点播学习，学习效果并不好。因此，随着居家学生数量增多，同时为了不加大老师们的教学负担，我校采取了线上线下教学融合的教学方式。即在每个年级成立一个学校名师课堂教室，这个名师课堂一般由年级中经验丰富的成熟教师担任，全年级所有在家学习的学生可以通过实时直播互动教育系统，享受本校老师的同步线上教学，最大化地实现资源利用，提高学生的学习效果。当然，这种直播式课堂在实践过程中，也发现了一系列问题，如有限时间内线下和线上学生有效互动的问题等。可见，对于这种远程教学模式，我们还需要不断加以深研。

### （二）探索"双师融合"的课堂教学模式

"模式"一词是现代科学技术中普遍采用的一个术语，把"模式"一词引用到教学理论中来，旨在说明一定教学思想和教学理论指导下所建立起来的各种类型教学活动的基本结构或框架，是比较典型、稳定的教学程序或阶段。因此，对于线上教学而言，其与线下教学在环境、方法上存在较大差异，所以要保证线下教学的效果，我们有必要对线下教学模式进行优化改进，逐步形成较为完善的线上教学模式。

对于线上教学模式而言，我们最先想到的就是双师课堂。最初，老师们最直接的想法就是"拿来主义"，通过播放北师大版小学数学名师微课进行学习，但慢慢发现，这种直接播

放微课的过程,大部分学生的学习效果并不好。因此,通过每天课后的教研反思总结,我们又尝试了对微课重要知识点进行暂停讲解的形式。但很快,在第二阶段的试验中,我们又发现,微课中每一个问题结束,其实都会有相应的解答。对于解答的这一块内容,如果一味地保留,将会占据课堂很多时间,久而久之也会对孩子们自主独立思考带来反向作用,降低孩子的学习兴趣。如很多时候,一些简单的问题,课堂互动已经可以解决,如果解决完,还要再听一遍视频的讲解,这无疑降低了学生的兴趣,影响学生参与感的体验。但另一方面,对于一些比较难的问题,还是有必要留给孩子再一次学习巩固的时间,尤其是对于远程授课来说,部分孩子对数学的学习理解是需要进一步规范的。因此,在第二阶段,我们尝试了对微课视频进行剪辑,并把课堂的一些重难点知识进行了活动问题串的设计,提前作为学历单发给学生。同时,在课程导入、在线讨论、师生互动等方面进行相应的干预,尽可能让学生体会到学习上的参与感,营造一个灵动、智能、沉浸式的线上课堂。后期,随着线上教学逐渐步入正轨,老师们从最开始的茫然无措,到后面越来越得心应手,逐步过渡到线上线下融合的教学模式。老师们开始对名师视频进行内化,然后设计自己的教学流程,只截取微课中一些精彩的片段,比如,课堂导入、课堂小结、重难点知识动画演示,等等。除此之外,其他的教学流程越来越趋向于线下授课模式,通过视觉、听觉、触觉的多方调动,真正实现线上线下教学模式的有效融合。

### (三) 开发多样化"互联网+"的信息化教育手段

由于线上教学,老师不能像线下一样对孩子的课堂反应进行适时的关注和干预,作为教师端能做到的就是尽可能利用各种动画微课、智慧交互平台与学生进行活动,不断从源头上激发学生学习兴趣。如对微课的利用,不能一味地从头放到尾,相应的我们可以在开课前,利用腾讯会议中自带的一些课堂互动小游戏,带动学生的学习兴趣;在开课后,可以将教师讲解、同学互动研讨、微课视频播放、动画演示穿插进行,尽可能让学生的视觉、听觉、触觉充分调动起来,营造沉浸式的学习体验。此外,为了尽可能拉近老师和孩子们的距离,突破物理上距离的空间感,老师上课要敢于打开摄像头,面对镜头,让孩子们可以通过镜头看到老师的面部表情、手势等身体语言,如某个孩子回答正确时,我们可以给孩子竖大拇指表示赞赏,同样,也可以鼓励孩子们用手势语言去表达自己的想法,点燃学生线上学习热情。

其次,对小学生而言,无论是线下还是线上,其注意力都是有限的。此时,老师们可以抓住孩子们对未知的好奇心以及对游戏的深度参与感,开发一些线上的互动游戏去提高学生的注意力。在课堂互动上,我们可以利用希沃白板中的随机点名的动画效果,又或者利用班级优化大师进行课堂随机点名,增加课堂互动性。又如,在北师版三年级上数学教学时,笔者所在的备课组就立足于三年级学生特点,将原本枯燥无味的"三位数加减混合运算"进行游戏化设计,在24点游戏活动中,充分调动学生的游戏体验感,巩固学生运算能力的同时,极大地促进了学生数感的发展。这堂课后,有家长还专门反馈说:"今天的数学课孩子觉得太有趣了,各种互动点名让我们都非常激动,不敢有一点晃神。"

### (四) 健全"学校+学科教师"的在线统筹方式

在人工智能、大数据和5G大发展的复杂时代背景下,除了对智慧课堂教学模式进行不断创新,也应该注重教学评价方式的创新,尤其是对于刚从传统的线下面授课转入线上教学战场的老师和同学们来说，利用人工智能技术和大数据辅助技术对学生课堂行为进行适时监督、科学分析和评价，对提升教学的有效性至关重要。这不仅能够很好地缓解老师们分身乏术的无力感，还能监测、反馈学生的线下学习兴趣、态度、情感状态等，从而更好地提升线上课堂教学效果。

首先，在课前，老师们可以通过一些问卷题目，对孩子的学情进行一些简单的调查，通过大数据分析，构建最佳教学策略和有效路径，同时，通过这种互动也可以提高学生学习积极性。如二年级实践单元教学前，老师们利用课前小测，就学生对一年级学过的"整时"和"半时"以及当前学习的"非整时、半时"进行互动和前测，通过简单的数据收集就可以了解到孩子们对以前知识的学习情况。通过调查发现，仅个别同学对以前的知识有所遗忘，在课上我们对以前知识的复习就重点关注对这些同学的知识唤醒。同时，对于新知识，76%的同学会认识任意时刻时钟，但对时针、分针的联动认识不足，尤其是接近整时的时间，这种我们就可以在教学上多下功夫，同时在知识讲解后，设置相应的题目进行检测分析。

其次，在本次线上教学实践中，我们发现线上教学与传统教学相比，其最大的不足是，老师们既要保证教学内容，还要关注网络调试、切换互动、解答问题……因此，老师们对屏幕另一端的学生们参与线上课堂的行为表现难免有些力不从心。然而，尽可能关注学生的课堂行为表现，抓住学生注意力，往往才是组织好线上活动的关键一环。因此，这时我们就需要在课中加强学校的远程督导听评课、教研课、线上巡课，注重对学生的形成性评价，尽可能实现学习过程个性化。同时，上课老师也可以通过听课老师们的反馈，进一步规范自身教学行为，提升教学反思水平，提升教学质量。

最后，就现阶段而言，5G智慧课堂还属于探索期，大部分上课老师还不具备熟练使用各种智慧教育平台进行适时检测孩子们注意力的信息技术能力。因此，在课后针对课上形成的各项报告和数据进行分析，同时通过与线上督导员、巡课教师的沟通，尽可能了解每一个孩子的学习状况，反思教学不足之处就尤为重要了。此外，在整合分析本节课学生学习状态以及薄弱知识点基础上，老师们还需要进行作业的分层布置与批改，以实现对学生的一对一或者一对多指导和答疑，提高教学有效性。

### （五）优化教师技术性开发的支持环境

信息技术有助于课堂教学的变革发展，但当前教育信息化发展背景下，教师们的信息技术水平却远远还不足于适应当下5G教学实践要求。尤其是在突然而至的线上教学背景下，老师们要实现从"技术小白"到熟练的"网络主播"的转变还需要不断地教研和学习。就我校而言，针对老师们线上教学将会遇到的各种突发问题，学校第一时间成立了"智慧教育云中心"，将信息素养相对较高的老师组织起来，每天课后针对老师们提出的一些教学技术问题进行研讨、创新，同时，录制视频为老师们提供解决方案。如从最开始上课签到问题，到后续有效管理云课堂纪律问题，等等，云中心的存在为老师线上教学提供了很好的技术支持保障。除此之外，我校还以各年级组为中心对教学中遇到的一些问题，进行交流分享。双管齐下的技术交流研讨，极大地提升了老师们的信息教育技术水平，当然，就持续做好学校的教育信息化建设，以提高教师的"教"和学生的"学"而言，"智慧教育云中心"的工作依然任重而道远，如基于醒摩豆智慧教育云平台的种子选手培训、实践、优化融合等,都是我校后期信息化技术提升工程的发展重点。

## 参考文献

[1] 兰国帅,郭倩,魏家财,等.5G+智能技术:构筑"智能+"时代的智能教育新生态系统[J].远程教育杂志,2019,37(3):3-16.

[2] 郭素雅.5G在教育信息化中的应用方案与实践探索[J].中国现代教育装备,2020(20):14-16,19.

[3] 曾敏,唐闻捷,王贤川.基于"互联网+"构建新型互动混合教学模式[J].教育与职业,2017(5):47-52.

[4] 蔡苏,焦新月,杨阳,等.5G环境下的多模态智慧课堂实践[J].现代远程教育研究,2021,33(5):103-112.

[5] 刘邦奇.智慧课堂生态发展:理念、体系构成及实践范式——基于技术赋能的智慧课堂理论与实践十年探索[J].中国电化教育,2022(10):72-78.

# 5G 时代"远程教学"的发展路径

王嘉瑜

成都蒙彼利埃小学

**摘 要**：随着经济与社会的进步，科技不断发展，而科技发展的同时，我国在教育方面还面临教育资源不均衡以及对优质教育的高需求等困境。为解决这些矛盾，不断提升教育质量，利用 5G 技术重构教育场景、教学模式、课程资源和实施路径成为重要的改革议题。本文以 5G 时代为背景研究远程教学的发展路径，总体可以分为三类：5G+物联网+远程教学，教育大数据互联之花盛开；5G+VR/AR+远程教学，打造沉浸式学习体验；5G+人工智能+远程教学，助力教学改革。

**关键词**：5G；远程教学

## 一、5G 背景下的教育新形态

教育的发展不仅受到政治经济的影响，还受到科学技术的制约，科技的发展对于教育的推动有着积极作用。随着经济与社会的进步，我国对优质教育的需求越来越大，并且教育资源不均衡也是我国教育面临的一大突出矛盾。

为解决这些教育矛盾、提高教育水准、实现教育平等化，利用 5G 技术重构教育场景、教学模式、课程资源和实施路径成为重要的改革议题。5G 具备万物互联、低时延、低功耗、泛在网、高速度等特质[1]，移动宽带进一步加强了 5G 的使用感受，与智慧教育携手合作，为解决当前的一些教育困境提供了很好的条件。

随着科技发展，智慧教育的概念也不断提出，5G 在教育信息化和第四次工业革命的推动下飞快发展，使其不断优化升级，因此，形成了智慧教育新格局[2]。

中国移动在 2019 年颁发的《5G+智慧教育白皮书》[3]，阐明了 5G 对智慧教育的教学形式、基础设备、教学场景等诸多方面创新升级的需求。5G 的发展推动着教育智慧化的逐步优化和升级，促进教育模式和教学场景的变革。

其中感受最明显的就是这几年的远程教学。由于疫情，万千学生只能居家，这些学生中有不少的高考学子、考研党，上课的必要性和迫切性不言而喻。在 5G 以前，远程教学因为网络质量、卡顿、画质模糊等问题受到阻碍，但因为有了强大的 5G 技术，这些问题都可以很好地解决，疫情期间居家也能有优质的远程课堂，这使得"停课不停学"不仅是口号，更是实实在在地让万千学子受益。

## 二、远程教学内涵解读

### （一）何谓远程教学

远程教学是以多媒体为媒介进行的教育教学形式，是把课程输送到校园以外的某个或多个学生的教学，这种教学方式改变了老师和学生只能在同一场所进行教学的教学现状。当下的远程教学通过视频或音频传送，其中视频居多且直播和录播的形式都有，这就对通信技术有较高的要求。随着 5G 技术的发展与应用，为远程教学提供了便利的条件，网络延时、画面模糊、卡顿等不再是拦路虎，远程教学有了质的提升。

### （二）远程教学的特点

交互性：通过多媒体进行合作交流学习或者向老师提问，形成交互式学习。

开放性：远程教学是面向社会大众的，不再局限于某个小群体或者受限于高门槛。如疫情期间国家云平台推出的智慧教育网课，由清华附小等顶级学校的优秀教师进行制作录制，使原本不能接触到的高质量课堂，如今却免费向公众开放，让很多学生受益，使教育资源更均衡平等。

灵活性：远程教学不仅可以直播还可以录播，所以，学生可以根据自己的时间和节奏进行学习安排。如疫情期间，全员居家，办公和教学均需要远程，但电子屏幕和场地有限怎么办？不怕，远程教学可以在任何时间、任何地点使用，所以，根据自家情况灵活安排即可。

资源共享：互联网具有强存储功能，外加 5G 高速、低时延等特性，不管是将资料传输到网络还是从网络上获取资料都很便捷，大家可以将好的资料共享，互联网就成为超级图书馆，学习者想要的任何资料基本都可以找到，为学习者提供了巨大的平台和多种学习方向，周而复始，形成良性循环。

优化教育资源：随着 5G 技术的推广与应用，用户对宽带的使用感不断提升，对远程教学的使用更加依赖，这使网络教育资源也不断优化和完善。

## 三、5G 技术助力远程教学新发展

### （一）5G+物联网+远程教学，教育大数据互联之花盛开

在远程教学中，将物联网技术与 5G 相结合，为实现万物互联而引入大数据分析。在教学中，通过物联网不仅可以把教育资源相关联，还可以提供数据帮助教师及时了解和分析，从而做出科学正确的预判以及规划。但物联网对网络质量要求很高，传统网络有很多不确定性，如信号不稳定、速度慢等问题。有了 5G，这些难题可以很好地解决，5G 技术对于物联网在远程教学中的运用有极大的推动作用，从而能更好地服务学生。如在 5G 技术背景下进行直播远程教学时，虽然老师和学生不在同一空间，但通过万物互联，老师可以在视频中看见每一个学生的肢体动作和神态，从而能判断出学生的课堂状况；还可以通过物联网进行数据整理和分析，帮助老师及时了解本班学生对该知识的掌握情况，及时查漏补缺，提高课堂

质量，形成高效课堂。

教育不断变革和发展，其中科学育人的宗旨一直不变，要做到科学就要求每一项决策和措施都应有理有据，数据支撑无疑是很好的依据。在 5G 技术背景下，将万物互联，可以迅速收集到完整的课堂数据并及时分析，帮助教师及时了解课堂情况和学生情况并做出科学正确的教育决策。在学校教和学的结构变革的背景下，利用 5G 和大数据等技术，一种面向未来的教育模式完全可以成为现实[4]。

### （二）5G+VR/AR+远程教学，打造沉浸式学习体验

因远程教学不在同一时空，容易让教学者和学习者产生距离感，如果把 VR、AR 技术运用到远程教学，就可以创设出沉浸式课堂，消除距离感。此外，教学设计中有很重要的一环就是增加学生动手实践的机会，尽量让学生自我生成知识而不是传统的填鸭式教学。那么，这就需要各种教学活动和教学道具，但远程教学下无法现场体验和操作，通过引入 VR、AR 技术就能让学生身临其境、沉浸式学习。由于 VR、AR 技术对流畅性、沉浸感和画面清晰度等要求高，普通网络达不到要求，而 5G 的低时延、低功耗、泛在网、高速度等特性就能规避掉这些问题，将 VR、AR 技术和远程教学进行更优质的融合。学生在 5G+VR/AR 的远程教学课堂中，不仅能增强操作性和实践性，还增强了真实性，让学生仿佛置身在教室中，犹如老师就在身边演示操作。不仅如此，老师能及时发现学生的操作不当之处并及时纠偏，同时，学生也能及时收到老师的指令并及时订正，体现了良好的交互性和高效性。

### （三）5G+人工智能+远程教学，助力教学改革

依托 5G 的优势助力人工智能普遍运用于教学中，比如，作业批改助手、助教机器人等将大量出现在教学中。5G 和人工智能的结合，为教育创新起到了助推器和驱动器的作用，极大地提升了教学效率和效果，使得教育资源库更加丰富。如今，课堂中有不少人工智能的身影，将 5G 与人工智能结合可以改变其连接方式，即万物互联，这有助于提高机器的运转效率，使得机器人可以迅速捕捉和传达信息，帮助教师和学生更加及时地接受信息。在 5G 时代下的"远程教学"中，授课仍然由教师主讲，但人工智能可以提前推送相匹配的优质教学资源帮助教师提高备课效率和课堂质量；此外，人工智能还可以根据学情分层次布置课后作业并及时收取和批改，批改完以后将汇总和分析好的数据推送给老师，老师再根据反馈结果进行教学调整。这样一来，一方面，教学具有极强的针对性，可以及时发现学生的问题并帮助学生迅速查漏补缺，实现高效课堂；另一方面，替老师节约出大量时间，机器不擅长的情感和心理方面的问题，老师可以有时间进行补位，哪怕不能面对面，也能通过远程交流走进学生内心，关心学生身心健康发展，真正做到教和育。

## 结 语

在 5G 技术高速发展和教育仍然面临一些矛盾的双重背景下，将 5G 技术和教育融合，打造智慧教育新局面是大势所趋。笔者根据 5G 特性和远程教学内涵，梳理了 5G 背景下远程教学的三条发展路径：5G+物联网+远程教学，教育大数据互联之花盛开；5G+VR/AR+远程教学，打造沉浸式学习体验；5G+人工智能+远程教学，助力教学改革。

在远程教学中，利用5G与物联网、VR/AR、人工智能等技术结合，使教学工作更科学、高效和真实；在备课方面，教师可以利用数据库迅速找到优质课程资源，体现高效性和趣味性；在学情分析方面，教师不再是纯经验式判断，而是通过数据分析找出学生的症结所在，从而因材施教，体现科学性；在课堂教学上，通过VR/AR技术，加强课堂的沉浸体验感和真实感。

## 参考文献

［1］IVANOVA E P，ILEV T B，et al.Working together：education，research and development for 5g networks［J］.Automation technological and business processes，2015，(24)：4-8.

［2］胡钦太，刘丽清等.工业革命4.0背景下的智慧教育新格局［J］.中国电化教育，2019，(3)：1-8.

［3］中国移动.5G+智慧教育白皮书［EB/OL］.(2019-04-28)［2022-05-19］https：//mllab.bnu.edu.cn/ docs/20200720110546415986.

［4］朱永新.5G将如何改变我们的教育［N］.环球时报，2019-07-04(015).

# 5G优化教育评价方式篇

**篇首语**

  教育评价事关教育发展的方向，作为对教育活动、过程及结果进行价值判断的手段，其本质是为提高教育质量，为教育决策服务。长期以来，教育评价一直面临教育功利化倾向的问题，如何多角度、多维度、因地制宜地开展以培养综合素质为导向，符合立德树人体制的教育评价是我们一直探索和追寻的。

  基于此，从不同学段、不同学科、不同诉求的角度入手探讨5G在教育活动中的运用，以5G对各类技术的加持为背景，实现基于数据的过程性、智能性和综合性评价。本节共呈现五篇案例，案例注重通过多样化数据采集终端的跟踪和监测，以及工具的优化等手段，提高教育评价的科学性、专业性、客观性，提升教与学全过程的质量与水平。

  成都市中和中学的两篇案例从提升课堂教学的有效性角度，以多模态教学环境打造及校园信息平台建设为方法监测教学质量，探索教学质量提升的路径。锦晖小学金融城分校的赵建云、郭琴从学科特性入手，探索5G技术如何融入课前、课中、课后三个阶段，综合构建小学语文阅读素养培养体系。成都高新区锦晖小学的赵君、陈敏围绕小学数学课堂，探讨5G技术融入课堂信息化手段对教学过程及教学结果监测的提升。成都高新区尚阳小学的毛俊清、乔昌胜着眼于体育教学，对体育教学现状、5G技术背景下体育教学各项数据监测和使用以及体育教师素养提升等方面进行了探讨。

  本章案例均从技术赋能教学的角度出发，基于5G技术的背景，依据实际情况给出了一些见解和经验。

# 5G 多模态智慧课堂在高中生物教学中的有效性探究

石云 徐勇

成都市中和中学

**摘 要**：5G 技术的普及将推动教学向个性化、精准化、智能化、融合化方向发展。未来 5G 多模态智慧课堂的建设将建立 5G 环境下的学习分析、情感识别、情境感知等智能感知环境，形成教与学实时数据采集规范，动态采集教与学数据，更多类型数据的记录、处理和报告，为实现多模态的教学创新提供精准的数据支持，帮助教师进行精准决策和调控。然而，目前国内对 5G 技术与教育融合的研究多为理论探索与理念构建，缺乏课堂应用实践案例。因此，探究 5G 环境下多模态融合教学的智慧课堂教学方式，有助于将理论与实践相结合，为智慧课堂的开发与应用提供参考。

**关键词**：多模态；智慧课堂；生物教学；有效性

# 引 言

模态是交流的渠道和媒介，包括语言、文字、技术、图像、颜色、音乐等符号[1]。事件中模态的使用实现了人类感官与外界环境的交互[2]。当多个感官参与到与环境的互动中，实现的互动就是多模态的，人们日常的互动都是多模态的[3]。课堂环境中可以包含丰富的模态，如 PPT 课件、视频等相关文字和音频、视频材料，支持学生通过视觉、听觉、触觉等与教师及课程内容之间建立多模态地互动[4]。在 5G 技术的支持下，各种多模态资源之间的交互会变得更加便捷，这为教与学模式的创新、诸多教育要素的整合重组提供了契机。教师、学生、学习资源、学习环境是 5G 支持下教育场景的四大基本要素，这些要素之间相互作用，相互影响。多模态的智慧课堂需要充分发挥各要素的优势，利用 5G 环境下多模态的信息技术，使学生与教师、学习资源、学习环境之间的交互更加多样化、个性化，发掘各模态的潜能，使各要素之间相辅相成。

在此背景下，教学方式和学习方式的重构成为促进 5G 课堂环境下多模态交互的关键。多模态融合的智慧课堂需要我们改变传统的教学方式，实施多模态教学，以促进课堂教学最优化[5]。多模态教学是在多模态理论指导下，将语言、图像、声音、动作等的多模态要素整合成为最有效的意义表达和交流方式，并指导学生借助多模态手段构建意义。多模态教学法强调身体和大脑调动多个感官通过多种媒体协同参与教学过程[6]在多模态教学中，教师运用多模态系统对课堂教学进行设计，借助 VR、AR、全息等技术，建设多模态课程资源，充分调动学生感官潜能，为学习者提供多模态的交互学习环境，促进学习者对学习内容的多模态理解和意义建构。师生在这种多模态的交互过程中，将会促进有效学习的发生[7]。由此可见，在 5G 技术的支持下，多模态融合的智慧课堂将会对传统的教育方式产生巨大的冲击。

## 一、5G 多模态智慧课堂教学环节

**1. 多模态资源整合——情境导入**

5G 环境下的多模态课堂需要教师在课程设计阶段整合多模态的资源，帮助学生从多个感官通道进行信息获取。在情境导入阶段，教师利用多种信息化手段，制定优质的多模态学习资源，如 VR/AR 课程资源、音视频资源、含多种媒体（图片、文本、动画等）的 PPT 等，使多种模态结合以实现对学生多种感官的刺激，激发学生的学习兴趣和注意力。

**2. 多模态互动——知识建构**

5G 环境下的多模态互动除了包括教学中的师生、生生等交互外，还包括教师、学生和环境中的设备三者之间的交互。学生可以通过移动终端设备（如手机、平板等）与多模态资源（VR/AR、全息、视音频等）或教师进行交互，实现视觉、听觉、触觉等多通道的输入和输出，调动学生多种感官协同参与，与教师和同学展开深入的交流和讨论，从而获得深层次的知识建构，促进知识内化。多模态互动能有效提升学生的问题解决和协作沟通等高阶思维能力，这也是当今中国创新发展和创新人才培养的一个重要着力点。

**3. 多模态评估——应用检测与反馈**

在 5G 网络的支持下，各种移动终端的跨时空性和便捷性使得教师使用多种模态方法对学生的学习结果或过程进行持续监测和跟踪成为可能。多模态评估强调从多种信息渠道收集学生的学习过程和结果数据。5G 的高带宽、低时延等特性允许教师从不同的信息通道，收集学生多方面的学习过程数据。如 AI 驱动评估，基于学习分析技术，可为教师、学生和家长提供学生学习进展的持续反馈，可将所有学生的过程性或总结性结果传至终端，生成学情分析报告，从而对学生进行个性化推荐。此外，多模态评估还体现在评价方式的多模态、评价手段的多模态、评价维度的多模态等方面。因此，多方法、多渠道、全方位的多模态评估将使学习变得更加数字化、智能化，最终实现优化教学模态、提高智慧教学成效的目标。

## 二、传统生物课堂的现状亟待改变

**1. 学生学习积极性较低**

高中生物是一个学起来较为困难的科目，并且过程很枯燥。因为，在课堂上教师一直处于主动地位，而学生只是被动地思考和回答问题，因此学生的积极性低。另外，在进行高中生物的难点复习时，学生经常感觉时间不够用，复习效果不理想，加上高中生物知识点多、难理解，在短时间内很难将复习的内容掌握，使得学生在考试中的成绩较低，因而学生逐渐对生物的学习丧失信心。

**2. 课堂上缺乏师生沟通**

高中生物的学习过程中学生只是在课堂听老师讲课，缺乏与老师表达自己学习生物时的感受，使教师不了解学生当前对于生物知识的掌握程度，因此，难以对教学方式进行相应的调整和完善，不能更好地分析当前学生学习的情况。

5G 多模态智慧课堂能把生物教材中枯燥无味的语言变得更加形象，方便学生对知识的直观理解，让学生能够有时间自主地学习生物知识，能够激发他们学习生物的热情。面对 5G 多模态智慧课堂，教师要及时转变教学思路和设计，既能保留高中生物知识的科学性和严谨性，还可以在一定程度上加深学生对生物课本知识的印象，营造一种高中生物课堂轻松愉快的学习环境，提升学生学习生物的能力，进而提升教师的教学质量和教学效果。

### 三、5G 多模态智慧课堂在高中生物教学中的应用

**1. 建设智慧课堂，营造良好的学习氛围**

在高中阶段，传统的生物教学方式不能让大部分学生的注意力完全集中，学生没有时间在生物课堂上独立自主地学习，他们在课堂上的参与度不高，进而不能提高他们学习生物的能力。这就需要教师改变自己的教学方法和教学策略，在生物课上建立智慧课堂，能够把生物的特征更明显地呈现出来。教师可以利用多媒体技术、师生提问、小组讨论交流等方式，让课堂上的主体变成学生，老师为辅助作用。这种智慧课堂可以营造一种轻松的学习氛围，提升学生在课堂上的热情，提高教师的教学质量，同时也促进了学生能力的发展。

例如，在学习人教版高中生物课本必修一第三章《细胞的基本结构》时，这一章有许多的知识点需要同学们去记忆。如果老师只是枯燥乏味地讲各个结构的特点和形态，会造成学生们的听觉疲劳，学生学习生物的热情难以高涨，进而导致生物课堂教学质量下降。在智慧课堂中，教师可以用多媒体技术，把各个结构的特点、形象直观地展示给学生们，方便学生去观察理解各个结构的特点、形态。多媒体技术在高中智慧课堂上的应用，能够帮助教师活跃生物课堂的气氛，提升学生学习生物的热情，从而帮助老师提升教学质量和效果。

**2. 在课堂上建立平等、和谐、融洽的师生关系**

在如今的时代教育背景下，科技越来越发达，教育手段也越来越多。在高中生物教学中，智慧课堂这一新的课堂模式的推出使其备受关注，在 5G 技术的加持下这一模式更加灵活多变，具备更强的实时性、交互性。众所周知生物课程不同于其他课程，这是一门建立在了解自然的基础之上的课程，学生想要学好这门课就必须拥有足够的生物思维模式和良好的智慧课堂意识。要想构建好智慧课堂，平等、和谐、融洽的师生关系是必不可少的推动性因素。

例如，在学习人教版高中生物必修一第二章《细胞中的元素和化合物》时，在教师进行讲解之前，可以通过设立一些课堂活动来拉近与学生的关系。教师可以先把学生分成几个小组然后提出问题：细胞作为我们身体中最小的组成单位，大家对细胞都有哪些了解？让学生在小组内讨论几分钟，然后再通过计时抢答的方式来积极回答问题。学生们抢答完毕之后，系统回收学生数据，实时显示在教师面前，教师对学生抢答结果进行评判，然后对学生进行积极的肯定与表扬，再引入今天的正课《细胞中的元素和化合物》。在学生抢答问题的过程当中，教师与学生就形成了一种非常融洽的师生关系，这样不仅能够提高课堂效率还能够调动课堂氛围，使学生全身心地投入到课堂学习当中。

**3. 丰富教学资源，创建多模态教学情境**

高中生物本就是基于自然而又高于自然的一门自然学科，因此，教师在教学的过程当中如果想要提高教学效率，那么就必须拥有丰富的教学资源，而且还要注重在教学的过程当中创建多模态的教学情境，丰富的教学资源可以在日常生活中进行挖掘，比如，制作生物模型，制定多模态学习资源，如 VR/AR 课程资源、音视频资源、含多种媒体（图片、文本、动画等）的 PPT 等，在多样化的教学资源的基础之上再进行教学情境的创设，通过多模态智慧课程的构建能赋予课堂极大的潜力。

**4. 多元、动态评估的学习评价，及时准确监测课堂**

多模态智慧课堂倡导多元化的学习评价体系[8]。随着5G技术的发展，多元化、动态的评估方式可以对学习主体在某一特定阶段的学业表现做出准确、全面、合理的评价与反馈。如使用学习分析技术，捕捉、处理活动过程中的学生数据，对学生的学习结果进行实时监测；智能设备实时捕捉学生在学习过程中产生的多模态数据，对数据进行分析和报告呈现。随着笔迹识别技术的发展，教师可以根据课程内容启发学生利用图像、文字等多种方式进行记录，拓展学生学习数据的类型。此外，数据的分析可以帮助教师对学生的课堂表现进行动态评估，也可以用于检测学生应用其他技术进行学习的成果。具体来说，通过对学生探究过程数据的分析，教师可以了解不同小组的探究过程和结果，对学生进行精准指导；通过统一问答测试，教师可以掌握全体同学的学习情况，抓住教学难点，进行有针对性的讲解。5G环境下的学习分析、情感识别、情境感知等智能感知环境，形成教与学实时数据采集规范，动态采集教与学数据，为实现多模态的教学创新提供精准的数据支持，帮助教师进行精准决策和调控。

# 结　语

5G支持下的多模态学习环境为学生、教师、学校搭建了一个更为畅通互联的大场域，其中所蕴含的多模态资源整合、多模态互动和多模态评估，构成了未来5G多模态智慧课堂的新生态。随着教育制度的不断改革，多模态智慧课堂开始走进了人们的视线，它不仅给教育方面带来了新的教学观念，还给教师们提供了不一样的教学方式。它在高中生物课堂中的应用可以开阔学生的思维方式，维护学生的个性发展。它还可以让学生能够在课上独立自主地学习，激发学生对生物的求知欲，改变学生对事物的认知体系。这不仅可以提升教师的教学质量和效果，还可以促进学生的多项能力发展。

## 参考文献

[1] 夏颖.基于多模态话语分析理论的大学生自主学习模式研究——以大学英语课程为例[J].黑龙江高教研究,2016(9):138-141.

[2] KRESS G R, VAN LEEUWEN T. Multimodal discourse: the modes and media of contemporary communication[M]. London: Arnold.

[3] 顾曰国.多媒体、多模态学习剖析[J].外语电化教学,2007(2):3-12.

[4] 戴志敏,郭露.多模态信息认知教学模式中案例教学效果解析[J].教育学术月刊,2013(1):79-83.

[5] 王慧君,王海丽.多模态视域下翻转课堂教学模式研究[J].电化教育研究,2015,36(12):70-76.

[6] 沈洪,马楠,陈宇.基于多模态信息融合理论的信息技术外包人才培养课程体系构建[J].中国高教研究,2015(3):86-88.

[7] 田阳,陈鹏,黄荣怀,等.面向混合学习的多模态交互分析机制及优化策略[J].电化教育研究,2019,40(9):1-8.

[8] 周晓春.多模态视域下英语学习智慧课堂构型初探[J].湖北文理学院学报,2020,41(4):72-76,85.

# 5G时代下如何提升小学生的语文阅读素养

赵建云　郭琴

锦晖小学金融城分校

**摘　要**：随着新时代信息技术的快速发展，5G已经成为我们日常生活中的重要组成部分，而随着教育教学工作的不断改革，如何在5G时代背景下进行现有教学策略的有效创新，是每一位教育工作者都需要面对的重要研究课题。小学语文学科作为一门重要的基础学科，其承载着对学生进行语文素养培养的重要任务。借助5G技术构建小学语文阅读素养培养体系，是一种极其高效的新型教学方法，同时，可以进一步提高学生的学习效率。在本文的论述研究过程中，教师将结合自身的教学经验，对5G时代下如何提升小学生的语文阅读素养提出自己的一些见解。

**关键词**：5G时代；信息技术；小学教育；语文阅读

## 引　言

对于新时代的教学改革工作，小学语文阅读作为小学生必须要学习的重要内容，需要持续地创新现有的教学策略，5G作为现如今快速发展的技术，教师可以在这一背景下为学生研究制定新型的小学语文阅读素养培养策略，真正引导学生从阅读中汲取语文学科的营养，从而可以进一步提高自身的语文学科核心素养，实现自身的更高层次发展。在传统的语文学科教学中，存在部分教师忽视语文阅读的重要作用，而仅仅将其作为考试的题目为学生进行讲解，导致学生并不能够获得较为全面的语文素质培养。针对一线的语文教师而言，必须要首先转变自身的教学观念，同时还需结合教学工作的实际需求，将5G技术融入现有的阅读教学体系中，进一步创新现有的课堂教学方式，实现对学生语文学科核心素养的有效培养，为学生日后的进一步学习成长打下较为坚实的基础。

## 一、5G时代下提升小学生的语文阅读素养的意义

在5G技术快速发展的时代背景下，进行小学语文阅读素养策略的研究分析，可以为日常的语文教学注入新的活力，同时，可以对学生的综合学习起到重要的促进作用，实现对学生更加高效的教学培养。首先，对正处于小学学习阶段的学生而言，他们正处于最基础的学习阶段，其学习的兴趣直接关系着他们的学习效率。教师在5G背景下为学生进行阅读素养培养教学，可以有效激发学生对于语文阅读的学习兴趣，真正激发学生内心深处的学习积极性，让每一位学生都能够接受更为全面的教学培养。在现今的教学过程中，信息技术已经成

为一种不可或缺的重要技术，研究5G背景下小学语文阅读教学策略，可以利用时代提供的先进技术培养学生良好的学习习惯，为学生日后的进一步学习成长打下坚实的基础。当今的社会发展中各项新型教学策略层出不穷，教师可以通过5G时代背景下的教学策略研究，积累自身的教学实践经验，从而在日后的教学过程中，推动教育教学改革工作的持续发展。

## 二、5G时代下提升小学生的语文阅读素养的策略

### （一）创设直观阅读教学情境

对于小学生而言，其自身所具备的语文学习思维尚不完善，不能够对教师所提供的阅读材料进行深入的理解，教师可以借助5G时代背景下的信息技术，为学生积极创设直观的教学情境，从而更加直观地帮助学生进行语文阅读学习。在教师进行课前准备时，要结合学生的实际学习特点，通过5G技术的加持收集学生数据，并形成学情分析。重视从生活中去观察阅读情境的展现，从而为学生借助图片等素材，整合成为直观的教学情境。在课堂上教师能够以此有效激发学生的学习兴趣，同时可以借助5G新型教学技术，为学生设置情境问题，在教师的引导下帮助学生进行高效学习，对语文阅读素材进行更加深入的理解学习[1]。

例如，在进行《哪吒闹海》的教学中，教师可以积极地搜集有关哪吒闹海的动画、影视资料，同时，结合课标的阅读教学需要，为每一个部分设置直观的情境。教师可以在学生进行阅读学习之前，为学生呈现直观的教学情境，在其中还能够通过提问等方式，充分激发学生内心对于阅读学习的向往，进一步引导学生对阅读素材进行深入的学习探究，实现对学生更加高效的教学培养。

### （二）组织开展小组合作学习

针对小学生的学习特点，传统课堂上教师的讲解无法充分调动学生的学习积极性，而在5G时代下，教师可以借助信息技术平台为学生组织开展小组合作教学，使学生之间的交流沟通打破时间、空间的限制，使合作过程数据化，让学生可以通过团队的协作，共同完成对阅读素材的研究分析，从而有效提高学生的阅读学习效率。在实际的教学过程中，教师首先需要在日常与学生的相处中，观察每一位学生的真实学习状态，并且要适当地考虑学生身心的学习特点，将学生划分成为合理的阅读学习小组，之后可以按照学生的学习需要，让学生依托5G教学平台提供有针对性的学习资源，同时，可以帮助学生进一步地拓展阅读学习视野，实现对学生阅读素养的有效培养[2]。

例如，在进行《安徒生童话》的教学中，教师可以为每一个学习小组，分别提供其中的一些经典童话素材，让学生在小组的框架下，借助5G技术手段，对其中的阅读内容进行深入的探究学习，从而可以激发学生课堂的参与度，引起学生内心深处的共鸣。此外，教师还可以以学生学习伙伴的角色，参与到学生的学习讨论之中，对学生进行合理的阅读指导，进一步培养学生的阅读素养。

## （三）重视微课教学指导应用

微课，其实是一种可以按照教学专题的需要自由组合形成短视频的教学形式，在这个过程中，教师可以根据阅读教学的需要，在每一个章节的引导中设置微课开展教学，能够有效地丰富学生的阅读学习形式，进一步提高小学语文阅读课堂的教学水平。针对实际的教学改革需要，教师需要在教学准备的阶段，借助 5G 教学平台进行阅读资料的拓展学习探究，并且从学生的学习兴趣出发，为学生进行阅读学习素材的有效整理，从而可以形成若干有针对性的教学微课。教师可以借助微课，从课前、课中、课后的阶段出发，分别赋予微课不同的使命，让学生能够根据自己的需要选择合理的微课，对教师所布置的阅读内容进行深入的研究，从而实现自身良好阅读素养的养成[3]。

例如，在进行《我的野生动物朋友》的教学中，教师可以根据文中的一些故事章节，为学生制作合理的阅读学习微课，在引导学生进行阅读探究时，要让学生在微课的引导下，研究文中更加深入的哲理，并且需要根据自己的理解，将阅读积累的素材进行记录。之后，教师可以借助 5G 教学平台，让学生联系自己的实际生活，通过仿写的形式进一步提高对阅读内容的理解，实现自身阅读素养的有效提高。

## （四）构建学生个人管理平台

在传统的学生管理中，教师常常通过试卷的形式来评判学生的学习表现，这种模式相对滞后于新时代学生培养的发展目标。当下，教师可以借助 5G 技术的帮助，更便捷地收集学生数据，为学生构建线上的个人管理平台，从而可以对学生的每一步学习进行分析，实现对学生进行更有效的引导和管理。教师需要结合学校的实际教学特点，选择合理的线上管理平台。针对阅读教学的需要，需要从教学时间安排、阅读内容、学生学习成果的角度，对学生进行有效的教学管理，从而可以在日后为学生更加有针对性地阅读进行教学指导[4]。

例如，在进行《发明家奇奇兔》的教学中，教师可以借助 5G 信息管理平台，为每一个学生建立专属的个人学习档案，在其中教师可以将本章的阅读内容，按照学生日常的课程安排，系统地对其进行阅读设置，引导学生在合理的时间内进行阅读。同时，教师可以在系统的后台，对学生的阅读学习状况进行分析，从而可以及时地调整学生接下来的阅读学习内容，实现对学生更加有针对性的教学指导。

## 结　语

综上所述，在 5G 时代中小学语文阅读教学可以将知识以更加直观的形式进行呈现，从学生的思维深处对学生进行有效的引导，帮助学生更好地打下语文学习的基础。在实际的教学中，要始终将学生作为学习主体，这是教学任务关注的核心，同时构建起系统、全面的小学语文阅读培养体系，推动小学语文教学改革工作的持续进行。针对小学语文阅读教学的特点，可以创设直观阅读教学情境，也可以组织开展小组合作学习，还可以利用微课教学指导应用，还能够构建学生个人管理平台，进而更加系统地为学生建立阅读培养体系，真正实现对学生阅读素养的有效培养，为学生未来更加深入地学习探究保驾护航。

## 参考文献

［1］堵如芳.信息技术背景下小学语文阅读课生成性教学路径研究［J］.中小学电教,2022(09):28-30.

［2］邱萍.教育信息化2.0背景下小学语文阅读教学策略研究——运用信息技术以读促读,以读促写［J］.学苑教育,2022(15):47-48,51.

［3］马婷婷.信息技术背景下的小学高年级整本书阅读教学问题研究［J］.中国教育技术装备,2020(17):118-119.

［4］林玲.信息技术背景下的小学语文阅读与写作教学研究［J］.作文成功之路,2020(32):35.

# 让 5G 技术为小学数学课堂教学赋能提质

赵君　陈敏

成都高新区锦晖小学

**摘　要**：随着我国经济水平的不断提升，科学技术也获得了长足的发展，现如今我国已经进入信息化时代，5G 技术作为一种全新的数字传输技术，开始出现在大众视野并得到了广泛的推广和应用，逐渐被应用到教育教学活动中。5G 技术从特点上来讲，具有高速率、低延迟和低能耗等优势，而且可以实现网络全覆盖，在针对小学生开展和实施数学教学时，可以从实际出发，结合时代发展趋势，将 5G 技术应用到课堂的构建中去，让教学方式更加多元化发展，提升数学课堂教学效果。除此之外，在 5G 技术的支撑和引导下构建智慧课堂，将 VR 等虚拟技术应用到数学教学实践中，加深数学的信息化教学，使学生可以进一步提升分析和解决数学问题的能力。

**关键词**：5G 技术；小学数学；信息化教学

## 引　言

随着新课改的持续推进，小学数学教学也要与时俱进，将现代教育技术融入数学教学中，实现线上教学和线下教学的有机融合，探索多元化的教学模式，通过教学手段的升级优化，激发学生的数学兴趣，提高数学课堂教学效率[1]。在加深学生对抽象知识理解的同时，还可以帮助学生应用知识解决实际数学问题。在科学技术的推动下，5G 技术开始出现在大众视野，并很快在社会生活的各个领域得到了不同程度的推广和应用，因此，将其融入数学课程实践中，并在此基础上实现小学数学信息化课堂的构建，借助 5G 技术使学生数学学习水平不断提升，成为现代数学教育教学过程中新的必不可少的课题，为全面落实双减政策、为数学教学提质增效锦上添花。

## 一、5G 技术的特点

5G 技术是全新一代蜂窝移动通信技术，作为第五代通信技术，它可以实现网络全覆盖，具有明显的技术优势，在具体的实践应用中可以实现数据的快速传输，能够在很大程度上满足虚拟现实等大数据量的传输。在该技术的支撑和指导下，可以为人们实时移动通话提供更加丰富的体验。除此之外，5G 技术还可以和大数据、人工智能以及虚拟现实等技术实现多元统一，在融合发展的过程中发挥自己的价值和作用，为人们的生活带来更多的方便和便捷。它在教育教学活动中的应用场景也进一步细化，在信息化技术的影响下，5G 技术也开始应用于小学数学课堂教学中[2]。特别是在疫情期间线上教学势在必行，成为课堂教学重要的补充，5G 技术在这一背景下获得了广阔的发展空间，为线上教育提供了坚实的技术支撑，真正为数学教学形式的完善和优化起到了一定的促进作用。

5G 技术在应用中，资料传输速度快。大量的数字化学习资源通常是储存在云端，需要从移动终端获得。通过使用 5G 技术可以让学生获得更加良好的数据查询体验，学生能够在互联网场所下载相关资源，也可以直接在云端获取，在很大程度上节省了查询资料的时间，提高了学生的学习效率。其次，5G 技术也可以实现网络全覆盖，学习资源可以在网络环境下读取，真正实现移动学习，摆脱场所的限制，为学生参与数学学习活动提供更大程度的便利。

比如，居家学习期间，老师在线教学《小熊购物》加减混合运算，需要有必要适量的练习作为学生巩固练习，于是充分利用 QQ 群应用中的"作业"功能，把事先设计好的精选练习拍图上传，布置学生完成作业并勾选"需要学生完成"，这样每个学生在移动端都可以看到，并能看到老师布置任务的具体要求，根据要求完成任务后，学生也可以将作品拍照上传到指定"提交作业"的栏目，老师打开应用就能看到每个学生提交的作业，并逐一批改或者点评，还可以发布或者提醒学生修改作业中的错误，实现师生互动、生生互动，弥补了线上教学不能面对面指导的不足，还方便老师收集学生的学习情况和反馈，及时进行教学调整。

## 二、5G 技术在小学数学信息化教学中的应用

### （一）5G 技术融合 VR 技术拓展沉浸式教材资源

现阶段随着教育教学改革的持续推进，在进行小学数学教学时，要求加强信息化技术的应用，真正拓展课堂的表现形式，在虚拟校园以及虚拟教室不断盛行的当下，需要不断从技术层面进行创新升级，在此基础上消除学生对技术的排斥感和距离感，最重要的是可以在进行信息化教学的过程中给予学生更沉浸式的体验，使其可以感受到数学学习的乐趣，从而提高学习的积极性和主动性。以往在进行虚拟校园等设施建设的时候，需要应用到大量的设备，这就意味着教育教学改革中应该投入更大的成本，与此同时，整个虚拟技术要想真正为数学教学的展开起到一定的促进作用。实现教育教学最优化，也要受到无线网传输速率的影响和限制，但是随着时代的进步和发展，5G 技术的出现为小学数学信息化教学提供了新的发展方向和路径，独有的便携式基站就可以让 VR+数字化教材在偏远的地区正常运行，而且 5G 技术高速率的特点也使得整个 VR 技术在具体展示过程中变得更加流畅和清晰，可以真正让学生得到更加丰富和形象的体验[3]。

例如，在复习《多边形的面积》中，对于不同图形的转换以及它们之间的关系容易存在认识不清等问题，要想真正让学生掌握图形的转换规律，在此基础上习得不同图形的计算公式，教师就可以摆脱传统的教学方式的局限，在课堂教学中融入 VR 虚拟技术，从而实现对教材内容的系统化和规范化整理，通过 VR 技术让学生可以手动操作，在这一过程中学生可以通过屏幕式 VR 理解所学知识，真正提升数学教学效果，为学生习得数学知识，提高数学应用能力起到良好的推动作用。

## （二）5G 技术实现游戏中学数学，让教材活起来

对于小学生而言，在实际参与数学学习的过程中，由于年龄较小，存在身心发展还不成熟，注意力还不能长时间集中等特点。因此，如何从实际出发，了解学生的身心发展特征，将游戏融入数学课堂活动中？如何真正激发学生的数学学习兴趣，使学生可以主动参与到数学知识的学习中去？5G 技术融合学科教学就显得尤为重要。市面上很多学习性 APP 都十分看重和强调游戏化教学，通过学习闯关游戏等对原有的教材内容进行创新优化，确保其中的习题和记忆类知识都可以借助游戏的方式呈现出来。而且通过游戏的帮助和影响，学生的学习压力也能有所缓解，将学习内容融入游戏中，教材的功能也就得到了完善，可以实现和学生的双向互动[4]。另外，课后练习巩固也可以借助 5G 技术变得丰富有趣，比如，在 5G 技术的支撑下开发专门用于习题训练的 App，针对不同章节的内容设置对应的习题训练，可以通过线上 PK 的方式激发学生的做题兴趣，使其真正在做题中获得足够的成就感，习题的设计和学生日常的生活经历相联系，只有这样学生才能真正吸收并消化相关知识，从而提升教学质量。

## （三）5G+远程双师课堂，让学生与"名师"面对面

在现阶段对小学数学进行信息化的同时，也可以结合学生的发展实际，在 5G 技术的支撑下，构建远程双师课堂，真正将线上学习和线下学习有效融合起来，弥补学生在学校数学课堂学习中存在的缺陷和不足，及时查漏补缺，帮助学生得到更好的发展。远程双师课堂强调教师的互动合作，通常由一个专门的学科教师和助教构成，在先进的科学技术的支撑下，教师能够实现和学生的高清互动，围绕学生的发展特点展开更加有针对性和个性化的教学，从而真正提高学生的数学学习效果，将教学价值发挥到最优化。在进行双师课堂教学的时候，学生不但可以实现实时性互动，还可以反复观看名师的"微课"来突破学习重点和难点；同时，课程结束之后，平台上也会配备一定数量的练习题，练习的内容和学生课上学习的内容常常是相互对应的，通过及时进行习题训练，让学生更快地掌握和吸收相关知识，确保学生不但可以习得相关的知识理论，还能用其分析和处理现实生活中碰到的数学问题[5]。除此之外，双师课堂在构建中，教师针对学生的线上做题情况也可以第一时间从系统上得到客观的评价，结合学生的错题分布特点分析学生现阶段学习中存在的缺陷和不足，找到学生的薄弱点，这样在后期开展教学活动的过程中才能因材施教，做到教学的差异化。需要注意的是，现阶段信息化教学的展开始终需要有强大的技术力量作为重要支撑，只有利用 5G 技术，才能为远程双师课堂的开展以及数字化学习提供便利，从而提高数学教学效果[6]。

## 结　语

伴随着科学技术的优化和完善，5G 技术逐渐推广到教育教学领域。在进行小学数学教学的过程中，通过使用 5G 技术，可以为双师课堂以及智慧课堂的构建提供必要的技术支撑，对于学生实现多元化发展也能起到推动作用。而且通过教学手段的创新，利用信息化技术也能为学生构建更加丰富形象的学习情境，有利于激发学生的数学学习兴趣，将教学效果发挥到最优化，全面提高学生数学学习成果。

## 参考文献

[1] 张丽伟.小学数学卓越教师信息化教学技术使用行为影响因素研究[D].长春:东北师范大学,2020.

[2] 崔志玲.小学数学信息化教学的策略探讨[J].课程教育研究,2020(11):134.

[3] 张金建.数学也要"精准扶贫"——信息化教学激活小学数学课堂[J].数学大世界(上旬),2018(11):61.

[4] 邵艳,程效朋.小学数学信息化教学有效性提升策略的几点思考[J].安徽教育科研,2021(13):81-82.

[5] 翟慎峰.小学数学信息化教学中对于资源开发利用的探讨[J].课程教育研究,2015(30):100-101.

[6] 杜亚东.核心素养视角下小学数学信息化教学设计——以《认识钟表》为例[J].中国新通信,2021,23(24):194-195.

# 5G+智慧教育提升小学体育教学质量研究

毛俊清　乔昌胜

成都高新区尚阳小学

**摘　要**：近年来，随着我国互联网技术的不断进步和发展，我国已经进入信息化时代。在信息化时代的背景下，小学体育教师也需要不断调整和优化教学方法和手段，从而提高教学质量和效率，打造高效的小学体育教学课堂。本文主要探讨了5G智能教育对体育的影响、发展现状、基本体系构架及智能体育提升小学体育教学路径和实施效果等方面的内容。

**关键词**：5G智能；小学；智能体育；体育教学；智慧教育

## 引　言

5G是第五代移动通信技术的简称，具有高速率、高带宽、低时延、大连接和泛在网的特点，移动通信技术从4G进化到5G，不论是横向发展的广度还是纵向发展的深度，对社会所带来的影响都将是久远的。继5G赋能教育之后，与之相关的互联网+教育、智慧教育、翻转课堂等迅速与5G接轨，大数据、4K超高清、VR和5G有机结合，极大提升了信息化教学水平，对教育创新形成助力，对现有"标准化""统一式"体育教学形态带来巨大冲击。

以当前的研究来看，5G会对教育产生以下两方面的影响：首先，5G时代，VR、AR、全息投影等技术会得到更加快速的发展，而这些技术会使当前面对屏幕的互动学习变成沉浸式、体验式学习，多角度互动会成为现实，使学习变得更加生动，使学生在学习中感受到更多快乐。其次，5G能够彻底克服当前教室光纤覆盖周期长、成本高、无法做到灵活开课等问题，同时，可以弥补当前基于无线网络的远程直播卡顿、不稳定和虚拟教学交互体验差等问题[1]。

## 一、5G智能体育发展现状

### （一）体育竞赛智能化

智能技术早已广泛应用于竞技比赛，竞赛编排、计时测距、裁判监督、成绩显报、安全保卫、票务销售与识别、开闭幕式展演等各大系统均已实现人工智能化，提高了裁判员判定的准确性，竞赛的组织愈加快捷、高效。近年来，快速兴起的电子竞技、无人机、机器人、网络棋牌等集现代化、数字化、网络化为一体的智能体育项目方兴未艾，成为智能体育新平台。

## (二)运动训练智能化

在运动训练中使用智能化技术,实现了模拟训练程序、训练模型控制、技战术分析。智能化技术广泛应用于数码影像轨迹、智能化训练器材、数据分析、体能消耗、运动负荷监控、生理生化研究、伤病防治、情报信息等领域,构建了大数据信息化的运动训练平台,利用人工智能精准分析运动训练的各种数据,推动科学化训练的实施,提高训练实效,提升运动员技术水平。

## (三)体育场馆智能化

随着5G技术的发展和普及,打造5G智慧场馆已经成为体育场馆发展的方向。智能体育场馆能够融合诸如信息、商业、赛事、运营、社交、数据分析、管理等功能,契合了赛事举办的时代发展,是智能体育的重要体现之一。

## (四)体育管理智能化

国家及地方各级体育行政管理和服务部门逐步向以数据为中心的现代治理模式转变,大数据、云计算等技术手段的综合运用,促进各政府部门、社会体育组织管理流程优化,提高管理工作效率,完善协同机制。实现体育相关政府部门内部、政府与社会的数据共享、信息共用平台的搭建,提高政府科学决策水平,推进体育管理现代化进程。

## (五)体育教育智能化

信息技术的发展为教育事业带来深刻变革,体育教育在教育信息化发展的基础上,融入体育学科特色,在体育教育资源开发、体育数据采集等方面实现升级。

高新技术进入课堂,更多教学手段和方法逐步实现,体育教育教学观念和模式不断更新,教学资源愈加丰富,科学的训练方法和精准的训练数据记录、分析,都推动体育教育和培训行业不断发展[2]。

## 二、智能体育基本体系构架

纵观当前我国智能体育化的发展和应用情况,已初步构建起智能体育基本体系的框架,能够实现与现代体育教育技术发展相结合,从互动式沟通交流、移动泛在学习体验、沉浸互动环境方面提升教育教学效果[4]。

## (一)智能体育的基本概念

智能体育是指依托各类硬件设备,通过信息化、网络化、数字化的手段,运用互联网、物联网、大数据、云计算等技术,为实现体育智能化、现代化、高效化发展,而采取的先进技术、方法手段及相关软硬件设备、规章制度的总称。

## (二)智能体育系统的组成

(1)依托硬件基础:计算机、移动终端、穿戴设备、传感设备、网络设备等。

(2) 依托技术手段：包括数字化、网络化、信息化等。
(3) 依托技术平台：大数据服务平台、信息共享平台等。
(4) 核心技术、理论：包括互联网、物联网、大数据、人工智能、云计算。
(5) 实现目标：体育的数字化、网络化、智慧化、智能化、现代化发展及应用。

### （三）智能体育主要应用领域

目前，在我国体育领域人工智能的应用主要包括体育竞赛、运动训练、健身服务、场馆运营、场地设施、教育培训、科学研究、康复医疗体育教学、媒体传播、网络传播等领域，以及新兴的体育行政管理等范畴。人工智能应用于小学学校体育有课堂教学的多媒体技术，线上线下混合式体育教学，可穿戴设备监测学生课外体育锻炼情况，通过数据评估、改进体育竞赛成绩等[5]。

## 三、5G智能提升小学体育教学路径与实践效果

### （一）精准分析学校体育5G智能实际，坚持教育课程基本原则

**1. 聚焦学校体育高质量发展，把脉体育课堂**

以"健康第一"为宗旨，把学校体育工作作为实施素质教育的突破口，以科学的管理促进学校体育工作全面发展，建立完善科学的管理体系，深化体育教学改革，全面推进素质教育。积极进行体育课程的建设和开发，加强课程内容整体设计，优化体育课改教研活动，努力实行新课程标准，用新的理念来强化教育教学活动[6]。

一般小学学校的建设规模都不大，体育设施相对缺乏，而一般的体育教学设施难以满足体育教学的全部任务。当前，小学体育教学中体育教学资源的投入较少，不完备的体育器材很难满足体育教育的实际需求。而且在大多数小学学校没有建设足够大的运动场馆，例如，一些小学没有足球场，有的小学有篮球场，但非常有限，不符合小学生体育运动的需要。在小学体育师资方面，在当前，多数学校缺乏专业的体育教师，有的小学体育教师是由文化课老师担任，文化课老师没有专业的体育技能，且严重缺乏体育教育方面的知识，使得小学生不能够得到专业的体育教育。

传统的小学体育教学方式已经不适合当今时代的发展，所以需要提高对小学体育教学的重视程度，将小学体育教学进行不断的更新，创新并且完善教学方式。学校应该对传统人才进行培训和改造，抛弃传统的教学方式，培养适应新时代的教学模式，并且可以引进观念和素质更好的体育人才，进而更好地对学生进行体育课程的教学，让学生更加充分地掌握体育知识和技能，获得全面发展。

**2. 坚持教育课程基本原则**

（1）面向全体师生，关注差异。小学是学生接受知识教育的开端，在为每一位学生提供教学时，应精准分析学校师资情况，把握学生身心发展的阶段性特征、运动技能形成规律和课程的育人特点，尊重学生的差异性，体现出不同学段目标要求的层次性[7]。通过信息技术可以帮助教师第一时间了解每个学生的基础心率，监测身体技能状况，快速测出成绩，方便教师对每个学生进行分析，针对性进行指导训练。

（2）加强信息技术和体育学科的关联。加强信息技术和体育学科的关联有助于强化课程协同育人功能[9]。5G 智能与体育进行关联应注重体育学科知识与学生经验、生活和能力的联系，重视知识间的内在关联，利用信息技术进行运动动作的示范和分解，有利于学生在动态模拟中学习动作技术，培养学生在真实情景中的问题解决能力。

（3）推进 5G 智能与体育实践。推进 5G 智能与体育实践的重点是如何在体育学科中加入信息技术，优化 5G 智能与体育的实践方式与路径，从而检验 5G+智能与体育的实践效果。当今 5G 智能体育教学在中小学积极试点。在上海，"可信云计算+5G+AI+体育教育"的创新结合，落地国家相关机构对强化学校体育教学训练、学生运动技能等级的要求，让每名学生真正掌握一到两项运动技能，通过 AI 把运动过程数据化，教会学生科学锻炼和指导学生掌握跑、跳、投等基本运动技能，以及足球、篮球、排球、田径、游泳、体操、武术等专项技能提升，从而全面提升中小学生的体育素养和身体素质[3]。

## （二）构建 5G 智能技术平台，打造智能体育课堂

构建 5G 智能技术平台，打造智能体育课堂，具有学生基本情况测试、体育课堂监测和评价、辅助体育课堂教学等功能。智能体育通过 5G 技术、红外线、摄像头进行智能感知与测量，进行数字化展示与反馈，可 360°视角、对辅助线与辅助面进行轨迹展示，在学校中对每个学生可达到精细的测量，并进行详细的分析，进而制订出合理的数据分析和后期的训练计划。同时，构建 5G 智能技术平台打破教学时空的限制，教师与学生通过网络平台就可以实现教学互动[8]，并根据学生的兴趣进行设定，既提高了学生的兴趣，又促进了学生的全面发展。这样不仅减少了人力和物力投入，更能达到预期的效果。同时，在体育设施这一方面可以进行合理的支配，没必要的器材就不再需要购买，省下了不少的资金，可用于学校的其他方面，不会造成资金浪费。

5G 智能体育教育为小学体育教学教师搭建了更广阔的平台，这种平台突破了时空限制，教师不用远赴异地，也可以利用业余零碎时间来进行学习和教研，掌握最前沿的专业领域知识，节省了外派异地学习的资金和时间，节省下来的这部分资金和时间，我们又可以投入本校体育校本课程研究、教学研讨及与其他学校的体育教学交流活动中，既提升了教师本身的能力素质，也可以推动本校体育教学整体进步。

## （三）5G 智能在体育教学中的应用

### 1. 更新教学方式与方法

以往的体育教学方式单一，具有单向性，现在的体育学科正在实现"以教为主"转变为"以学为主"，将从传授知识和技能转变为重视学生核心素养，促进学生形成积极的学习动机、学习态度和学习行为[10]。5G+智能体育课堂利用现代信息化技术，有利于开展多样化的教学方式，通过各种技战术视频讲解、体育比赛鉴赏、裁判规则等引导学生思考，主动探究；有助于科学设置运动负荷，通过 5G+智能体育课堂将每个学生的运动心率和密度共享到大屏幕，学生可以直观体验运动强度、运动密度、运动时间等知识的含义，教师可以根据学生情况实时进行课堂调整；开展微课、慕课、翻转课堂等教学，帮助学生在线上+线下相结合中，拓宽学生的学习视野。

### 2. 加强校内外体育锻炼的衔接

学校应注重整体规划，统筹校内外的教育教学资源。新课标明确提出：体育与健康课程

应落实"教会、勤练、常赛",重视学练赛一体化。加强校内外体育锻炼,以及"家校社"的多元联动,为学生提供更多的学练机会。使用信息技术的手段,可以减轻体育教师布置体育作业的负担,弥补体育教师的指导空缺,加强家长对学生的活动指导,帮助学生通过自主学习、自主获取知识,更高效完成体育作业,提供学生解决体育问题的途径,从而最终帮助学生逐渐养成体育锻炼习惯,形成终身体育意识。

### 3. 构建 5G 智能与体育的学习评价与反馈

构建 5G 智能与体育的学习评价与反馈,应全面落实新时代学校体育评价改革要求,改变传统的以结果为主的评价,强化过程性评价,探索 5G 智能与体育的增值评价,注重综合性评价。更新教育评价观念,重视体育核心素养导向。运用现代信息技术可以创新评价方式方法,开展实时和精准的评价,教师可以使用 5G 智能现代信息技术对学生学习过程进行观察、记录与分析,及时反馈和评价学生的学习情况。如使用运动监测手环记录学生的课堂行为表现和运动负荷。同时,5G 智能现代信息技术有利于加强学生的个体评价和学生间的对话,在评价中自我总结、反思,实现了"教—学—评"的一致性。

### 4. 探索 5G 智能与体育的学习环境

在提升体育教师教学科研能力方面,小学体育教师一般都承担着较为繁重的教学任务,自我提升的形式多为本校体育教学组内部的学习,抽调到外面学习的机会很少。所以,小学体育老师运用到教学中的知识储备主要来源于自己求学时老师传授的知识和方法,停留在"吃老本"的状态,时隔多年,教学方法和手段在不断变革更新,"吃老本"终究难以保持与时俱进,不符合新时代教育的要求。5G 智能时代下的体育教育信息化,不仅为学生的学习提供便利,同时也是老师知识技能更新的制胜法门。5G 智能时代下体育教师的信息化学习就是以体育教师的专业发展为根本目标,融合 5G 技术与现代信息技术,在网络空间中交流学习,补齐传统面授学习受时空限制的短板,全方位优化体育教师教学方法和体育理论知识,提升体育教师课堂教学能力和专业水平,促进体育教师专业发展。

## (四) 5G 智能提升小学体育教学的实践效果

5G 技术的应用改变了极具局限性的教学模式,使体育教师教学效果得到提高,对体育教师的专业发展、学习方式和学习时空都具有革新作用[11]。在 5G 时代下,体育教师可以将学生利用大数据进行测试精细分析,根据个体差异性来安排不同的教学练习以及训练任务,而体育教师则可以在线上关注每一位同学的具体完成情况,及时获取学生们的反馈信息,从学生的兴趣出发,培养学生勤于锻炼的良好习惯,使学生身心得到和谐的发展。为这些学生制定出个性化的体育运动处方,大大提高了小学生们的体育学习效率,帮助体育教师提高了自身的教学成效,提升了信息技术能力。

智能体育不仅能锻炼学生体能,显著提高教师自身的综合素质,同时鼓励开设各种智慧体育研究课题,为智慧体育发展和智慧体育人才培养提供宽松的环境。

## 结 语

少年强则国强,学生体育教育显得尤其重要,对于学生个体来说,体育将影响学生的终生;就国家而言,关乎民族未来。5G 的到来把我们带入全新的时代,中国社会将得到跨越式发展。5G 时代改变了体育教师专业发展的思路和模式,打开了体育教师专业发展的全新大门。我们必须要充分抓住 5G 技术带来的机遇,及时调整自己的教学方法和教学手段。智慧教育的提出就是教学的一种改革,它不仅适应了社会的发展需求,也满足了学生的学习需求和运动需要。体育课程通常因为受到各种限制而无法发展其多样化,而今各种信息技术的出现解决了这一难题,在体育课程上运用智慧教育的教学方法,可以提升小学生对体育课程的兴趣,打造一个智能、个性、高效的体育教学课堂,以此来实现小学生的综合全面发展。

## 参考文献

[1] 耿振华.小学体育教育存在的问题与发展建议[J].田径,2022(04):4-5+13.

[2] 余曰检,刘文玲,彭金城,等.5G 赋能时代下初中体育教育信息化构建之道[J].武当,2021(12):64-66.

[3] 廖磊,叶燎昆.5G 与体育智能生态系统的建构[J].牡丹江师范学院学报(自然科学版),2020(3):51-53.

[4] 杨俊锋,施高俊,庄榕霞,等.5G+智慧教育:基于智能技术的教育变革[J].中国电化教育,2021(4):1-7.

[5] 李鲜,田祖国,宋靓雯.5G 时代智慧校园的现实意义、内容呈现与发展路径[J].新体育,2021(8):76-80.

[6] 吴键,袁圣敏.中国学校体育智慧系统的整体思考与构建[J].体育学研究,2020,34(3):40-46,94.

[7] 义务教育课程标准[M].北京:北京师范大学出版社,中华人民共和国教育部,2022.

[8] 金鑫,金成吉.5G 时代下我国体育网课教学的发展趋势[C]//.第十二届全国体育科学大会论文摘要汇编——墙报交流(学校体育分会),2022:605-606.

[9] 义务教育信息科技课程标准[M].北京:北京师范大学出版社,中华人民共和国教育部,2022.

[10] 义务教育体育与健康课程标准[M].北京:北京师范大学出版社,中华人民共和国教育部,2022.

[11] 黄晓丽,彭炜,于易.5G 赋能时代体育教师智慧专业学习共同体构建[J].湖南工业大学学报(社会科学版),2020,25(2):101-107,115.

# 基于 5G+AI 课堂行为数据提升课堂有效性探索

陈明德

四川省成都市中和中学

**摘 要**：传统课堂中只能通过人工来观察了解师生上课的行为表现，不仅带来了较大人力上的支出，反馈还有滞后性，从而影响教师教学策略的及时调整和教学质量的提升。针对以上问题，学校基于 5G 的技术特点和 AI 的分析优势，引入了 5G+AI 课堂行为应用场景试点，无感化采集师生课堂行为数据，实时推送，教师根据课堂行为数据调整教学策略，提高课堂的有效性。

**关键词**：5G+AI；课堂行为；有效性

## 引 言

长期以来，对师生课堂行为观察都是课堂研究者重点关注的问题。传统的课堂行为判定主要依靠教师的个人教学经验对课堂上学生的学习行为进行判断和制定教学决策。随着科技的发展，20 世纪初，出现了微格教室，主要是依据回放课堂录像来对教师课堂行为进行分析，用于教师教学技能的培训，然后根据问题提升教学能力；再到后来，随着网络的发展和录播教室的兴起，对师生课堂行为观察突破了地区和时空的限制，可同时观察师生的课堂行为，但还是停留在主观判断上，评判标准也难统一，缺少自动化、智能化。因此，课堂行为分析必须面向互联网信息化、智能化、无感客观化。

## 一、5G 技术促进多元课堂行为评价

### （一）研究背景

移动通信技术经过技术的进步，经历了四次发展，已融入社会生活的方方面面，5G 作为一种新型移动通信网络，已渗透到社会的各行各业。第五代移动通信技术简称 5G，是具有高速率、低时延和大连接等特点的新一代宽带移动通信技术[1]。2018 年 4 月教育部发布的《教育信息化 2.0 行动计划》指出："智慧教育创新发展行动要以人工智能、大数据、物联网等新兴技术作为基础，依托各类智能设备及网络，积极开展智慧教育创新研究和示范，推动新技术支持下教育的模式变革和生态重构，同时深化教育大数据应用，全面提升教育管理信息化支撑教育业务管理、教学管理等工作的能力。" 2018 年教育部发布的《关于开展人工智能助推教师队伍建设行动试点工作的通知》指出"探索人

工智助推教师教育改革、助推教育教学创新等,为探索新模式积累经验"。

### (二) 研究的基础

**1. 搭建 5G 智慧校园智能云平台**

基于校园网络的各种智慧教育场景应用不断开发和投入应用,网络带宽和传输速率受限,实时分析数据不能实时传送等问题,通过部署 5G 智慧校园网关,基于移动 5G+F5G 网络,提供了互联网访问能力、数据处理能力和终端管理能力[2]。打通各个应用,实现统一平台管理的同时,也能通过网络接入方式,把校内设备与互联网相连接,进行信息交换和通信,实现物与物、物与人的泛在连接,实现智慧化识别、跟踪、监控、分析和管理,如图 1 所示。使用先进的 5G 边缘计算平台,在边缘计算平台上部署 SaaS 应用,提升网络传输速度和数据处理能力,让分析环境更智能化、精准化。

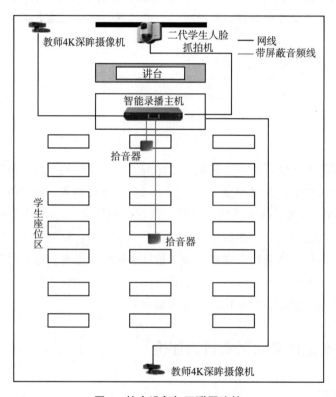

**图 1　校内设备与互联网连接**

**2. AI 行为分析场景建设**

在教室内布设基于大数据的人脸识别技术,通过 5G+AI 摄像头,在师生进入课堂时,进行密集人脸采集,采集师生的实时人脸图像,图像采集设备内嵌智能跟踪算法,采用独特的人脸检测与头肩模型检测结合的方式,从人脸图像中提取特征值,根据人脸的识别技术,分析师生的人脸图像数据。课堂开始在无干扰状态下,采集教师的实时人脸图像,更加有效地实现对教师的跟踪及学生定位检测。同时,设备具备高效的宽动态和底噪度效果,能有效地防止高亮度的环境光干扰,让采集的数据更准确。将教学过程分析、专注度、表情、姿势分析进行关联,形成课堂行为分布结果。

## 二、课堂行为可视化数据采集

### （一）课堂行为分析内容

整体构建"教""学"和"管"三大类的应用，打通考勤、录播、教学分析等应用壁垒，实现人脸考勤管理、可视化巡课督查、视频资源管理、伴随式课堂分析、信息查询等应用，满足教师、学生、家长和管理者等多角色的需求。通过课堂行为分析服务器分析扫描抓拍的图片，分析巡视、板书、多媒体讲授三种教师行为，同时分析出应答、读写、听讲、举手、起立、趴桌子、面部表情、考勤八种学生行为，通过汇总分析这些数据，可以实现师生行为的统计、对比和趋势分析[3]。从而得出每堂课中学生的课堂专注度、参与度和表现指数和趋势。课堂行为可视化数据采集系统如图 2 所示。

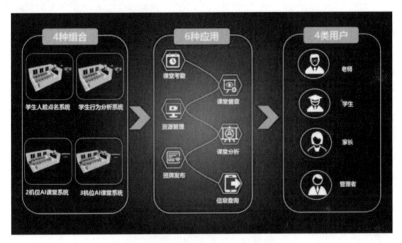

图 2　课堂行为可视化数据采集系统

### （二）可视化数据呈现

5G 技术的使用，为超高清视频传输提供了通信保障，通过边缘云超强的计算能力和存储空间，为海量的视频图像处理、大量并发数据计算、实时数据传输提供条件，通过不断扫描抓取课堂中师生行为数据，汇总展示成三种教师行为和八种学生行为数据可视图，为教师及学生做出实时反馈[7]。可视化数据呈现如图 3 所示。

## 三、课堂行为数据分析

与传统课堂相比，5G+AI 环境下的课堂，将海量的数据汇集处理，通过评价体系指标，将师生的课堂行为如专注度、参与度和表现度指数生成可视化数据图形，为教育教学提供支撑，届时，数据的分析、处理、应用就成为关键的环节，通过对课堂行为生成数据的分析，不仅可以纠正不好的课堂行为，还能为教师教学改进提供精准的判断[4]。学生课堂表情如图 4 所示。

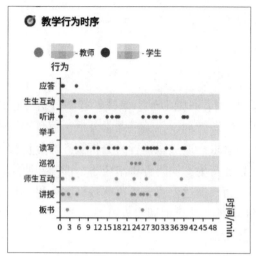
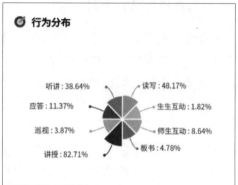

图 3  可视化数据呈现

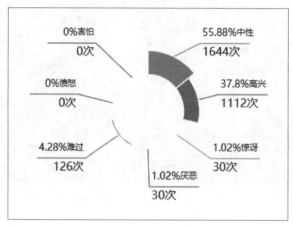

图 4  学生课堂表情

（一）专注度分析

通过利用人脸识别数据与丰富的学生行为数据，如应答、举手、读写、起立、趴桌子等课堂行为表现，可以分析出每堂课中每位学生的课堂专注度，还可以分析出班级的专注度指数，运用这些数据可以进行统计、对比、趋势和碰撞分析，与教师课堂教学内容联系起来，评价教师的教学设计、教学方式和对课堂知识点讲解、剖析的能力以及学生认同感，同时反馈学生认同、理解、掌握的程度。当专注度曲线达到最大值时，说明本节课学生在这个时段注意力较为集中，这个时段的教师教学行为有很大的吸引力，学生就不会出现趴桌子、课堂表情异常等现象；当专注度曲线达到中度值时，这个时段的教师教学行为有一定的吸引力，学生注意力开始呈下降趋势；当专注度曲线达到最小值时，这个时段的教师教学行为不能吸引学生的兴趣，学生处于散漫状态[6]。

（二）参与度分析

参与度与教师的教学设计、教学活动安排、教学环节、课堂类型直接相关，与教学对象的学段也有关系。当参与度达 80% 以上时，课堂氛围表现是相当活跃的，互动性是很强的；当参与度达 50%~80% 时，课堂互动性较强，大部分学生的热情被调动起来了；当参与度低于 20% 时，课堂互动性就较低，大部分学生没被调动起来，这就可能表明教师的教学效果没有达到预期目标。参与度分析与诸多因素有关，数据的高低并不完全意味着教学质量的好坏，教师可根据教学设计，并结合教学视频回溯来分析判断，调整教学策略。

### （三）表现度分析

表现度是关键时间节点的学生状态呈现，表现度分析体现学生群体活动的一致性，用于区分群体一致性活动与个体偏离活动，通过课堂学习活动和学生表情数据，体现学生整体行为及参与积极性的数据和课堂活动有效的实施关系密切[5]。当学生独立活动时表现性数据就会偏低，如教学难度不大，学生已很好地掌握了课堂教学内容，没有新知识刺激；但当有体现学生主体性活动时，表现度数据就会偏高，如小组合作活动时，或不断有新知识的传授时。学生表现如图 5 所示。

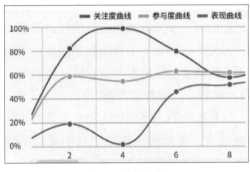

图 5　学生表现

## 四、通过数据透视，提升课堂有效性的途径

5G+AI 环境下课堂行为数据在采集、汇总、分析后生成具体行为的打点和占比呈现，最终采样生成关注度、参与度、表现度三种曲线，基于三种曲线和行为透视图，同时加以课堂音视频回溯，研究探索提升课堂有效性的途径，关注度、参与度与表现度相互联系又相对独立，因此需系统性考虑。

### （一）优化教学设计，提升学生关注度

通过对大量课堂行为实证数据分析发现，当老师的行为占比超过 70% 时，就说明本节课教师行为较多，学生行为就较少，教师行为活动时间较长且活动分布较密集，而学生的行为活动记录也较少，课堂探究性学习活动、小组活动、互动较少，总结为讲授行为，比对与教师的教学设计也大致相符合，行为转化率分析数据也证实学生行为相对较少，从而影响到学生关注度、参与度、表现度[6]。著名教育家蒙台梭利曾说过，给孩子最好的教育方法，就是让孩子聚精会神地去学习。首先，需要根据教学内容加强对学生学情、教学目标、教学环节等方面优化教学设计，在了解学情的基础上围绕教学目标思考实现教学目标的方式、方法，让学生都能主动参与到课堂教学活动中来，形成良好的学习氛围。其次，从课堂教学环

节方面，从创设学习情境、课堂导入、问题设计、师生互动、活动设计、应用实践等方面体现学生的主体地位，发挥学生的主观能动性，展现课堂活力，让课堂更有吸引力。

## （二）分层教学，提升学生表现度

兴趣是最好的老师，这就需要从学生兴趣入手，激发学生的学习兴趣。通过数据发现参与度曲线在60%以上时，学生的积极性一直维持在较高水平，当表现度低于30%时，明显发现学生的行为表现与课堂整体氛围有出入。通过与任课教师交流和回溯视频发现，教师讲授的知识针对性不强和布置的学习任务单一，因学生个体知识差异，无法满足各层学生的需要，部分学生群体积极性不强，导致了群体一致性活动与个体活动偏离。这就需要教师在教学上分层教学，因材施教，教师通过分层的教学内容和教学任务，吸引学生主动参与到课堂中来，根据适合自己的内容和任务树立学习信心，找到适合自的学习方法，融入课堂整体中来，与群体学习活动保持一致。

## （三）以学生为主体，提升学生参与度

通过观察发现，当参与度曲线达到最高值时，多为学生团队协作、小组讨论等参与式学习活动；当参与度曲线达到最低时，多为教师传统持续性讲授活动，学生被动学习。这就需要教师合理分配讲授时间，多设计以学生为主体的教学活动，如问题驱动、定向学习、小组合作、探究讨论等形式，不仅提高了学生的参与度，同时也提升了学生的关注度和表现度。

## （四）信息技术与学科教学融合，提升"三度"

随着科技的高速发展，信息技术的应用更加广泛，丰富的媒体形态更能吸引学生的注意力，增强学生的记忆和理解能力，更能解决传统课堂中无法解决的一些课堂教学问题[8]。有研究表明，用声音、图像、视频等媒体方式记忆、理解的程度，远高于听讲、阅读等传统学习方式。让信息技术与学科融合，根据不同的学科特点，在技术支撑下的课堂导入、课堂讲授、课堂活动、学习评价等，更能活跃课堂氛围，吸引学生主动参与到课堂学习活动中来，让学生的关注度、参与度、表现度得到提升。

# 结　语

通过5G+AI课堂环境伴随式采集课堂行为数据，改变了传统人为感知课堂行为的方式，破解了一直以来传统课堂无法解决的难题。为教师专业化发展和改变传统的教学模式提供数据参考，也为科学分析课堂教学和学习行为提供了新路径。介于分析模型的科学性和数据采集的精准度，本研究只是作为一种探索，相信随着科技的进步和教育信息化的进一步推进，将常态化应用到课堂教学中，实现5G+AI更有效的融合。

## 参考文献

[1] 项立刚.5G时代——什么是5G，它将如何改变世界[M].北京：中国人民大学出版社，2019：95-98.

[2] 蔡苏，焦新月，杨阳，等.5G环境下的多模态智慧课堂实践[J].现代远程教育研究，2021(5)：103-112.

[3] 王兴,卞浩瑄,朱彬,等.基于学生课堂行为识别的教学质量智能评价系统设计[J].现代电子技术,2021,44(14):109-113.

[4] 黄益琴、阮传忠.基于智能研修平台的课堂教学行为诊断与改进[J].安徽教育科研,2022(16):101-103,109.

[5] 赵兴龙,许林,李雅瑄.5G之教育应用:内涵探解与场景创新——兼论新兴信息技术优化育人生态的新思考[J].中国电化教育,2019(4):5-9.

[6] 王曙虹.提高学生课堂注意力的有效方法[J].教育艺术,2010(6):17.

[7] 王心彤,胡卫星,孙雅利,等.5G典型教学应用场景及其分析[J].中国教育信息化,2021(18):88-91.

[8] 张坤颖,薛赵红,程婷,等.来路与进路:5G+AI技术场域中的教与学新审视[J].远程教育杂志,2019,37(3):17-26.

# 5G助力教师专业发展篇

**篇首语**

　　教师是教育工作的直接承担者，其专业水平和教学能力直接影响学生的学习效果和综合素质的发展，支持教师自身的发展，提高教师的教学水平和能力，其本质是促进教育质量的提高。5G技术的特性为教育发展提供了诸多挑战与机遇，我们普遍聚焦于技术如何运用于课堂教学，但更重要的是要认识到技术在催生许多新的教学工具和手段的同时，也对教师的专业素养和教育教学能力提出了新的要求，教师需要不断学习和掌握新的教学工具和方法，以适应时代背景与不断变化的教育需求，因此，如何科学培养教师的专业素养，使技术应用始终围绕人服务，谁来用、用什么、怎么用，是我们需要关注的问题。

　　本部分的研究阐述了技术发展背景下教师专业发展的机遇与困境，浅析了5G技术背景下教育情境的"已变"与"未变"，从教师教学行为分析与改善，新技术背景下教学资源的建设与运用，教师教学工具革新，教师人才队伍建设、双师课堂建设与双师能力提升等几个方面介绍了5G技术如何帮助教师提升教育教学能力和教学质量，在如何使用技术促进自身素养发展、提高教育教学质量等方面阐释了见解与经验。

# "5G+"智能研修平台 助力教师专业成长

赵青 孙泽福

成都七中初中学校

**摘 要**：成都七中初中学校依托中央电化教育馆的在线大教研平台和高新区智慧云平台搭建了各个学科教研组。英语教研组在智能研修平台上进行大规模在线教研实例分析，发现智能研修平台相对于传统教研模式，有以下几点优势：首先，智能研修平台能够赋能教育信息化建设，促进各区域、各学校、各阶段教育资源流动。其次，智能研修平台能够助力教师专业化成长，有效提升教育教学质量。最后，智能研修平台在帮扶民族地区学校、助力教育优质均衡发展方面也有显著作用。

**关键词**："5G+"；智能研修平台；大规模在线教研

## 一、在线教研环境建设与技术支持

在"双减"背景下，如何构建高效优质的初中英语课堂，如何"提质增效"传承成都七中初中学校创生型课堂理念，是成都七中初中学校英语教师们所面临的教学挑战。教研是提升教师教学质量的重要一环，在线教研是非常有效的方式之一。学校一直以来高度重视信息技术支持的在线教研，注重对老师的网络技术培训，鼓励教师通过多种形式来参与网络教研，最大限度地促进老师的专业成长，为初中英语教学质量的不断提升奠基。在5G时代的潮流中，教育领域呈现出新的生机和活力，传统教育逐步走向智慧教育。随着5G+智慧教育在全国的推广、应用，教师们要抓住时机，在教育教学方面有所创新，跟上时代潮流[1]。

高新区智慧云平台已经接入中央电化教育馆的在线大教研平台，根据学校教研组的建制，成都七中初中学校在智能研修平台上创建了教研组，各教研组组织老师们集中学习了智能研修平台的基本功能，学校每一位老师都拥有智慧云平台账号，这表明学校已经基本具备了在线教研的条件。这使得基于大数据分析的在线教研、在线观课、评课、议课成为可能，老师们能够将定量、定性分析相结合，跨时空、跨学校、跨区域，从不同的课堂观察维度在线观课，并基于生成数据进行评课、议课，有效解决了人员难以集中的困难，增强了教研活动的延续性，加强了教研活动的交流与互动，提高了老师的专业素养及课堂教学质量，优化了传统的教研方式。

成都七中初中学校从学校教育教学管理层面着手，将学科教学和智能研修平台充分结合，充分发掘智能研修平台的技术优势，创新教研方式、搭建个人成长档案，寻找课堂改进的着力点，助力教师专业成长。

## 二、智能研修平台搭建流程

成都七中初中学校英语教研组通过教研组文化建设，营造了良好的教育教学科研的生态环境，形成了"乐教善研，勤学共生"的教研组文化，教学研究氛围浓厚。各备课组将课题研究贯穿于日常教学之中，均有在研课题，同时重视课堂改革，构建高质量课堂。

### （一）专家引领　助力平台操作

学校英语教研组通过成都高新区教育发展中心何秀英老师的引领，深入学习智能研修平台。首先，教师发展中心负责电教的杨老师为我们进行了平台系统的专业讲座。杨老师从央馆智能研修平台的设计理念和核心特色两个方面，对智能研修平台的基础教研、大规模在线教研、智能精准教研等模块功能特色进行详细讲解，使教师们了解到智能研修平台支持基于数据的课堂教学行为分析和课堂教学能力分析，可以实现精准教学反思、精准教学帮扶、精准教学指导、精准教师画像，理解并优化教学行为。在学习过程中，英语教研组采取线上线下结合、集中与自学结合、一对一指导等方式，重点学习了大规模在线教研模块，老师们表示获益匪浅，尝试将智能研修平台运用到日常英语教学中。

### （二）组长带动　搭建智研团队

英语教研组坚持"课例研究"，积极探索"深度学习"课堂模式，开展"小组合作学习"，积极实践"智能研修平台"赋能线上英语教研。

为加速转变教师传统教研观念，积极运用智能研修平台，助力教师专业成长，英语教研组组长孙泽福老师创建了七初英语教研组，邀请组内老师及时加入智研英语教研组，设置了备课、在线观课、评课等教学环节。

智能研修平台建设为校本教研提供了高效、便利、科学的教研环境，教研组老师们高度重视智能研修平台的培训，目前已有39位老师加入了智能研修平台上的七初英语教研组，并集中学习了该平台的基本功能，共进行了24次课例研修，其中3次是区内学校合作教研。

### （三）教师互促　构建智研氛围

2022年秋季开学初，正值疫情期间，教研组制定好课例安排表，以任务驱动、人人参与的方式，降低了老师们对研修平台的犹豫。利用平台功能，老师们提前进入系统"课表管理——教师课表"进行约课，避免节次冲突，统一约课出口，节省了协调的时间。

同时，各备课组认真参与观课、评课环节，通过大规模在线教研积极操作实践评课，使授课老师拥有基于平台的"量表评分+AI分析"的分析数据，进行教学行为分析。

### （四）课堂画像　智研精准分析

传统教研模式，老师们主要是以"教学设计""教学实施""学生活动""教学成效""教师素质"这几方面，采用纸质评价表，每位老师根据个人观察打分，作为本课例的评价。然而具体到有多少孩子应答、举手孩子有多少、生生互动的时长、教师讲授的时长这些问题我们并无具体数据。

利用平台的智能研修功能现场自动生成数据（见图1），使教师能够有针对性地调整教学行为。如从本次在线教研数据来看，学生听讲占学生行为近76%，教师讲授占24%，说明学生的主体地位需进一步提升，教与学的行为需转变，使学习更进一步真实发生。

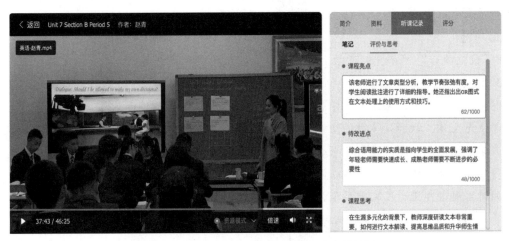

图1　利用平台的智能研修功能自动生成数据

## 三、大规模在线教研实例分析

### （一）上传教学设计、教学课件、学案及课堂实录等

首先，教研组长孙泽福老师上传了教学设计、教学 PPT、学案、课堂实录等。本节课是人教版初中英语九年级 Unit 7 Section B Period 5 的一节"课例研究"课，天环校区和锦城校区的老师们也集体线上观看了本堂课，并进行了评课。教师在智能研修平台上观课、议课记录如图2所示。

图2　教师在智能研修平台上观课、议课记录

在智能研修听课记录界面，教师可以在线记录课堂观察、课堂亮点和思考，可以根据课堂观察和思考进行课堂评价，记录下待改进点和课程思考。以下是孙泽福老师的在线教研记录。

**1. 课堂记录**

学生在读后展示环节，在"学校电视台"这一语境来表达父母和孩子的不同观点，学生运用了本堂课重要句型和短语来表达观点。设计得好！

**2. 思考**

"学校电视台"的语境贴近学生的生活，能够让学生感同身受，激发起学生的兴趣。

**3. 课程亮点**

赵老师关注学生的思维，让学生享有充分的发言权，在同学们面前展示自己的思维，体现了学生是主体，教师是学习的组织者、引导者和合作者！学生的思维出现障碍时，赵老师没有直接给出思路，而是进行追问，让孩子自主找到解决问题的途径，没有"越俎代庖"，让学习在课堂真实发生，让思维在课堂真实发生！

同时，赵老师进行了文章类型分析，教学节奏张弛有度，对学生阅读策略进行了详细的指导，还指出了 OR 图式在文本处理上的使用方式和技巧。

**4. 待改进点**

学生展示环节较为匆忙，学生展示时间、运用语言的时间不够，读课文环节应该处理得更有效率一些。

学生在不同语境下对于被动语态的理解和认识，合理运用三种被动语态的句式，了解父母和孩子对待未来梦想的不同态度。

**5. 课堂思考**

本次教研主题是在"双减"下如何"提质增效"，综合语用能力的实质是指向学生的全面发展，年轻老师需要快速成长、成熟老师需要不断进步。在生源多元化的背景下，教师深度研读文本非常有必要，文本研读的深度决定了老师带领学生能走到的高度。如何进行文本解读、提高思维品质和升华师生情感方面是每位老师需要思考的，这也是高品质初中英语课堂教学的根本。如何进一步升华学生思维能力和提炼情感目标，绝对不能忽视文中小词如 still, also 等。

**6. 综评**

总体来说，本节课教学设计合理，教学准备充分，课堂上充分发挥学生主体，学生充分参与进学习，能够看出学习在课堂真实发生，思维在课堂真实发生，唯一不足感觉是学生课堂展示时间和机会不够充分。

## （二）根据观课、议课量表，进行量化打分

教师在完成观课后，根据观课、议课量表，进行量化打分，观察量表有教学理念、教学方法、学生活动、教学活动、技术应用、教学效果和教学特色，共七个教学维度。观课、议课量表如图 3 所示。

| 量表评分(100分) | 平均评分:98.07分 |
|---|---|
| 1.教学理念(6分) | 平均评分(5.86分) |
| 1.1. 体现以学为中心的核心理念,尊重学生个体差异,注重学生个性发展(3分) | 2.93 |
| 1.2. 符合信息化环境下学生的认知规律和学习特点,激发学生学习动机,培养学生创新意识(3分) | 2.93 |
| 2.教学方案(14分) | 平均评分(14.00分) |
| 2.1. 教学目标明确,体现学生个体差异(4分) | 4.00 |
| 2.2. 教学内容合理,教学重点难点把握准确(4分) | 4.00 |
| 2.3. 教学策略和技术应用恰当,满足学生的需求与学科特点(6分) | 6.00 |
| 3.学生活动(15分) | 平均评分(14.79分) |
| 3.1. 学生根据需求自主选择合适的学习资源(5分) | 4.93 |
| 3.2. 学生借助新技术主动提出疑问,表达观点(5分) | 4.93 |
| 3.3. 学生能够及时了解自己的学习情况,为持续学习能力服务(5分) | 4.93 |
| 4.教师活动(20分) | 平均评分(19.58分) |
| 4.1. 教师提供丰富的数字化学习资源供学生选择(6分) | 5.86 |
| 4.2. 教师组织并引导学生开展多样化学习活动(7分) | 6.86 |
| 4.3. 教师借助新技术开展学情分析和多元评价,针对不同个体提供多层次、差异化教学方法(7分) | 6.86 |
| 5.技术应用(15分) | 平均评分(14.72分) |
| 5.1. 学生能熟练使用设备和软件工具(7分) | 6.79 |
| 5.2. 教师能熟练使用教学软件、管理平台(8分) | 7.93 |
| 6.教学效果(15分) | 平均评分(14.72分) |
| 6.1. 达成预期教学目标,促进学生个性发展和全面发展(7分) | 6.86 |
| 6.2. 有效解决学生个体在学习过程中的疑点、难点(8分) | 7.86 |
| 7.教学特色(15分) | 平均评分(14.43分) |
| 7.1. 新技术与教学有效融合,课堂教学特色鲜明,具有推广价值(15分) | 14.43 |

图 3　观课、议课量表

（三）系统自动生成量表数据，进行量化分析

以上图表直观地反映出教师的教学理念、教学方案、教师活动、教学特色的教学情况，能够使教师明确改进方向，也能直观反应学生活动、技术应用、教学效果的情况，有数据作为支撑，更为科学理性。

可以看出，总体来说该老师做得还不错，但在教学理念方面需要加强，需要不断更新教学理念，研究信息化环境下学生的认知规律和学习特点，体现以学生为中心的核心理念，尊重学生个体差异，注重学生个性发展，培养学生创新意识。

## 四、智能研修平台助力教育教研

基于智能研修平台的英语在线教研（见图4）与传统英语教研之间的区别十分明显，尤其体现在便捷性、科学性、辐射性等方面。

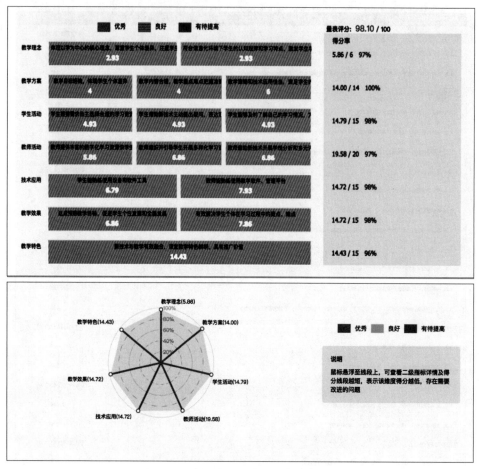

图 4 基于智能研修平台的英语在线教研

## （一）赋能教育信息化建设，促进教育资源流动

大规模在线教研促进了优质课程共建共享、优质资源共建共享，以点带面，以面带全，促进高新区各校内的基层教研组织的建设，实现了突破时空限制、高效便捷、形式多样、"线上+线下"结合的新一代融合式教研模式。

通过智能研修平台，我校初步构建了全学科、全年段的教学行为大数据资源库。教师们利用"大规模在线教研"针对课堂教学行为进行自动分析，满足教研人员同时在线进行听课、评课，区内各教研组能随时调取录像开展研讨交流，并可依据量表针对课堂教学情况进行各维度的评价，使教研活动打破了时间、空间以及区域的局限。系统依据自动分析的数据和教研人员人工评价的数据可以生成图形化的教师教学能力矩阵，为教师教学能力针对性改进提供辅助支撑。

## （二）助力教师专业化成长，提升教育教学质量

"5G+"教育可以开展灵活多变且智能化的教学方式探索[2]。我们学校中青年教师较多，自 2020 年 9 月使用智能研修平台以来，教师教研能力以及专业发展均有大幅提升。智能研

修平台针对系统日常分析的数据，可以帮助教师建立长期的课堂教学成长曲线，通过课堂教学模式分布和课堂学生关注度变化趋势，教师可以通过横向或纵向对比发现课堂变化和差异，为教学方式改进提供数据支撑。借助课堂智能分析的学情数据，可以帮助学校职初型教师和成熟型教师建立课堂教学表现的对比分析，通过教学设计、课堂教学等方面的分析帮助职初型教师进行教学技能的提升。

### （三）帮扶民族地区学校　助力教育优质均衡发展

自 2020 年 9 月开始，成都七中初中学校在七年级的 13 个学科进行了"四川云教"直播教学，将有七初特色的"是范"课程与"创生型课堂"通过直播镜头带到云端的 32 所成都七中初中学校"云教联盟"接收端学校的 5 000 余名师生。

智能教研平台更是使加强校际合作和互动教研，发挥优质教育资源辐射作用成为可能。成都七中初中学校依托中央电化教育馆"智能研修"平台开展深度帮扶活动，通过三级联动辐射学校的名师课堂和名校网络课堂等远程教育形式，将优质教育资源辐射到边远民族地区及农村学校，通过结对帮扶薄弱学科教师，解决民族地区薄弱学科及优质教师缺乏问题，实现"一校带多点、一校带多校"的远程教学和教研帮扶模式，形成了"四位一体"教研机制、"线上备课+线下专题研讨"等教育教研新模式。

### 参考文献

[1] 吕军梅,孙洪玉.5G 背景下学校教育教学模式创新探究[J].教育实践与研究,2022(27):16-18.

[2] 齐军,赵虹艳.基于"教育+5G"的新型教学生态系统:构成、功能及构建策略[J].课程·教材·教法,2022,42(4):80-87.

# 开发 5G+VR 课程资源　助力教育课题研究
## ——以益州小学 5G+VR 财经素养教育场景开发为例

李娜　陈兰

成都高新区益州小学

**摘　要**：将 5G+VR 技术融入财经素养课程，通过教育场景的打造，丰富学生的学习体验，推动教育方法的改革，优化教育方式，同时也为财经素养教育的课题研究带来创新点和突破点。

**关键词**：5G+VR；财经素养教育

## 一、需求导向，引入技术

2016 年教育部发布《教育信息化"十三五"规划》，提出创新要依托信息技术营造信息化教学环境，促进教学理念、教学模式和教学内容改革。2020 年 3 月，国家发改委和工信部共同发布了《关于组织实施 2020 年新型基础设施建设工程（宽带网络和 5G 领域）的通知》，其中提到要积极探索 5G 在远程教育、智慧课堂/教室、校园安全等场景下的应用，重点开展 5G+高清远程互动教学、AR/VR 沉浸式教学、全息课堂等，提升教育质量。随着 5G 技术的推广应用，为了开拓新时代背景下的教育资源共建共享新模式，助力智慧教育的建设和发展，益州小学 5G 智慧教室进行 5G 网络环境下 VR/AR 教学模式的探索，通过"教育+5G"应用，打造多个智慧教育应用场景，不断建设"STEAM 教育、财经素养教育、VR 安全教育"等特色课程，逐步构建起学校课程 5G+智慧教育的新生态[1]。

财经素养教育作为益州小学的特色课程，是关于学生知识、技能、情感、态度、价值观等多方面要求的结合体，具有突出的跨学科特征和一定的学科融合性，比较注重学生体验，以活动式和项目式学习为主导。目前，财经素养教育现成的教育素材和内容较为缺乏，亟须根据我校学生的学情，开发系统的资源。我校力求采用创新的教育模式，多元场景的呈现，新技术的应用。比如，通过打造"货币小镇"，让学生重回古代，体验货币的发展过程。"银行、图书馆"等场景让学生在生动逼真的学习环境进行职业体验，让学生能全方位地运用感官和思维去主动学习，打破了时间、空间和客观条件的限制。在课堂上，学生在超现实的虚拟环境中自由移动、交互和操作，营造了自主学习的氛围。将"5G+VR"技术引入财经素养课程，是适应我校当前教育模式和教学质量升级的战略性调整。

在 5G 的推动下，VR 真实的教学场景结合实际的教学内容更具有直观性，更能促进学生的积极性，更符合中小学生直观感性的形象思维占主导地位的思维特点，有利于促进学生知识的迁移，形成清晰的认识[3]。学生通过自己动手操作、自行观察、自主研究，培养了自主学习能力。这种自主学习的方式往往比老师一味灌输要好得多。在 VR 教室里，虚拟现实技术为学生提供了生动逼真的学习环境，学生能全方位地运用感官和思维去主动学习。

## 二、内容与技术融通，打造教育场景

当前，财经素养教育方面的软件和相关的 VR 教育资源比较缺乏。对此，我校与 VR 软件企业合作，针对学校的校本课程建设和中国财经素养教育标准框架内容，定制开发符合我校学情的财经素养教学的 VR 场景。

设计之初，由财经素养项目组的老师和设计公司共同商讨，确定了开发内容，我们在《财经素养教育读本》和《小富翁大财智——小学生财商教育读本》的基础上，选择了《穿越货币小镇》和《职业体验》两个方向进行策划。项目组的老师设计脚本之后，由设计公司搜集相关资料，策划产品原型，并在过程中根据项目组老师的意见进行调整和修改。目前，设计、开发了《穿越货币小镇》（"贝壳小镇""刀币小镇""交子小镇"）、《职业体验教育》（"银行职业体验""图书馆职业体验"）五个 5G+VR 财经素养体验场景校本课程资源。

整个开发流程如下：
①收集相关资料，策划出产品原型。
②策划完后，根据原型收集美术参考素材，再进行模型原画绘制。
③根据模型搭建粗场景。
④制作模型，对模型进行 UV 展开，对人物模型进行骨骼绑定，制作人物角色关键。帧制作，再给模型上颜色、绘制材质等。
⑤然后把模型资产进行整理整合成完成的场景环境。
⑥进行交互功能实现，跟硬件进行匹配，对接相应硬件、SDK（软件开发工具包），进行产品测试和 bug 管理，完成后整合功能，完成产品。
⑦装机调试部署。

## 三、VR 技术赋能，优化教育场景

在 VR 技术的支持下，在进行具体的场景构建时，虚拟场景是和校园、社会中的真实情况相吻合的，比如，《职业体验教育》中的"银行职业体验"和"图书馆职业体验"，场景（见图1、图2）还原了现实生活中的银行和图书馆，让学生作为银行工作人员和图书管理员，理解并遵守社会秩序，了解职业的基本流程和环节，在真实的职业场景中提高学生的接受度和认知度。

图 1　银行场景

图 2　图书馆场景

除了真实的生活场景，VR 技术还能打造因受时间、空间无法体验的场景。如《穿越货币小镇》场景中，学生以钱小小为第一视角，乘坐时空穿梭机依次穿越到贝壳小镇、刀币小镇、交子小镇、现代，完成相关操作，体验货币的发展历程。通过虚实结合的实时交互，学生在"身临其境"中对货币有了新的理解和认识。5G 赋予虚拟场景更流畅的交互体验，而 VR 场景增强了学生的沉浸感、临场感和趣味性，可以让枯燥无味的知识以生动有趣的形式出现。我们在 VR 课程中设计了一些互动环节，学生通过手持手柄可以自行操作，这些互动项目都是课程开发过程中精心设置的环节，学生可以在轻松的活动中掌握知识，参与度极高。

## 案例 1：职业体验教育内容场景开发

一、使用平台或运行环境 PICO & MR

二、内容整体时长：10 分钟

三、操控模式：自由体验／人物场景互动

四、内容功能：

自由模式下场景内可实现自由位移；

关键节点可选控，触发下一段故事；

全场景由真人叙述；

虚拟建模和相关影像融合；

功能按键完善，包括主菜单、返回等。

五、内容场景设计

故事主线：

主人公自由选择体验的职业：银行工作人员或者图书管理人员，体验完毕，可以获得"快乐体验奖"奖状一份。

（一）体验银行工作人员（银行引导员）

场景一（入职培训）

1. 服务礼仪培训。

2. 服务内容培训。例如，指导客户了解和使用各种自助机办理业务；指引客户正确选择和填写业务申请凭证；维护大堂秩序，提醒办理业务的客户排队时保持一米线，礼貌提醒客户不在银行内喧哗。

**场景二（客户1：取钱业务办理）**

1. 学生询问客户需求，了解客户取款 1 000 元的需求后，指导其通过刷卡等方式在排队机上取号，再将其引导到相应自主服务区或现金柜台。

2. 因柜台处排队人较多，客户选择到提款机，但自己不会操作，学生进行引导，过程中需要提醒客户操作步骤、保护自己的密码安全，提醒后面排队的客户保持一米距离，注意隐私安全。取款成后要拿好现金和银行卡。

参考教材：小富翁大财智（中段）第一单元第二课第 6~8 页。

**场景三（客户2：转账服务）**

1. 客户需要进行大额转账，学生在了解需求后，指引客户正确填写汇款单，在汇款单上正确填写对方的账号以及对方姓名，学生提醒客户一定要看好自己的账号，书写正确，再单子上签上自己的名字。

2. 然后学生引导客户拿上身份证件和钱以及汇款单递交柜台里面的工作人员。

参考教材：小富翁大财智（高段）第二单元第六课第 22~24 页。

**场景四（客户3：咨询兑换外币的流程）**

1. 客户想出国旅游钱兑换一些外币，前来进行咨询。学生作为引导人员进行接待。客户想了解货币兑换的汇率，学生要告知当天汇率，并提醒客户提前关注汇率：根据不同的外汇需求选择合适的兑换日期。

2. 客户想了解兑换流程，学生告知客户携带身份证，填写申请表格，交给柜台人员，等待柜台人员办理即可。

参考教材：小富翁大财智（中段）第一单元第三课第 12~16 页。

**场景五（获得表彰）**

1. 因工作优异，学生获得优秀员工表彰。

## 四、丰富优化平台资源，突破课题研究难题

5G+VR 技术构建的学校财经素养教育平台可以为学生提供创新性的教学内容，通过虚拟场景进行情景式互动，能够增加学生学习财经素养知识的兴趣，提高课堂的教学效果。通过整合多方资源形成学校的资源平台库，为学生搭建更加丰富的财经素养教育体验平台和实践场域，为学生提供了丰富的、多元化的学习体验[2]。

在 5G+VR 技术发展背景下，财经素养教育平台的构建是一种新的尝试和探索，其主要目的是对传统的财经素养教育教学内容和教学方式进行创新，同时提高学生学习的积极性和主动性。5G+VR 新型教学模式构建了现实中不能实现的虚拟场景，将理论学习转化为实践体验，将实践活动与知识理论建立深层联系，提升学生对财经素养内容的参与感和体验感，加速 5G+VR 背景下教师教学方式和学生学习方式的转变。研究 5G+VR 新型教学模式及教学内容，构建适合小学阶段的 5G+VR 课程教育模式，有利于丰富教育信息化背景下学习方式变革的理论和实践研究，起到积极的引领作用，使财经素养项目组的课题研究突破了原有

的思维模式,找到研究的创新点和突破点,让研究的操作策略真正落地,研究的课题成果更加凸显。

## 参考文献

[1] 方佳明,史志慧,刘璐.基于5G技术的在线教育平台学习者迁移行为影响机制[J].现代远程教育研究,2019,31(6):22-31.

[2] 何国军.VR/AR数字教育出版平台的构建环境和路径[J].中国编辑,2018(1):35-38.

[3] 梅雅鑫.5G开启云VR教育新篇章让知识触手可及[J].通信世界,2019(3):32.

# 5G 背景下教师发展的影响因素分析

史雨珠

成都高新区尚阳小学

**摘　要**：5G 时代的到来，是社会发展的必然走向，而 5G 与教育的结合，能更大程度地在教育领域引入人工智能、大数据等技术，将有利于实现当下学校教育在线上教学和线下教学两端的衔接和补充，也为学生的多元化学习和个性化学习需求提供了便利，更为学生适应未来智能、开放的生存和生活环境做好准备。因此，构建"教育+5G"的理想蓝图是实现教育之于人的终身发展的必然选择。但是，从目前来看，实现教育与 5G 技术的有机融合，仍面临诸多困境，在教育的过程中起关键作用的教师将面临更严峻的挑战。构建"教育+5G"的愿景，让 5G 赋能教育，必须重新正视教师的现状，多方联动，开拓资源，探究教师的发展路径。

**关键词**："教育+5G"；融合；路径

## 引　言

以 5G 为契机的智能技术在未来社会发展中的地位是可预见的。2018 年教育部启动实施的《教育信息化 2.0 行动计划》中明确指出，教师是实现信息技术与教育教学深度融合的核心要素[1]，要求教师要为学生适应未来生活而教。有研究报告表明，未来人工智能所不能替代的职业中包括教师。基于此，我们需要思考怎样才能有效实现教师在"教育+5G"中的真正功能，以期呈现符合学生需求和发展的教育本真样态。

信息技术的发展是一个不断迭代升级的过程，教育的发展也是建立在经济发展需要的基础上不断改革和优化的过程，因此，二者都是随着社会经济的发展变化而发生着动态的变化。"教育+5G"是既促进教育发展又催生技术革新的最佳选择。5G 时代带来教育观念的革新，以不可逆的方式推动了教学与学习方式的变革。诚如袁磊所指出的，"教育+5G"理应是教师引领下的"教学更智慧、学习更自主、环境更丰富、资源更多元"的图景[2]。如何才能才让 5G 真正发挥作用，为未来教育赋能，让教育在 5G 的加持下，发挥更多可能？笔者认为，前提应确保教师具备 5G 相关的知识储备；同时，5G 对于所有人来讲是全新的事物，理应保障有成熟稳定的工具作为支撑；再者，人是具有社会互动性的群体，5G 的到来更需要社会各主体之间相互启发、相互补充，促进问题的解决和新问题的发现。总而言之，教师是实现 5G 和教育融合的关键，是实现"教育+5G"的重要支点与发力点，是教育发展的客观所需，因而应当确保教师在知识、技术、社交等方面符合时代要求。

## 一、知识准备是前提

传统教学观认为知识是静态的、既定的，知识获得也是借助教材由教师向学生进行单向传递的过程。学生的认知几乎来源于间接的二手经验，缺乏对知识一手的实践体验，因而，学生头脑中所谓的知识是刻板的、缺乏灵活性、很难输出并加以应用的"死"知识。为有效规避这些已与教育发展不相适应的问题，我们以"教育+5G"的智能环境为核心，构建了在智慧环境中教师、学生、知识共生模式，如图1所示。

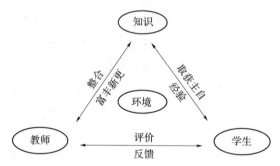

**图1 "教育+5G"中教师、学生、知识共生模式**

在该模式中，知识是开放的，学习者可以借助智能手段随时随地获取想要的知识，知识不再受时间、场合的限制，在5G场域中，教学内容不是知识的简单堆砌和叠加，而是教师借助大数据、人工智能等技术，嵌入个性化的教学设计，创建满足不同学生需求的学习资源包。而教师与学生作为学习的主体，在教与学的互动中是相互促进相互影响的。在这种模式中，学生的学是先于教师的教，学生在学习的过程中，及时将学习中的问题通过智能端反馈给教师，同时，教师也能实时监测学生的状况，并根据学生的选择和反应调整和选择适合的教学内容。在5G+智慧环境中，教师可以提前预设基于真实问题的教学情境，采用问题驱动的方式引导学生参与课堂互动和学习讨论，在这个过程中学科的知识结构是由教师与学生共同构建的，学生在主问题的驱动下，在教师的引导下，逐一进行学习活动，教学活动的完成有利于学习者的高阶思维能力的养成。"教育+5G"的教学中的学习评价采用动态性、过程性评价，学习评价在教学中得以实现及时化。评价贯穿于教学的全过程，随着5G教育场域的深入，学生在课堂上解决的问题更需要借助集群的力量来完成，因此，学习者之间建立的共同体也能运用评价标准对同伴进行评价，这样学生就在多主体的评价中，客观地认识自己，从而更好地发展。与此同时，教师也可以在5G技术的支持下，及时对学生进行诊断和学情分析，从而实时将结果反馈给学生。

## 二、工具支持是保障

工具性支持是教师为学习者提供的一种技术工具辅助，主要包括引导、协助技术工具的使用，以智慧型工具来支持丰富的学习内容和形式[3]。为适应教师校本化发展的需要，我校主要依托"醍摩豆"的技术指导，成立"尚阳云中心"，试图为教师的技术提升和多项技术需求提供支持。目前该平台是依托HiTA5 App的创建而运行的集"教、学、评"于一体的智能平台。主要分为"我的 IES""我的苏格拉底""互动工具"和"我的空间状态"四大板块及其他辅助（见图 2），在"我的 IES"中，教师可以实现在线选择相应教材、查找匹配题库、回看课堂记录和及时进行作业评价的需要；在"我的苏格拉底"中，教师本人可以通过平台进行课堂实录，参与议课和实时进行在线观课，也能通过平台统计，检查教师个人的教研和备课累计情况；在互动工具中，专家和教师可以通过平台，对链接系统内的所有学校的任意授课者的课堂进行观课、议课，同时，学员和相关研修人员也可以根据特定的路径进行互动和展开交流；在"我的空间状态"中，教师能清楚地了解到个人的"教、学、研"内容和课堂记录及所占据的空间大小。

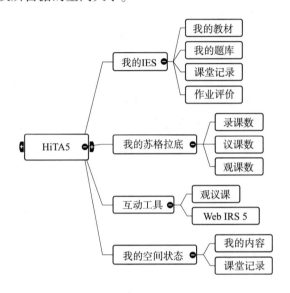

**图 2　HiTA5 智平台板块**

在"教育+5G"智能云中心的课堂教学过程中，一方面，教师能通过设计基于课堂观察的问题来了解学生的学习情况，也能对学生的具体表现做出精准分析；另一方面，学生也有学习的自主权，可通过学生端的操作，将学习中的困惑和疑难等信息反馈导入云中心平台；中心平台会根据学生的反馈，自主筛选和发送相应的学习资源和练习题，进而协助学生加强对疑难点的巩固，实现个性化的学习辅导。实现教育的智能化和个性化，关键是要对师生进行智能设备、平台的使用、网络环境等方面的培训和指导，而教师驾驭技术的能力直接影响学生的学习效果。只有在系统的实践学习和培训中，教师才能获取对技术的掌握和应用，从而更好地将其运用于教学，更好地指导学生，让以云平台为代表的 5G 技术赋能教育，实现教育结果的多产和多元。

## 三、社会交互是必要条件

传统教学的发生几乎是教师的"一厢情愿"罢了，教学不是在师生互动中开展，也非在主体之间的会话中实现的，教与学的关系从本质来看是对立的。同时，学生的学习也仅仅发生在固定的空间里，学生获取知识的来源不是社会生活，而是教师的说教和书本，缺乏在社会交互中获取知识的机会和真实体验。杜威认为这封闭式教学空间使得儿童在学校中不能完全自由地运用他在校外所得的经验，同时，他又不能把在学校里所学的东西应用于日常生活[4]。随着5G时代的到来，教育的固有形式和场所被打破，教学的主体也发生着质的变化，一方面学生的学习能力较之前得到提升，学习不再是被迫地接受，而是基于需求发生深度学习；另一方面，学习的主体之间的社会化交往互动也更加紧密和频繁，师生主体也能时时进行交流互动，学生不仅能与自己的老师和同学进行对话交流，而且还可以通过智能终端与其他的老师进行深入交谈和互动。

"教育+5G"的智慧教学包含多元化的共享资源，学习主体间互动性增强，从而保证师生、生生之间真实地进行交流与互动。社会交互是5G赋能教育，实现教育的智能化、信息化的必要条件，社会交互不仅指教师与学生在民主平等的交往中的互动，还理应包括促进学生与学生之间的互动，以及学生与环境的互动。有人认为，当人与同伴维持良好社会关系时，会出现更加积极的学习性行为。因此，学习主体间积极的互动有助于构建系统的知识体系与和谐的交往环境，为提升学习效率起着积极的作用。5G是社会发展的风向，它为教育提供了诸多便利和条件，教师可利用VR/AR、3D打印等技术，为学生提供教学需要的特殊场景和满足特定环境需求，增强学生的认知体验，加强对真实环境的了解，更好地继续开展教学。

# 结　语

于教育而言，5G时代的到来既是机遇又是挑战，而5G与教育的融合，给教师带来了发展的新契机，不断激发教师的"智慧"本能。教育智慧化的实现，不仅需要5G等一系列智能等先进技术的支撑，更需要智慧型教师来把握教育航向，这就需要教师利用"智慧"将技术巧妙地融入教学，为适应学生未来生活需要而教，为适应教育生存而改变。我们要对教育的未来变革进行独立的思考和预测，以应对技术快速发展所带来的更多未知挑战。

## 参考文献

[1] 中华人民共和国教育部.教育部关于印发《教育信息化2.0行动计划》的通知[Z]. 2018-04-18.

[2] 袁磊,张艳丽,罗刚.5G时代的教育场景要素变革与应对之策[J].远程教育杂志, 2019(3):27-37.

[3] 杨琴,蒋志辉,何向阳,余剑波."5G+智慧教育"视域下的教师支持服务模式构建与行动路径研究[J].远程教育杂志,2020(9):87-94.

[4] 杜威.杜威教育论著选[M].赵祥麟,王承绪,编译.上海:华东师范大学出版社,2004.

# "教育+5G"的发展与展望

欧小敏

成都高新区尚阳小学

**摘　要**：近几年来，5G技术深度影响着人们的工作、学习和生活。越来越多的领域使用5G技术，教育行业也深受影响。5G技术的应用，能够优化学生的学习环境，提升学习体验。在使用5G技术变革现有教育模式的过程中，作为教育工作者需要去思考怎么使用5G技术去提升教学质量，同时，也需要去积极探索"教育+5G"的落地场景和实现方式。

**关键词**：基础设施建设；"教育+5G"模式；"教育+5G"应用

## 引　言

5G技术是通过拓宽通信通道，使得信息的传输速度相比于4G得到质的提升，因此，它在数据传输的速度和可靠性方面有着巨大的优势。那么，5G技术的这些优点，怎么能应用到传统的教育体系里面？这个问题值得教育工作者在日常的教育工作中去积极探索。

传统的教育方式要求学生在固定的时间、固定的地点开展统一的教育，而"教育+5G"的应用能够直接打破这样的禁锢，使学生能够在任何时间、地点接受学习。并且在学习形式上也有很大的改变。随之而来的"教育+5G"的模式就存在着基础设施（平台）建设、教学模式变革、落地应用等多方面的问题[1]。

## 一、基础设施建设

"教育+5G"不是传统意义上的"网课"，即老师将录制好的课程让学生在线进行学习。真正的"教育+5G"需要依赖于通信基站、5G接收设备、AR（增强现实）、VR（虚拟现实）等全新的技术进行教育落地和课堂互动。因此，要实现真正意义上的"教育+5G"，大量的基础设施建设就显得尤为重要和关键。

### （一）硬性基础设施

5G技术的应用，首先就需要5G通信基站，目前只有少数的学校部署了5G基站，实现了5G覆盖。但是"教育+5G"过程中，需要海量的数据传输，仅仅依靠现有的5G基站是无法支撑整体教育要求的，因此，需要大力推进教育专网建设，加快5G基站的建立，实现高质量的教育宽带网。

其次，5G技术的应用离不开AR、VR等虚拟现实的技术手段，因此需要5G集成技术研发，加快 5G 与 VR、AR、人工智能（AI）等技术的融合。通过这些技术创新，能够开发出一批实用的应用设备作为教育资源。

最后，"教育+5G"的应用过程中，必然会产生大量的过程数据，这部分过程数据的存储、分析也需要数据存储设备。有了这些基础的数据存储设备，我们对于教学过程中的问题，学生的反馈才能进行过程分析，才能对"教育+5G"的改善起到切实的作用。

### （二）软性基础设施

"教育+5G"中脱离不了教育工作者的知识传递，作为教育环节中最重要的一环——教师，对于 5G 技术的认知和技术应用的专业能力也至关重要。在此过程中，老师需要改变自己的认知，要适应技术的迭代更新，需要去了解最新的 5G 技术以及它的应用方式，并结合这些在自己的教案、课程设计等方面做调整。

对于教育中另外一个重要组成部分——家长来说，因为，"教育+5G"的教学模式和传统的教学模式不一样，他们也需要接受这些新技术的革新。为此，学校和老师应该定期做"教育+5G"的培训课程，开发"教育+5G"的家长课程，进行使用说明培训等，从而引导家长认识新的技术在教育中的优势，打消家长在"教育+5G"中的疑虑。

### （三）"教育+5G"平台搭建

随着"教育+5G"的全面铺开，学校以及教育管理部门应该给老师和学生"搭台子"，建立 5G 教育平台。"教育+5G"的成功与否，不是单靠一个老师或一个学校就能做好的，需要相关部门和学校牵头，实现学校与学校之间有沟通平台、资源交换平台、信息共享平台。能够让各个学校在平台上共享其他学校的模式，去粗取精互相学习。同时，还能建立赛马机制，让不同的学校开展竞争，只有这样才能催生出越来越多的优秀的实践模式。同时，基础的 5G 平台还需要具备对外提供数据存储能力、课程开发设计能力以及资源共享能力[2]。

## 二、"教育+5G"模式

"教育+5G"模式是学与教方式的变革。"教育+5G"是数字学习环境的高端形态，充分利用已有的智能技术的功能，创造学习社群和教学社群，构建丰富的学习情景，记录学生学习的过程，分析学习的结果，为教和学提供有效的数据支撑。

### （一）"教育+5G"的课程开发

如果把"教育+5G"比作一棵大树，那么"教育+5G"的课程就是大树的树干，因为在"教育+5G"的过程中，课程的设计在教学过程中占比更重。如果黑板上画出来的课程是二维平面课程的话，5G+课程就是把二维的课程变成"立体化"的课程。那么作为课程开发者，如何在"教育+5G"课程中去设计这个立体化的课程显得尤为重要。

例如，我们可以通过 VR 技术去模拟一个三维的物体是什么样的，三维的物体是怎么投射在二维平面的；还可以通过一些游戏设计，让学生能自己去实现三维物体到二维物体的投射。

"教育+5G"的课程设计和开发对老师的备课环节非常重要，在备课过程中需要去考虑如何通过5G技术让学生达到沉浸式的学习环境，如何通过5G技术让学生快速地获得关键信息。只有做到了这些，开发的课程才能满足学生的学习要求。

### （二）无限制的学习环境

传统的学习方式是把学生集中在教室里面学习，但是"教育+5G"能够打破这样的状况。"教育+5G"能够满足学生随时、随地的学习场景。因为5G技术的高传输性、低延时性等特点，让学生的学习场景不再受到时间和空间的限制，学生想要学习只需要身边有终端设备即可接入平台学习。

如因为疫情等突发原因，没办法集中在教室学习，传统的线上课程会面临平台多样化、平台高并发支持能力不足等问题，造成学生的上课体验差、课堂互动差等情况。"教育+5G"的出现，就能有效地避免物理位置的阻隔，课程的互动性上也有非常大的提升，有效实现了"停课不停学"的教育理念。

## 三、"教育+5G"落地

### （一）多方向探索

"教育+5G"并不能够一蹴而就，在落地过程中，必然少不了去探索各种方向的实践应用。目前，很多优秀的学校已经在探索"教育+5G"的方向，并且发展出了很多模式，已形成了5G+智慧校园、5G+智慧教室、5G+VR教学、5G+仿真实验等新型教育应用场景，这说明"教育+5G"还属于一片蓝海，还有很多场景可以去挖掘和调整。随着5G技术的迭代更新，没有哪个模式能够一成不变，因此，我们在日常的教育过程中要主动去探索更多的应用方向和落地方向。

### （二）学生画像建立

"教育+5G"最终落脚点是在学生的教学上，5G技术会产生大量的学习过程数据，利用这些数据我们可以通过人工智能（AI）去做学生画像，从而知道学生的优势点和薄弱点。通过学生画像因材施教，提供个性化的"教育+5G"。甚至在针对一些特殊学生的教学上，也可以根据特殊学生的情况做定制化的课程，为他们提供和教育辅导。总的来说，5G+AI的模式，能够在学生画像层面形成传统教育没有的量化指标。数据能够很好地量化学生的学习情况，并给出学生画像，这对于老师开展后续的教学工作具有极大的参考意义[3]。

## 结 语

回望整部教育发展史，每一次的科技进步都会带来一次教育的提升，而教育的提升反过来会推动科技的进步。从最开始的电脑、投影仪、多媒体引入课堂再到如今的线上课程以及探索中的"教育+5G"；从校园数据中心的建立到"智慧校园"再到"5G+校园"，都在给我们展示着新技术带给教育的进步。国家层面对于5G的支持已达到空前的力度，作为教育工作者，我们更应该努力把握机遇，积极地探索"教育+5G"的应用，通过5G技术的引入促进义务教育体系的不断完善和"教育+5G"模式的全面提升，进一步保证学生教育质量的提升，真正的让每一个学生茁壮成长！

## 参考文献

［1］黄荣怀,周伟等.面向智能教育的三个基本计算问题［J］.开放教育研究,2019,25(5)：11-22.

［2］赵兴龙,许林,李雅瑄.5G之教育应用：内涵探解与场景创新——兼论新兴信息技术优化育人生态的新思考［J］.中国电化教育,2019(4)：5-9.

［3］王胜远,王运武."教育+5G"：内涵、关键特征与传播模型［J］.重庆高教研究,2020(8)：35-47.

# 以 5G 教育之智，为教师发展添翼
## ——以四川省成都高新区实验小学教师的信息化发展为例

蒲蕾　张露

四川省成都高新区实验小学

**摘　要**：为深入实施国家教育数字化战略行动，推进信息技术与教育教学融合应用，四川省成都高新区实验小学（以下简称"我校"）总结全国首批 5G 未来学校的教育成就，转换教育变革全新动能，实施 5G 教育转型，促进教师队伍技术发展，回应 5G 教育关切，推动优质教育均衡发展，大力促进 5G 教育视域下学校教师专业性的持续性发展。

**关键词**：5G 教育；教师发展；数字化；信息技术

## 引　言

2018 年关于全面深化新时代教师队伍建设改革的意见指出，坚持兴国必先强师，不断提升教师专业素养能力。同年《教育信息化 2.0 行动计划》的颁布，标志着我国教育信息化进入 2.0 时代。《义务教育课程方案和课程标准（2022 年）》也明确指出："积极探索新技术背景下学习环境和方式的变革，发挥新技术的优势探索线上线下深度融合，服务个性化学习。"作为全国首批 5G 未来学校之一，在 5G 技术的支持下，重构师培路径与策略，促进教师队伍全面发展、深层次发展、高质量发展，是我校教育现代化的必经之路。

## 一、把握 5G 教育成就，转换教育变革全新动能

回顾我校 5G 教育的历史进程，大致可分为三个阶段：第一阶段（1997—2008 年）是 5G 设施设备的安装阶段，在区域的重视与支持下，学校采购相关设施设备，奠定学校 5G 教育发展的硬件基础。第二阶段（2008—2015 年）是信息化环境建设阶段，为教师提供关于 5G 信息化技术的专题培训，向广大教师解答"教育场域中的 5G 技术可以是什么？怎么用？效果怎么样？"等问题。第三阶段（2015 年至今）是 5G 技术发展的 2.0 阶段，强调技术支撑课堂改革，全力促进教师教学思想的 5G 变革。

多年的实践使我校以 5G 为支撑的信息技术课堂成绩斐然。高质量的信息化优质资源覆盖校园，师生的信息技术素养和应用能力明显提高，形成了卓有特色的 5G 双师课堂、5G 国际理解特色课堂；疫情期间支撑我校大规模的在线教学，保证教学的连续性与优质性。在时代洪流中，5G 技术确保了学校教育与变革的连续性，作用日益凸显。

## 二、实施 5G 教育转型，促进教师队伍技术发展

### （一）打造 5G 教师人才队伍

实现教育系统的变革，首先要实现一线教师的数字化转型。广大青年教师有学历高，活跃积极，愿意接受新生事物，探索性、创造性强的特点。抓住青年教师的 5G 教育培训，培养符合时代特色的科技素养型教师，则抓住了教育改革的重要机遇。

我校现有教师 200 名，其中 30 岁以下的青年教师占比 56.1%。青年教师正处于专业成长的启蒙期、低速期、懵懂期，是培养 5G 教育理念、使用 5G 教育技术的最佳时期。为此，我校提出：先发展一些 5G 技术种子教师，以种子教师的先行经验再发展一批青年教师，以一批青年教师的普遍性经验再辐射校内外更多的教师，形成 5G 教师"多层级、多梯队、多区域"的发展情境。

**1. 课题组引领发展，形成 5G 教育中坚力量**

学校成立 5G 智慧教学课题组，全新的设备定位到班，全力促进本班所有学科教师充分研究应用 5G 技术，改变传统的工作思路和流程，树立信息化意识，实现 5G 技术思维引领的教学价值转型。同时建构 5G 教育发展的新生态，发挥课题组的成果经验，通过学习信息技术前置资源包、5G 课例展示、项目组教师主题微讲座、校外专家的培训引领，以及开展 5G 技术的教学设计与课例展示活动，充分培养学生、教师及教育管理者的信息技术基本能力。

**2. 信息化培训形式，营造自主研修氛围**

充分用好成都市中小学继续教育网，组织开展市、区级教师专题（防疫防控）读书活动，撰写读书心得，讲述读书故事，并进行评价、推选。组织教研组针对学科教学、教育科研、学生管理等专题，精心筛选各类网络学习平台进行在线学习、研讨。

**3. 搭建各级研修平台，分批次组织参加高级别培训**

认真组织或参与筹备"中国教育学会""未来教育家联盟""全国融创教学联盟""全国自主教育联盟""教学领导力变革联盟"等一系列高级别学术活动，观摩学习。

### （二）学好 5G 教育校本课程

不同职业发展阶段的教师对 5G 信息技术知识的客观认识与实际需求是不同的。无论教师处在哪一个发展阶段，均对其提供相同的信息技术课程，其培训结果自然不理想。为此，我校通过课堂考察、教学评估、问卷收集、引入专业的评价方式，确立每位老师的发展层次，以便于为不同发展阶段的教师提供满足其专业发展的信息技术课程，解决其发展阶段的难点，给予其专业发展以及时帮助。

**1. 部门联合行动，面向教师的终身发展**

学校实行现代管理制度下的学术治校模式，多部门联合行动培养具有综合素质能力的教师。信科中心不断强调：信息技术是应对人工智能飞速发展的必要技术手段，是学生信息素养教育的重要前提。基于学校"生长力教师培训课程"，为教师定制具有学校特色的"5G 技术师培课程"。信科中心结合部门管理职能和学校办学实情分别为初入职教师、胜任型教

师、骨干教师、优秀教师的四个成长阶段提供"基础信息技术能力培训课程""信息技术专题研究课程""信息技术能力提升"和"信息技术专题研讨"的四大课程，以信息技术促进教师的可持续性发展，成就学校未来的样子。

**2. 课程化分类培训，促进各类教师成长**

青年教师依托青共体、师徒结对，骨干教师依托教研组、学科实训基地、项目组，名优教师依托名师工作室等专业发展共同体，拟定5G教育发展计划，发挥信息技术优势，结合各教师专业发展共同体的特色，弥补自身不足，寻找专业发展新生长点。

**3. 建立校内外信息技术名师资源库**

疫情大背景下，学校寻找优质外力，提升教师信息化教学能力，建立教师线上线下融合学习的方式，形成以教育名家、一线教师、教研组和教师研修管理者的研究共同体，以5G网络为平台，通过点播课程学习、直播课程学习、线下主题研讨和研究总结的线上线下混合式学习的方式，突破时间和地点的时空限制，为教师专业学习提供丰富的资源和便利的条件。

### （三）国家课程校本化

**1. 我校开展5G环境下双师课堂研究**

采用"课堂、课题、课程"三课联动的方式，以5G环境下的"双师课堂"为抓手，通过对技术部署、应用场景、互动模式、实施效果等的研究与实践，促进学校教学、德育、评价、管理、文化等方面的建设与提升，努力将学校建设成为高品质未来智慧型学校。

通过部署5G智慧校园网关，助力我校解决校园终端设备管理、教育网关数据平台融合等问题，实现学校网络、软件平台、信息化设备的统一管理与整合；通过建设远程高清互动教室，助力我校与对点学校开展同步互动双师课堂研究与实践，提炼有效实施方式和策略，提高课堂教学效率和效果，实现区域教育均衡、互促、共进；以"双师课堂"为基本实施方式，联动发展教师教研、教师队伍建设、德育活动、学生评价、校园文化建设五个方面，形成未来智慧型学校发展框架及策略，促进学校高品质发展。

**2. 开展智慧教室背景下的课堂研究**

我校依托高新区教育科研课题《智慧教室背景下的"疑思导学"教学模式的深化研究》的研究，建设了一批智慧教室试点班级，通过智能化技术建构智慧化环境，指导不同学科骨干教师积极运用智慧教室的操作平台，让师生开展智能化、交互化的教与学的活动。

建设完善适宜的智慧教室环境：完善六大系统相互支持的硬件基础，通过教学实践、研究比较，搭建能够实现个性化教学，兼顾差异学习的教学环境。开展个性化教学：探索传感技术、人工智能技术、富媒体技术等新技术，面向不同年段、不同学科、不同课型进行智慧课堂相关教学活动，借助信息技术促进师生互动，生生互动，让教学紧跟时代的步伐，进一步焕发生命的活力。建立智慧教室教学案例资源库：包括智慧教室技术方案、智慧课堂课例设计、学生学习任务单、课件制作、课例视频、微课视频等资源。

## 三、回应5G教育关切，推动全域教师信息化发展

在学校教育教学环境持续改善和信息化教育成果日益显现的同时，还有许多学校需要对

现有设施进行升级改造，特别是乡村和民族地区学校还面临5G教育课堂理念转换、5G教学课堂实施的现实困难，无条件或缺少方法策略为学生提供优质的网络教学或网络互动教学。因此，学校实施5G信息化技术成果的"走出去"和"进来学"。省级名校长工作室辐射成都周边10余个地市州，开展定向指导，指导10余个成员所在的乡村薄弱学校打造成为特色学校，通过5G技术多次开展交流讲座、技术课堂展示、跟岗挂职等活动，贴近5G教育课堂一线；学校加入中央统战部与中国教育学会教育扶贫项目，与贵州赫章、西昌甘洛、甘孜德格等多所偏远小学开展交流活动，5G智慧教育课题组和国际理解项目组多次组队，通过5G技术向偏远学校的学生展示国际理解优质课例，为农村的孩子们打开了一扇通往世界的大门，用实实在在的行动促进优质教育均衡化。

## 参考文献

[1] 黄荣怀.论科技与教育的系统性融合[J].中国远程教育,2022(7)1-9.
[2] 黄荣怀,杨俊峰.教育数字化转型的内涵和实施路径[N].中国教育报,2022-04-06(4).

# 双师共济，双学共创
## ——5G 环境下"双师课堂"语文课例研究

王玉娇

成都高新区实验小学

**摘 要**：5G 技术的发展给学校教育教学带来了更多想象的空间，积极探索、实践基于 5G 环境下的"双师课堂"，探索"双师课堂"教学模式，成为新时代信息技术发展的方向。本文从 5G 双师语文课堂特点、"智慧课堂"与 5G 教学融合应用、"双师课堂"互动探究模式等方面，以具体课例深入探讨 5G 环境下的"双师课堂"教学模式，期望为未来 5G+智慧教育开辟新的思路。

**关键词**：5G 环境；智慧教育；"双师课堂"

# 引 言

习近平总书记在《致国际教育信息化大会的贺信》中明确指出："我们将通过教育信息化，逐步缩小区域、城乡数字差距，大力促进教育公平，让亿万孩子同在蓝天下共享优质教育、通过知识改变命运。"5G 时代的到来给教育信息化带来了新的发展，而"双师课堂"是一种有效的信息技术支撑下的教育变革[1]。利用 5G 技术与物联网、VR/AR、人工智能等现代技术结合为"双师课堂"进行赋能。新技术的应用，让 5G 双师课堂授课秒同步，双向视频互动更加流畅，教学方式更加多样化。5G 网络和新技术结合为"双师课堂"提供了强大助推力，探索"双师课堂"互动模式、课例研究，探索未来发展的新路径，成为新时代信息技术发展的方向。作为一名小学语文教师，笔者以部编版小学语文教材四年级下册三单元综合性实践学习《轻叩诗歌的大门》为例，从以下几方面对 5G 环境下"双师课堂"的语文课例进行探究。

# 一、5G 双师语文课堂特点

## （一）语文课堂的特点

语文课程是一门学习国家通用语言文字运用的综合性、实践性课程。工具性与人文性的统一是语文课程的基本特点。语文课堂应建构以学生实践为主的教学方式，将教学重心"教"，转向"学"，充分发挥学生的主观能动性。首先，要引导学生以多种方式大量读书，如朗读、默读、浏览、品读等。其次，强化表达实践，通过表达促进学生主动阅读，提高阅读的有效性。再次,重视语言经验的积累,包括语言材料的积累、语言运用经验的积累和语感培养。最后,掌握适当的学习方法,包括语文知识的学习。

### (二) 5G "双师课堂" 的特点

"双师课堂"中的两位老师共同备课,协同教学。课前,线下教师提供学生学情,线上老师准备好教学材料、教学目标、教学内容以及课堂的设计;课中,线上教师在授课端讲授内容,与学生进行互动,让学生体验到屏幕教学的现场感,线下教师在听课端负责维持好课堂秩序和课堂纪律等;课后,线下教师根据学生情况布置课堂作业,搜集学生的学习数据,把数据整理反馈给授课端的教师,让授课教师通过学生学习的数据进行反思,适时调整教学进度和教学内容。课堂中的各个环节是由"两位教师"共同完成[2]的。

5G 环境下的"双师课堂",让双师授课基本同步,没有延时,学习任务可以同步布置,两位教师同步组织学生完成学习任务,双方的学生在传统的小组交流、师生交流、生生交流的基础上,又增加了双生互动、双师互动。在多种交流互动中,双方的学生一同学习,一起探究。

### (三) 5G 双师语文课堂的特点

基于以上特点,5G 双师的语文课具有充分发挥学生主观能动性、交流互动性强、探究生成精彩的特点,更加适合探究合作、互动生成型的课例。在长达一年多的上课实践中,笔者尝试了多种课:新授课、习作课、整本书阅读导读课、分享课、推进课、口语交际课、群文阅读课等。在不断实践中,发现有探究合作的课型,如阅读课,和有互动生成的课型,如习作课、口语交际课,课堂效果较好,学生生成较精彩。

## 二、智慧课堂与 5G 教学融合应用

利用 5G 技术与其他现代信息技术结合为"双师课堂"进行赋能,使双师课堂延迟降低,实现实时同步,让双方信息交互便利、快捷,以探索"双师课堂"更多教学路径。在实际的教学中,教育信息化,绝不仅仅是设备的更新,而是怎样去应用信息技术实现与教学的深度融合。下面结合教学《轻叩诗歌的大门》,浅谈如何使用 HiTeach,使课堂更具智慧。

### (一) 创设生动有趣的课堂

学生一旦对学习产生兴趣,就会由被动学习转化为主动学习。因此,在教学中应根据学生的心理特点充分运用 HiTeach 优势,激发学生的学习兴趣,调动学生学习的积极性[3]。我教学时运用 HiTeach 的记分板功能,对学生进行分组比赛记分奖励,这大大激发了学生的参与热情;学生小组在分享结论时,适时采用 HiTeach 里的抢答功能,可乱数挑选班级学生,这样避免了回答问题的学生过于集中,关注到班里所有学生,提高了学生的注意力和关注度;学生讨论时可利用 HiTeach 的计时器功能,设定讨论时间,这样既提高了学生时间的利用率,也加强了学生的竞争意识,提高了学习效率。

## （二）加强交互，加深体验

利用信息技术及合理的教学策略，发挥教师的主导作用，引领各小组学生分享组内学习成果。课上利用大屏幕交互式一体机应用 Hiteach 教学软件，巡堂拍照，展示各组学习成果。组长介绍组内想法，其他各组发表意见，最终形成共识，得出结论。运用 Hiteach 软件，教师在巡视的过程中拍照上传，几乎不会影响小组活动，作品又可以同时在屏幕上展示，既能放大观察，又能缩小对比。信息技术让语文双师课堂省时有效。

5G 双师课堂授课基本同步，双方教师同步组织学生完成学习任务，双方的学生在传统的小组交流、师生交流、生生交流的基础上，又增加了双生互动、双师互动。在多种交流互动中，双方的学生一同学习，一起探究。但近端的师生对远端学生始终不够熟悉，将两端的学生名单导入系统，利用 Hiteach 的随机点名，抽远端同学回答问题，既能了解远端学生知识的掌握情况，又能拉近与远端学生的距离，让课堂氛围更融洽。

HiTeach 系统的应用，节约了课堂时间，督促了小组讨论，激励了小组合作，为学习增添了乐趣，拉近了两端师生之间的距离，让课堂具备了现代高科技含量，为建立以学生学习为中心的课堂教学奠定了技术基础，为"双师课堂"师生互动、生生互动提供了技术可能和方便。"智慧教室"，为我们的课堂创造了一个互动的学习情境，可以触发学生的主动学习、合作学习，凸显了"以生为本"的理念。

## 三、构建以学生为中心，以活动为载体的双师互动探究模式

### （一）立足双方学情，布置前置作业

"双师课堂"教师需要提前了解双方学生的学情，在了解学生整体学情的基础上才能有针对性地选择教学内容、进行教学设计，可以通过与对方老师交流、与对方学生互动、调查问卷等形式进行了解。"双师课堂"互动交流较多，需要提前准备课堂上要交流的内容，可以以前置作业的形式布置，也能通过前置作业了解学生的准备情况。例如，笔者在给学生讲部编版小学语文教材四年级下册三单元综合性实践学习《轻叩诗歌的大门》时，结合教材要求，布置的前置作业是合作编小诗集。

### （二）构建双师互动探究模式

"双师课堂"应该以学生为中心，在课堂上改变以往以知识传递为主的模式，以问题和活动传递为主，在互动交流中探索规律、总结知识，让双方的学习真实发生。以教学《轻叩诗歌的大门》为例：

（一）认识藏头诗

1. 师：诗歌有它的特点，有其独特的表达方式，更有无与伦比的魅力，所以说——
   生齐读：诗歌是文学皇冠上最璀璨的明珠。
   师：还想进一步了解诗歌吗？请听我讲个故事吧。
2. 听故事：《卢俊义造反》。

师：究竟是哪四句诗逼得卢俊义造反？（出示）

生齐读：（略）

师：你发现其中的秘诀了吗？

生：我发现这首诗每句第一个字连起来读是"卢俊义造反"。

师：对，你真是一个细心的孩子，像这样，每句诗的头一个字嵌入要表达的内容中的一个字，全诗的每句中第一个字可以连起来组成一句话或者名字的诗歌就是藏头诗。

师：评价一下藏头诗吧。

生：有趣。

生：还很有用。

师：那想来试着写写藏头诗吗？

生：想。

3. 出示生日快乐诗前两句，生仿写两句。

（生）活多烦恼，

（日）子过到老。

（快）_____，

（乐）_____。

4. 生展示：

（生）活多烦恼，

（日）子过到老。

（快）__快笑一笑__，

（乐）__事都来了__。

生：（生）活多烦恼，

（日）子过到老。

（快）__乐每一天__，

（乐）__趣无忧愁__。

（二）认识打油诗

1. 师：感受了藏头诗的趣味，还想听故事吗？

2. 听故事：《六尺巷的由来》。

3. 师：内容通俗，言词诙谐，不讲韵律的旧体诗，现代人也作。相传这种诗体为唐代张打油创造，故名打油诗。

4. 郑板桥临终之际，用打油诗教育儿子。诗云：

淌自己的汗，

吃自己的饭，

_____，

靠天、靠人、靠祖宗，

_____。

5. 师：猜一猜，说一说，写一写吧。

6. 生展示：

淌自己的汗，

吃自己的饭,
__流自己的泪_____,
靠天、靠人、靠祖宗,
__不如靠自己_____。
生：淌自己的汗,
吃自己的饭,
__做自己的事_____,
靠天、靠人、靠祖宗,
__不如靠自己_____。
7. 师评价：看来大家都明白靠自己的重要性。那我们看看郑板桥是怎么写的吧。
出示：淌自己的汗,
吃自己的饭,
自己的事自己干,
靠天、靠人、靠祖宗,
不算是好汉。

藏头诗、打油诗教学片段中，以故事引入藏头诗、打油诗的学习，引发学生的学习兴趣。在故事中思考问题：官兵是怎样发现卢俊义想造反的？把问题传递给学生，学生在观察思考中发现藏头诗的特点，从而对藏头诗产生浓厚的兴趣，接着在写《生日快乐》这首藏头诗中，实践自己发现的规律。在打油诗的教学片段中，同样以故事导入，让学生在故事中感受打油诗，再引入打油诗的含义，让学生了解打油诗的特点，接着，尝试写一写打油诗。学生在了解打油诗的基础上，在对比中发现打油诗的规律，尝试写诗，在应用中习得规律。

这个教学片段是整堂课的教学难点，需要学生在活动中思考问题，发现规律和特点，还要在实践中习得规律——会写简单的藏头诗、打油诗，让两端的学习真实发生。在诗歌成果展示中可以看到，双方学生想法相似，诗歌含义相仿又各有特点，说明远端学生并没有受限，和主课堂的学生一样，较好地吸收和应用了本课的知识。

"双师课堂"得益于5G技术的应用，能让双方课堂实时同步，在互动交流模式上呈现出形式多样的特点。5G环境下的双师课堂互动交流模式有：生生互动、师生互动、师师互动、小组内互动、双班互动。以教学《轻叩诗歌的大门》为例，教学展示分享合作创编诗集片段：

1. 师：一首藏头诗逼得卢俊义造反，一首打油诗让两家人化干戈为玉帛，传为千古佳话。诗歌真是（请生答）
（实小）生：诗歌真是有趣。
生：诗歌真是有用。
（新华）生：诗歌真有魅力。
2. 师：孩子们说的都对，其实咱们人人都是小诗人，大家都创作了自己的诗歌，让我们一起来分享吧。
3. 双方展示小诗集，解读、评价。
（高新实小）生：大家好，我是来自高新实小四年级11班的学习委员郑子沫，由我来介绍我们班合作编的诗集。学习完诗歌单元后,我们班的每个同学创作了三首诗歌,选取了其中写得最好的一首,由王老师批改,我们再次修改,并进行誊抄,还精心配上了插图。接着,小组讨论诗集名字,经投票选出了《晓窗集》这个名字,热心的同学还为诗集的封面配上了美丽的图画。这样,我们的诗集就定稿啦,正在等待印刷。新华同学们,你们觉得我们班的诗集怎么样呢?请提出你们宝贵的意见吧。

(新华)生:我觉得你们的诗集编得很好,精心创作,还配上了插画,名字也取得很好听。

师:谢谢你的夸奖,那能提出点建议吗?

生:我觉得如果能对诗歌进行分类,比如,自然类、人物类、事件类就更好了。

师:谢谢你的建议,提得很好,我们会采纳的。新华的孩子也展示一下自己的创作吧。

(新华)生:我是新华学校四年级5班的邓雅文,我把自己收集和创作的诗组合成了一本诗集——《诗泉梦》。我希望我的灵感能像泉水一样源源不断,也希望我收集和创作的诗能像泉水一样充满我的童年。我把我收集的诗进行了分类,比如,按作者分类。我收集了戴望舒的诗、冰心奶奶的诗;按写的内容分类,我收集了关于母爱的诗,关于四季的诗;我写的诗多数是描写景物的,比如《大自然的声音》《向日葵》《四季之歌》。

师:做得真不错,很有创意。请实小的孩子来评价一下吧。

生:我觉得她的诗集做得很好,名字有诗意,配的插图也和诗歌表达的意思有关,整体来说诗集做得不错。

师:谢谢同学们的展示和评价,带给我们诗的美丽享受。

在展示分享合作创编小诗集的教学片段中,充分运用了生生互动、师生互动、双班互动。两个班的学生创编诗集方式不同,一个是个人创编,另一个是全班合编,两种不同的创编方式由学生讲述创编过程、介绍诗集编排、名字的由来等,充分发挥了学生的主体地位,把课堂交给了学生。在展示中学生们互相欣赏、互相评价、互相学习、互相启发,在互动中碰撞出思维的火花,共同进步。两位老师共同指导学生,互相点评学生作品,真正达到"双师共济"。

师:今天我们一起读诗、听故事、写诗,展示诗,沉浸在诗歌的海洋里。课要结束了,你对诗有新的理解吗?能用诗歌的语言说说吗?

### 什么是诗
【英】依尼诺·法吉恩

什么是诗?谁知道?
玫瑰不是诗,玫瑰的香气才是诗;
天空不是诗,天光才是诗;
_____不是诗,_____才是诗;
_____不是诗,_____才是诗;
我不是诗,_____才是诗。
但是什么是诗?谁知道?

2. 师:什么是诗?谁知道?

玫瑰不是诗，玫瑰的香气才是诗；
　　天空不是诗，天光才是诗；
3. 生：我自己不是诗，我的童年才是诗；
　　生：月亮不是诗，月亮的光芒才是诗；
　　生：眼睛不是诗，亮闪的瞳孔才是诗；
　　生：人生不是诗，人生悟出的道理才是诗；
　　生：月亮不是诗，月亮里发生的故事才是诗；
　　师：但是什么是诗？谁知道？
　　生齐：我知道！

在课的结尾处，再次用开篇导入的《什么是诗》来启发孩子总结这堂课收获的关于诗的感悟。孩子们的回答很精彩，从回答中，我们可以发现孩子们既可以模仿回答，也可以自己去发现，把诗歌的内容、形式、特点用诗歌语言表达出来，充分表明学生通过这堂课的学习，进一步感悟了诗歌的特点和魅力，激发出了对诗歌的学习兴趣，大家争做小诗人，很好地完成了本课的教学目标。

# 结　语

综上所述，在5G环境下的语文"双师课堂"，既遵循语文课堂教学的基本特点，又融合智慧课堂等现代信息技术，真正以学生为中心，在课堂上以问题和活动传递为主，在多种互动交流中探索规律、总结知识，让双方的学习真实发生。但现阶段还是存在着一些不足：信息技术对语文课堂教学的支撑不足；依赖网速和软件，一些技术手段运行速度慢，浪费课堂时间；强行利用软件而不顾课堂教学实际，画蛇添足；等等。

继续深度探究5G语文"双师课堂"的习作模式和阅读模式，并与"智慧课堂"软件深度融合，探索出一条融合新兴信息技术和5G双师特点的语文之路，只有这样，5G网络和新技术结合才能为"双师课堂"提供强大助推力，探索"双师课堂"未来发展的新路径，绘制"5G+双师课堂"新图景，从而助力教育教学的新发展。

## 参考文献

[1] 祝智庭,彭红超.技术赋能智慧教育之实践路径[J].中国教育学刊,2020(10):1-8.

[2] 郭素雅.5G在教育信息化中的应用方案与实践探索[J].中国现代教育装备,2020(20):14-16,19.

[3] 蒋志辉,何向阳,余剑波."5G+智慧教育"视域下的教师支持服务模式构建与行动路径研究[J].远程教育杂志,2020(01):87-94.

# 基于 5G 环境下的"双师课堂"实践探索

刘礼彬　陈龙明　刘姣姣　张晓琴

四川省成都高新区实验小学

**摘　要**：在教育信息化 2.0 的时代背景下，如何让学生核心素养落地、教师教学理念转变、课堂变革切实发生是值得思考的问题。得益于 5G 技术在教育领域的场景应用，我们开展了基于 5G 环境下的"双师课堂"的实践与探索，从价值内涵、课堂结构、实践措施三个层面阐述这种新型的"双师课堂"。

**关键词**：5G 技术；"双师课堂"

# 引　言

随着信息技术的飞速发展，习近平总书记提出我国正式进入数字建设的新时代，教育教学也迎来新的变革。5G 技术以其独特的技术优势，为课堂变革的真正发生、教育优质的均衡发展提供了新的路径。基于 5G 环境下的"双师课堂"成为一种培养新人才的新通道、新模式、新课堂。

## 一、5G 环境下的"双师课堂"的价值与内涵

5G 环境下的"双师课堂"是指利用 5G 的高宽带、低时延、大连接的环境，保障实时班师生与互动班师生更好地同时学习、辅导与互动的教学活动。

### （一）5G 环境下的"双师课堂"的价值蕴涵

通过近一年的实践探究，我们发现 5G 环境下的"双师课堂"具有以下几方面的价值：

**1. 有助于学生"学会学习"核心素养的培养**

5G 环境下的"双师课堂"常常以情景式、项目式的教学活动来调动学生课堂学习的兴趣，从而培养了学生倾听、表达、合作、质疑、实践、信息意识等多种学习能力，真正实现学生课堂主体的地位。

**2. 5G"双师课堂"要求教师以"大单元""大概念"的教育理念来通整教学设计**

大单元即把若干个情境、知识点、能力点合在一起，设计核心问题或任务，通过系统的教学活动聚焦学科学生素养，解决学生学习的问题。有助于教师创新教学能力的提升。

**3. 有助于教师"信息化教学"能力的提升**

5G 环境下的"双师课堂"要求教师依托 5G 技术、大数据技术，积极探索拓展全息课

堂、AR/VR 沉浸式教学、虚拟实验等应用，在长期的实践中夯实教师课堂教学信息化的能力。

#### 4. 有助于教学资源共建共享

5G 环境下的"双师课堂"，主讲教师可以是名优教师，这意味着优质教育资源可覆盖教育欠发达地区；也可以是薄弱地区/学校的教师，校际两位老师教学方式呈现取长补短的状态，以此提高薄弱地区/学校教师的教学水平。

### （二）5G 环境下的"双师课堂"的基本特征

传统的"双师课堂"主要形态为主讲教师基于信息技术进行远程授课，辅导教师配合主讲教师完成直播班的线下课堂管理等工作。直播班的学生借助现场班课堂教学中的图片、文字、声音等教育教学资源完成学习过程。有别于传统的"双师课堂"，5G"双师课堂"具备其已有的优点：教学对象覆盖面广、教学内容无损传播、教学方式突破时空限制、教学模式促进教育资源均衡发展的四个特点的基础上[1]，具备以下特点：

#### 1. 5G 双师课堂交互性更强

相较于传统"双师课堂"的交流单向性，得益于 5G 技术的高带宽、低延时、大连接，5G"双师课堂"现场班授课教师与实时班学生互动更加及时。除了师生之间的互动，双班学生的交流也呈现双向性。

#### 2. 5G"双师课堂"教师职责更合理

传统"双师课堂"中主讲教师起主导作用，辅导教师参与课堂的程度不够。5G"双师课堂"无论是现场班还是实时班的教师都可以进行授课主讲，教师的参与度也更加积极。

#### 3. 5G"双师课堂"学生学习兴趣更浓

一方面是 5G"双师课堂"的双班学生都能充分参与到课堂学习中来；另一方面，双班学生之间的相互示范、引导，极大地激发了大家的学习兴趣。

## 二、5G 环境下的"双师课堂"结构体系

我们建构了以"两校教师共同组织设计学习活动，指导学法，鼓励发现"为主导、以"两校学生主动提出问题，自主探究，主动创新"为主体的课堂结构，如图 1 所示。

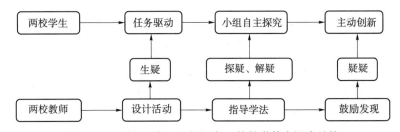

图 1  5G 环境下的"双师课堂"的教学基本课堂结构

教师的主导作用体现在创设好问题的环境，激发两校学生自主探究的积极性和创造性上；学生的主体性体现在自觉地、主动地、进行问题的研究、发现、解决的深度和方式上。该课堂结构具备以下特征：

## （一）双学共创

为保证现场班与实时班的教学效果一致，5G 环境下的"双师课堂"更加注重传递性、近似性。换句话说，双班学生是围绕同一个核心问题/任务，进行思考、分析、研究、实践、探索、总结、反思的，通过不同学生之间不同思维、方式、方法的碰撞，让学生在问题中、活动中、任务中进行合作探究，激发了双班学生真实学习的同步发生，呈现出双班学生共同学习、共同创造的教学场景。

## （二）双师共济

为引导学生适应由被动学习改为主动学习的转变，双班教师一方面要从教学设计入手，在活动流程、小组合作、问题设计等方面进行不断的总结与完善；另一方面要从教研模式入手，围绕教师沟通、学生互动、学情调查、学习效果检测等方面进行思考与改进。这就不再是单一的现场班教师帮助、辐射、引领实时班教师，而是要求双班教师要深入合作、研讨，发挥集体的智慧，围绕双班学生学情、学科特点、大单元教学目标等进行教学设计与实施。

## （三）双班互动

5G 环境下的"双师课堂"双班互动分为师生互动、生生互动。其中，师生互动中比较关键的两点为问题设计及评价反馈。5G 环境下的"双师课堂"要依托智慧教育、大数据等技术，将双班学生学习过程数据化、可视化，为双班学生学习成长提供有依据、可追寻的评价机制，从而实现双班教学的精准化、有效化。而生生互动从互动范围和层次上，又分为双生互动、组间互动和双班互动。双班教师可以根据问题、任务和活动设计的难易程度进行选择。

# 三、5G 环境下"双师课堂"的实践措施

## （一）明确教改定位，校际联动推进

学校秉承"让每一个生命自由生长"的教育理念，坚定将课堂变革作为学校内生力的重要组成，将 5G 环境下的"双师课堂"作为课堂变革的生发点、教育理念转变的着力点，通过多种途径面向全体师生进行 5G 环境下的"双师课堂"专题宣讲、引领。一是专设分管负责，校长总负责，分管副校长指导，信息中心具体牵头。二是教师专题培训，分为全员培训、专题培训、课题培训等。三是常态课例研讨，由语数外三门学科教师成立项目组，每周开展至少一次的 5G 双师展示课。

## （二）聚焦学情学科，双师联合研讨

### 1. 基于学情，定期开展双师见面会

开展"双师课堂"教学，双班同学、老师需要互相沟通、交流、分享，以此达到互相认识、增进彼此感情的目的。这样在"双师课堂"教学中，双班学生更容易互动，更愿意

将自己的想法与熟悉的小伙伴进行分享，真正让"双师课堂"活起来。

**2. 基于教学，不断优化双师角色职责**

在"双师课堂"教学中，现场班老师和实时班老师要合理分工，互相配合。相对传统课堂，"双师课堂"老师被赋予了更多的职责，不仅要关注现场班课堂，同时还要关注实时班课堂。两位老师在课堂上的角色是存在区别的。作为现场班老师在课堂中起主导作用，除了做好现场班学生的教学和管理，同时还要随时关注实时班学生的学习状态和学习效果，对实时班学生进行互动和评价。同时，当实时班学生学习进步跟不上时要能及时做出调整。实时班教师较多的是配合现场班老师进行实时班学生的教学组织、管理，同时也可对双班学生进行互动评价，可就现场班老师内容进行适当强调和补充。

**3. 基于研究，双师共研教研、课题**

推进"双师课堂"的教学活动以及课题的研究，5G"双师课堂"主管领导要定期以提高参研教师的积极性、促进课题的有效研究、形成研究成果、推进学校高质量发展为目的召开研讨会。

推进课题的研究目的和方向，常态下"双师课堂"的展示课活动，课后课题组老师全程参与研讨，根据课堂分析问题逐步确定研究目的和意义以及下一步的研究措施与方向。

**4. 基于学科特色，持续固化双师教学模式**

5G双师教学课以信息技术为平台、双师教学为形式，展现了其教学特点的先进性与独特性，但其实际优势则应在课程建构与教学设计中体现出来。因此，本研究目的是为在研究学科特色的基础上，利用常态化教学为手段，形成优质的、固定化的教学模式，建构出适用于各学科的5G双师教学模式应用资源，展现双师教学在大数据背景下实施的不可替代性，并为后期广泛应用5G双师教学的学习提供可借鉴经验。

### （三）结合智慧教育，夯实双师、生评价

相对于传统课堂，"双师课堂"教师要照顾两端学生的学习，教学进度相对慢一些，教学效率也会相对降低。首先，为保证"双师课堂"教学质量，切实将双减落到实处，"双师课堂"实施5G+智慧教育，能极大提升课堂教学质量。校际学校硬件配备、教育软件应保持一致性，课堂中多采用小组合作式、项目式学习，将学科教育与信息技术深度整合，基于大数据进行科学课堂分析、评价和决策。

其次，5G环境为班级间互动提供支撑，高新区智慧平台为学生学习情况提供及时反馈，两者的高效结合，为记录学生成长过程提供了有依据、可追寻的评价机制，促进了教师与两校学生的深度沟通。5G与智慧课堂的结合，从实际上消除了教师与学生的空间距离，多元立体的大数据建构从课前预习、课中反馈、课后辅导三方面给予学生针对性指导，学生的学情分析真正做到了多维度、重反馈、长追踪。因此，构建完备的大数据学情分析资源库、评价标准是本课题的重要研究目标。

最后，实施课堂教学，教学设计必须先行。有效的教学设计必须以学情分析为基础。双师教学设计，必须准确把握两端学生的学情，从两端学生的学习水平、学习进度、学习习惯、学习起点、兴趣爱好等方面进行考虑。课堂小调查或前置学习单的收集和分析就需要两边老师共同完成。

## 结　语

一所面向未来、具有生命力的学校的建设与发展，离不开信息化、数字化的高质量应用，离不开教学变革的持续探索，离不开教师教育理念的深刻变革，离不开学生学习的真实发生，基于5G环境的"双师课堂"正是将5G技术手段与课堂改革紧密结合的一次大胆尝试、创新探索。

### 参考文献

[1] 钟伊娜,钟志勇.交互影响距离理论下的"双师课堂"互动效果及对策分析——基于迪庆D中学的个案研究[J].学术探索,2020(12):138-145.